New SMART
미드로 영어공부하기

2024년 09월 11일 인쇄
2024년 09월 24일 초판 발행

지 은 이	Chris Suh
발 행 인	Chris Suh
발 행 처	**MENTORS**
	경기도 성남시 분당구 분당로 53번길 12 313-1
	TEL 031-604-0025 FAX 031-696-5221
	mentors.co.kr
	blog.naver.com/mentorsbook
	*Play 스토어 및 App 스토어에서 '멘토스북' 검색해 어플다운받기!
등록일자	2005년 7월 27일
등록번호	2009-000027호
I S B N	979-11-988955-2-3
가 격	22,000원(MP3 무료다운로드)

잘못 인쇄된 책은 교환해 드립니다.
이 책에 게재된 내용의 일부 또는 전체를 무단으로 복제 및 발췌하는 것을 금합니다

머리말

〈미드영어 표현사전〉, 〈미드영어 단숨에 따라잡기〉, 〈미드영어 공식패턴 3300〉 등의 베스트셀러와 〈미드가 무지무지 쉬워진다〉, 〈미드영어 상황별 공식 581〉, 〈난 에피소드 하나만 판다〉, 〈이것이 진짜 미드영어다〉 등의 스테디셀러, 그리고 〈왕좌의 게임 명대사〉와 〈미드 명장면 152〉 등 다양한 미드 도서를 가장 많이 출간한 멘토스가 〈미드영어 가이드북: 미드로 영어공부하기〉를 출간합니다. 일상생활영어 교재의 경우 내용과 난이도가 거의 그만그만 합니다. 하지만 미드영어는 좀 다릅니다. 우리가 실제 사용가능성을 고려하지 않는다면 미드영어의 표현은 일상생활을 다 포함하고도 더 다양하고 난이도 높은, 그리고 아주 미국적인 표현들이 엄청 많이 나옵니다. 또한 청취면에서도 외국인이 우리나라 사람들을 위해 천천히 읽어준 MP3를 공부하다가 미드를 듣다보면 뭐가 뭔지 아무것도 모릅니다. 이러한 연유들로 해서 일상생활영어에 접근하는 것보다 미드영어에 입문하기가 무척 어렵게 느껴지는 것은 당연합니다. 실전에 도움이 되도록 일부러 야구방망이 2개를 잡고 휘두르는데, 이런 경우는 반대로 나무젓가락으로 스윙연습하다가 갑자기 무거운 야구배트를 들고 투수 앞에 서는 것과 같습니다.

미드전문 출판사이다보니 미드영어를 어떻게 공부를 해야 하나, 멘토스 미드교재들을 어떤 순서로 학습해야 하나 등의 질문을 많이 받습니다. 멘토스는 그래서 그동안의 축적된 노하우를 100% 활용하여 미드에 입문하고자 하는 분들, 혹은 미드에 입문은 했으나 미드의 바다에서 구명조끼없이 허우적대는 분들을 위해서 미드입문서를 기획 구성하였습니다. Section 01에서는 미드기초학습법, 영어공부에 적격한 미드, 그리고 호칭, 직업명사, 감탄사, 형용사, 강조어 등 미드를 보려면 꼭 알아두어야 하는 기본 상식들을 친절한 설명과 명확하고 간결한 대화를 통해서 정리하였습니다. 그리고 Section 02에서는 본격적인 미드공략법을 설명하는 공간으로, 미드에 자주 나오는 아주 미국적인 표현들, 평범하지만 알아두면 힘이 되는 기본표현, 기본패턴, 또는 일석십조의 모토로 많은 표현을 단시간에 외울 수 있게 해주는 상황별 미드영어, 헷갈리는 표현들, 동사구, 그리고 미드영어 학습자라면 꼭 알아두어야 하는 미드키워드 12, 그리고 일상생활영어교재에서는 찾아볼 수 없는 진짜미드표현 33개를 수록하였습니다. 각 분야별로 더 많은 표현을 싣고 싶었으나, 지면의 한계에 대표적인 표현들만 골라골라 선정하였습니다. 그리고 Section 03에서는 일상회화교재에서는 언급하지 않지만 실제 미드에서는 당당히 나서는 당돌한 표현법들을 설명하였습니다. 품사의 방탕함, 강조어법, 대화중의 How are you?에서부터 You don't want to~, You're not ~ing의 용법과 반어법, thing, slash, like 등 미드의 독특한 살아있는 표현법을 추가하였습니다.

미드영어는 쉽지 않습니다. 취미생활 정도로 학습을 하면 미드의 곁에는 영영 가까이 갈 수 없습니다. 눈사람을 잘 만들려면 처음 조그마한 눈덩이를 단단히 만들어야 합니다. 그래서 눈에 굴리기만 하면 눈이 붙어서 커다란 눈사람을 완성할 수가 있는 것입니다. 미드학습도 마찬가지입니다. 제대로 된 미드기초학습의 핵을 단단히 학습하고 나면 미드가 조금씩 미소를 짓는 것이 보일 것입니다. 친해져야 가까워집니다. 부디 이 책이 여러분들의 미드학습을 하는데 있어 단단한 핵이 되기를 진심으로 바랍니다.

**미드영어를 정면공격하다가 측면공격도 합니다. 미드영어를 다양한 각도에서 접근했습니다. 그러다보니 동일한 표현이 중복되는 경우가 몇군데 있습니다. 그냥 빼버리면 굳이 이런 말씀을 드리지 않아도 되지만 각 분야에서 중요한 표현이다보니 반복학습하는 차원에서 중복하였습니다. 또한 미드를 잘 모르고 그래서 미드영어도 무지한 분이 미드영어 책을 보다보면 가끔 보이는 성적인 표현에 분노를 하는 경우가 있습니다. 학습서에 왜 야한 내용이 나오냐구요…. 저희는 야서를 만들지 않습니다. 미드를 보다보면 나오는 정도 아니 그 정도 이하의 비율로 야한 엔트리나 예문이 나올 수 있습니다. 거칠 수도 있는 현지어일 수밖에 없는 미드영어에 곱게 화장을 하는 위선은 떨지 않겠습니다. 이점 양해부탁드립니다.

이책의 특징

- **01** 단 한 권으로 그 어려운 미드입문이 가능하도록 기획되었다.
- **02** 여러 각도에서 미드의 얼굴과 속살을 자세히 파헤쳤다.
- **03** 각 표현에는 상세한 설명을 달아서 이해의 정도를 높였다.
- **04** 예문 또한 실제 미드에서 볼 수 있는 수준과 동일하게 조정하였다.
- **05** 모든 엔트리 표현과 예문은 Voice Actor와 Voice Actress가 생동감 있게 읽었다.

이책의 구성

- **01** Section 01, 02, 03으로 구성되었다.
- **02** Section 01에서는 〈미드영어 첫걸음떼기〉로 미드입문시 꼭 필요한 기본 미드상식 등을 일목요연하게 정리하였다.
- **03** Section 02는 이 책의 메인부분으로 〈미드로 영어공부하기〉라는 제목 하에 미드영어 학습하려면 꼭 알아두어야 하는 다양한 표현들을 분야별로 갈음하였다.
- **04** Section 03은 〈아! 이게 진짜 미드구나!〉라고 실감할 수 있을 정도로 미드실전에서 쓰이는 살아있는 표현법 등을 수록하였다.
- **05** 곳곳에 추가적인 정보를 주기 위해 박스처리해서 내용을 풍부하게 했다.

이책의 사용법

05 사람을 부르는 단어들

가장 먼저 사람을 이름대신 부르는 단어들을 정리해본다. 속어를 거의 일상어로 쓰는 미드를 보니 사람을 칭하는 부정적 단어들이 많이 나온다. 특히 ex-는 헤어진 혹은 이혼한 상대를 말하는 단어로 단독으로 ex로 쓰이기도 한다. 또한 요즘 많이 쓰이는 베프는 best friend를 줄인 말이지만 영어로는 bestie라고 한다.

01 친한 친구 사이거나 혹은 연인 사이, 가족사이에서

01 sweetheart, sweetie, honey(hon), babe(baby), (my) dear

02 연인이나 배우자 사이에 하는 호칭이다. 한편 better half는 배우자나 애인을 완곡하게 표현한 것이며, 아내를 부정적으로 말하는 ball and chain 등이 있다.

03 dialogue
Geez, we're gonna be late, sweetie... 이런, 우리 늦겠어, 자기야…
Is everything all right, dear? 에야, 괜찮은거니?
I would like to introduce you to my better half, Maria.
나의 반쪽, 내 아내 마리아를 소개할게.

A: I got these for you.
B: Oh, sweetheart, you shouldn't have! They're so beautiful.
04 A: 이거 선물야.
B: 오 자기야, 이러지 않아도 되는데! 정말 이쁘다.

A: I'm going to kick your ass.
B: Honey, you're scaring me a little bit.
A: 내가 널 혼내줄거야.
B: 자기야, 좀 무서워질려고 그래.

ex-

헤어진 옛 연인(ex-boyfriend, ex-girlfriend)이나 예전 배우자(ex-husband, ex-wife)를 줄인 표현이다. 빈질나게 헤어짐과 만남을 반복하는 미드에 자연 많이 나올 수밖에 없다.

dialogue
A: I think my ex-boyfriend probably has a new girlfriend.
B: I don't think so. You just broke up last week!
A: 내 예날 남친이 새 여자친구를 만나는 것 같아.
B: 그렇지 않겠지, 니네들 헤어진 게 바로 지난 주잖아!

A: I bet you will find a new boyfriend soon.
B: I hope so, but I can't forget my ex.
A: 곧 올림픽 같은 남친은 만나게 될거야.
B: 나도 그리길 바라는데 옛 남친을 잊을 수가 없어.

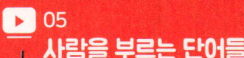

넘버링
어떤 내용을 다루는지 제목과 아래 설명을 통해 알 수 있다.

01 엔트리 표현
대표적으로 설명하는 영어표현으로 보통 1페이지에 2-4개가 들어간다.

02 우리말 설명
영어엔트리 표현에 대한 상세하고도 친절한 혹은 간결하게 정리한 우리말 설명.

03 영어대화
미드영어 수준과 동일한 살아있는 예문을 수록하였다.

04 우리말 해석
영어대화의 우리말 의미.

Section 01 미드영어 첫걸음떼기

- **01.** 무슨 미드를 봐야 하나... _012_
- **02.** 미드영어 어떻게 공부해야 하나... _014_
- **03.** 멘토스 미드영어교재 학습법 _016_
- **04.** 미드자막의 특이한 점 _018_
  - ① 발음이 약한 건 줄여버려 _019_
  - ② 두 단어를 한 단어처럼 섞어서 발음해 _020_
  - ③ 세 단어도 붙여 _022_
- **05.** 사람을 부르는 단어들 _024_
  - ① 친한 친구 사이거나 혹은 연인 사이, 가족사이에서 _025_
  - ② 그밖의 사람을 부를 때 사용되는 단어들 _027_
  - ③ 괴짜, 이상한 놈, 멍청한 놈 _029_
  - ④ 섹시한 여자 혹은 매춘부 _032_
- **06.** 말을 꺼낼 때 하는 허사 혹은 말을 이어갈 때 _034_
- **07.** 다양한 직업을 말한다 _038_
- **08.** 감탄사, 의성어 _042_
- **09.** 욕지거리 _058_
- **10.** 자주 쓰이는 형용사 부사 _064_
- **11.** 약어 및 줄여쓰기 _070_
  - ① 한 단어가 줄어들거나 두 단어에서 한 단어가 축약된 경우 _071_
  - ② 각 단어가 이니셜로 _073_
- **12.** 알아두면 좋은 접두 접미어 _076_
- **13.** 강조어 _082_
- **14.** 틀리게 발음하기 쉬운 단어들 _086_
- **15.** 파티 및 섹스의 종류 _092_
  - ① Party _093_
  - ② 섹스의 종류 _096_

Section 02 미드로 영어공부하기

01. 짧지만 미국적인 표현들 100

02. 자주 쓰이는 기본표현 140

03. 자주 쓰이는 미드패턴 192

04. 상황별로 외우면 일석십조 220
- ① 만남과 헤어짐(인사) _221
- ② 의사소통 _225
- ③ 범죄와 처벌 _231
- ④ 의학 _239
- ⑤ 남과 여 _245
- ⑥ 이런저런 감정 _252
- ⑦ 성공과 실패 _257
- ⑧ 술과 마약 _267
- ⑨ 수에 관한 표현들 _270
- ⑩ 전화영어 _272

05. 알쏭달쏭 헷갈리는 표현들 278

06. 주옥 같은 미드 동사구 288
- ① in: …안에, …후에, …의 상태에 _289
- ② out: 안에서 밖으로, 알려져 있는, 끝까지, 완전히 _293
- ③ up: 위로, 오르는, 완전히, 다 _297
- ④ down: 아래로, 낮은, 완전히, 꽉 _303
- ⑤ for: …을 향해, 동안, 자격 _305
- ⑥ of: 원인, 이유, 관련, 관계 _308
- ⑦ on: …에, …와 동시에, 시기, 의존 _309
- ⑧ to: …로, 대상, 접촉, 비교, 소속 _313
- ⑨ with: …와 함께, …을(대상) _317
- ⑩ about: …에 관하여, …의 주위에 _319
- ⑪ over: 가로질러, …에 대해, 끝난 _320
- ⑫ off: 제거, 분리, 정리 _323

⑬ back: 다시 뒤로, 뒤에서 _326
⑭ at: …에, 목표, 기간, 원인 _328
⑮ away: 떨어져, 사라지는 _329
⑯ by: 옆에, …로 _330
⑰ behind: 뒤에, 뒤에서 _332
⑱ through: …을 통하여, …을 거쳐 _333
⑲ around …의 주위에 _335
⑳ after: …을 따라서, 향하여 _337
㉑ along: …을 따라 _338
㉒ etc. _339

07. 미드키워드 12 _342

① screw: 실수하다, 망치다 외에 남녀간에서는 '섹스하다'라는 의미로 쓰인다. _343
② blow: 바람이 불거나 폭탄이 터지듯 뭔가 안에서 튀어나오는 것을 연상한다. _344
③ happen: 일어나다, 발생하다, 일이 벌어지다 _346
④ freak: 가장 기본적인 출발점은 "overwhelming feelings," 즉 「감정의 과다분출」에 있다. _351
⑤ hang: 기본적으로 매달려 있다라는 뜻에서 전화를 끊다, 혹은 걍 노는 것을 말한다. _353
⑥ fuck: 비어이지만 그 의미에서 벗어나 일상생활에서 자주 쓰인다. _355
⑦ suck: 기본이 안좋으니 파생된 표현도 별로 좋은게 없다. _358
⑧ break: 뭔가 계속 지속되다가 멈추게 되는 현상으로 이해하면 된다. _359
⑨ excuse: 특히 자리를 뜨거나 자리를 비켜달라고 할 때 어떻게 쓰는지 보자. _362
⑩ kid: kid는 동사로 다른 사람을 속이다(fool)라는 뜻으로 be kidding하게 되면 「사실이 아닌 것을 말하다」라는 의미가 된다. _364
⑪ mess: screw처럼 부정적으로 사용되지만 screw처럼 많은 표현을 만들지는 못한다. _366

⑫ stuff : 특정하지 않은 물건을 뜻하는 단어이다. _367
08. 뒷통수치는 표현들 370
09. 진짜미드표현들 33 382

Section 03 아! 이게 진짜 미드구나!

01. 아, 실전에서는 이렇게 쓰는구나 394
① 마구 넘나드는 품사의 방탕함 – 품사의 고정관념에서 벗어나야 _395
② 다 아는 건 빼! – 주어와 조동사도 뻔하면 뺀다 _398
③ 어렵게 의문문 만들 필요가 없어 _400
④ 부정의문의 답 – 우리와 정반대?? _400
⑤ 강조의 동사 do, 강조의 주어 _401
⑥ 발음이 달라: either, neither, often _403
⑦ have to/ must vs. should/ ought to _404
⑧ each other와 one another 등 _405
⑨ not bad _406
⑩ You can~ : 허락과 금지의 can _407
⑪ 사역동사 _408
⑫ 대화 도중에 쓰이는 How are you?, How're you doing? _409
⑬ at the end of the week _410
⑭ 동사구의 의미를 무조건 적용해서 안돼 _411

02. 와, 이렇게도 쓰이는구나 416
① Will[Would] you~ ?가 명령문?? _417
② Why don't you~ ?는 무늬만 의문문 _418
③ You don't want to~ 가 명령문?? _419
④ to가 있어야 할 자리에 없어 : go/come+V, is+V _420
⑤ to의 위치도 달라: ~not to+V or ~to not+V? _422
⑥ You'd better~는 다이어트 왕! _423
⑦ trip & travel _424
⑧ I thought S+V의 두가지 의미 _425

- ⑨ 1+1=2가 아닌 표현들 _426

03. 앗, 이런 의미가 있는 줄 정말 몰랐다 430
- ① Where와 동사 go, come의 만남 _431
- ② You're ~ing & You're not ~ing~ _432
- ③ 하이픈: 복합명사 _433
- ④ 동사구가 명사[형용사]로 쓰일 때 하이픈에 어디에… _435
- ⑤ 미드어: thing, slash, could use, phase, like, though, Talk about~ _436
- ⑥ Get me Chris vs. Give me Chris _439
- ⑦ 반어적 표현들 _440
- ⑧ Could be better[worse] _442
- ⑨ might, could, should, would는 다 과거야?? _443

SECTION 01

미드영어
첫걸음떼기

01. 무슨 미드를 봐야 하나…
02. 미드영어 어떻게 공부해야 하나…
03. 멘토스 미드영어교재 학습법
04. 미드자막의 특이한 점
05. 사람을 부르는 단어들
06. 말을 꺼낼 때 하는 허사
    혹은 말을 이어갈 때
07. 다양한 직업을 말한다.
08. 감탄사, 의성어
09. 욕지거리
10. 자주 쓰이는 형용사 부사
11. 약어 및 줄여쓰기
12. 알아두면 좋은 접두 접미어
13. 강조어
14. 틀리게 발음하기 쉬운 단어들
15. 파티 및 섹스의 종류

01
무슨 미드를 봐야 하나...

미드는 미국드라마로 당연히 그러하듯 장르가 다양하다. 액션, 판타지, 의학, 멜로, 추리물, 치정, 초능력 등으로 세분된다. 시청자 또한 각자 취향이 다르듯 좋아하는 미드 또한 서로 다 다르다. 하지만 미드를 보는 목적이 영어를 공부하는 것이라면 얘기는 달라진다. 말하는 속도, 말하는 내용, 말하는 표현 등이 영어공부하기에 적합한 아니 좀 더 유리한 작품을 골라야 하기 때문이다.

어느 정도 미드표현에 익숙해지고 어느 정도 들리기 전까지는 취향은 잠시 접어두고 지금부터 언급하는 미드를 집중적으로 보기를 추천한다. 어느덧 전설이 되어버린 〈프렌즈〉, 그리고 〈빅뱅이론〉, 〈섹스앤더시티〉 등도 있지만 나는 〈위기의 주부들〉을 강추한다. 뒤로 가면서 용두사미가 되고 엽기적인 스토리와 장면이 가끔 나오기는 하지만, 영어공부를 하기 위해서는 가장 우리 주변의 상황 그리고 일반적인 영어표현들이 가장 많이 나온다. 시트콤이 아니기 때문에 에피소드 당 한편의 길이가 길기 때문에 많은 표현들을 접할 수 있다.

아무리 영어공부하기 위해서 미드를 본다고 해도 어느 정도 스토리가 흥미로워야 영어공부가 지속가능할 것이다. 〈위기의 주부들〉은 조금은 오래된 미드이지만 흥미로운 스토리 전개에 지루하지 않기 때문에 추천하는 것이다. 그 다음에는 〈프렌즈〉, 〈빅뱅이론〉, 〈모던 패밀리〉, 그리고 〈섹스앤더시티〉를 통해서 미드영어실력을 탄탄히 할 수 있을 것이다. 이 정도를 습득하면 이제부터는 자기가 원하는 장르의 미드를 봐도 된다. 판타지물을 좋아하면 〈왕좌의 게임〉을, 수사물을 좋아하면 〈CSI〉나 〈Law & Order〉, 의학드라마를 좋아하면 〈하우스〉를 그리고 최근의 화제작 〈빅리틀라이즈〉, 〈웨스트월드〉, 〈핸드메이즈테일〉과 〈체르노빌〉 등을 골라서 봐도 된다.

👍 장르별 추천 미드

- 액션, 수사물: <CSI>, <Law & Order>, <True Detectives>, <Prison Break>
- 시트콤: <Friends>, <Big Bang Theory>, <Sex and the City>, <Modern Family>
- 드라마: <Desperate Housewives>, <The Affair>, <Big Little Lies>, <Breaking Bad>
- 판타지: <Game of Thrones>, <Westworld>

02
미드영어 어떻게 공부해야 하나...

무슨 분야, 무슨 방법이든 제대로 된 학습을 하기 위해서는 끈기와 집중력이 최우선이다. 아무리 미드가 영어공부하기에 최상의 방법이기는 하지만 계속 집적대기만 하고 가벼운 취미생활하듯이 학습하면서 미드가 어렵다고 투덜대면 미드영어는 영원히 넘지 못할 장벽이 될 것이다.

어느 미드를 봐도 대부분 들리고 어느 정도 영어로 말을 할 수 있게 된 미드족들을 보면 정말 감탄이 나올 정도로 열정적으로 학습한 사람들이다. 미드 에피소드 한 편을 달달 외우는 방법으로 여러 에피소드를 암기한 사람들도 있고, 또한 다양한 미드대본을 다운받아 미드표현이 나오는 부분을 찾아서 앞뒤 문맥에 맞춰 이해하고 암기하는 분들도 있다. 이를 보면서 느끼는 것은 미드 관련책 한 두권 쓱 훑어보고서 미드가 안들린다고 불평해서는 안된다는 것이다.

필자는 들리지 않으면 자막이라도 열심히 쫓아가면서 읽으라고 권했던 적이 있다. 미드영어문장에 많이 노출되면 그나마 조금씩이나 들리기 때문이다. 여기서는 추가로 새로운 방법 하나를 권해보려 한다.

❶ 에피소드 하나를 정한다.
❷ 대본을 찾아서 예쁘게 정리한다.
❸ 모르는 표현이나 중요한 표현은 밑줄을 긋고 노트한다.
❹ 큰소리를 내서 여러 번 말해본다.
❺ 그런 다음 자막없이 에피소드를 들어본다. 들릴 때까지 ❶-❺을 반복한다.

다 외우지는 못하더라도 이렇게 에피소드 몇 개를 학습하면 어느 정도 자신감이 생기고 흥미가 발생할 수 있다.

미드대본

대본은 여러 버전이 있다. 따라서 대본사이트나 카페에서 제공하는 대본과 실제 방영된 미드에서의 영어대사와 약간씩 다른 경우가 있다. 이런 것을 찾아가면서 실제 미드에 맞춰 대본을 정리해보는 것도 좋은 훈련이 될 것이다. 미드 대본은 미드전문 카페인 미드영(http://cafe.naver.com/englishtrip) 등의 카페에서 제공하고 있으니 좀 더 적극적으로 활동하면서 자신이 원하는 대본을 다운받아서 학습을 해보도록 한다.

03
멘토스 미드영어교재 학습법

미드족처럼 학습할 시간이 부족한 사람들에게는 멘토스에서 나온 미드영어교재를 추천한다. 멘토스는 가장 많은 미드영어관련책을 출간하였고 또한 많은 독자들의 관심을 받아왔다고 자부한다. 그만큼 미드영어의 노하우를 많이 안다고 할 수 있다. 가끔 문의가 온다. 멘토스 미드영어교재로 미드를 학습하려고 하는데 무슨 책을 어떻게 봐야 되냐고 말이다. 조금은 낯부끄럽지만 멘토스 미드영어교재의 학습순서를 정리해본다.

01 기초학습교재

〈미드가 무지무지 쉬워진다〉로 미드기본표현에 그리고 〈미드스크린 단숨에 따라듣기〉로 미드리스닝에 적응해본다.

02 중급학습교재

24쇄로 가장 많은 사랑을 받은 〈미드영어 단숨에 따라잡기 1, 2권〉은 미드에 자주 등장하는 난이도 있는 표현까지 섭렵한다. 또한 〈난 에피소드 하나만 판다: 시트콤편〉을 통해 에피소드 하나를 집중해서 학습해보는 훈련을 해본다.

03 고급학습교재

상세히 분야별로 정리한 〈미드영어 상황별 공식 581〉과 미드영어교재중 최고봉인 〈미드영어표현사전 1, 2권〉을 학습하면 된다.

*그밖에 유명미드의 명장면을 모아서 정리한 〈미드 명장면 152〉, 그리고 아쉬운 마무리로 점수를 까먹었지만 그래도 명작에 속하는 〈왕좌의 게임 명대사〉 등을 통해 미드영어실력의 스펙트럼을 넓힐 수 있다.

04
미드자막의 특이한 점

실제로 우리가 영어로 글을 쓸 때는 사용하면 안되지만 현지영어인 미드대본은 발음나는 대로 표기하는 경우가 많다. 물론 우리가 영어를 writing할 때는 절대 따라 해서는 안되지만 speaking할 때는 빨리 발음하다보면 그렇게 되니 그건 어쩔 수가 없다. 대표적인 것으로 going to를 gonna로, want to를 wanna로, don't know를 소리나는대로 dunno로 표기하는 경우가 있다. 아울러 많이 쓰이는 gotta, sorta, kinda 정도는 꼭 쓰지는 않더라도 알아는 두어야 한다.

01 발음이 약한 건 줄여버려

~ing ⇒ ~in'

단어의 끝은 보통 약하게 발음되는데 여기 ~ing도 /잉/이라기 보다는 /인/에 가깝게 발음된다. 즉 -g 발음이 거의 되지 않아 이를 반영해 going을 goin'이라고 표현하기도 한다.

A: What's goin' on?
B: We're gathering up some people to go see a movie.
A: 무슨 일이야?
B: 함께 영화보러 가려고 모이고 있는 중야.

you ⇒ ya / y'
do ⇒ d'

you나 do는 내용어가 아니어서 빨리 발음되면서 축약된다.

A: He is smart and funny, d'you ever think that about him?
B: Yeah, I really like his sense of humor.
A: 걔 영리하고 재미있어. 걔 생각해본 적 있어?
B: 어, 정말이지 걔의 유머감각을 좋아해.

A: Mary? This is John. Can ya hear me?
B: John?
A: 메리? 나 존이야. 들리니?
B: 존?

them ⇒ 'em
her ⇒ 'er

them은 /뎀/이 아니라 /듬/, her는 /허/가 아니라 /어/에 가까운 소리를 낸다.

A: These shoes are killn' my feet.
B: It will take a couple of days to break 'em in.
A: 이 신발 때문에 발이 아파 죽겠어.
B: 길들이려면 2~3일은 걸릴거야.

because ⇒ /'cause/cuz/coz
about ⇒ 'bout

because는 줄여서 'cause, 심지어는 더 줄여서 cuz, coz로 표기하기도 한다. 액센트 없는 첫모음은 약해서 about 역시 'bout로 표기하기까지 한다.

A: So, why would you want to go there?

B: 'Cause I never have! That's why people go places. Isn't it?

A: 그럼, 왜 거기 가고 싶어하는 거예요?
B: 왜냐하면 한번도 가본 적이 없으니까! 그래서 여행을 다니는거 아냐?

② 두 단어를 한 단어처럼 섞어서 발음해

Come on ⇒ C'mon
you know ⇒ y'now

두 단어로 된 표현일지라도 약하게 발음되는 부분은 어포스트로피로 축약해서 표기한다.

A: Bill is really kind of dumb and lazy.

B: C'mon, you're going out with the guy!

A: 빌은 정말이지 좀 둔하고 게을러.
B: 그러지말고, 걔하고 데이트하고 있으면서!

A: Well, y'know, I sorta did a stupid thing last night.

B: Really? Give us all the details of what happened.

A: 저기 말야, 나 어젯밤에 좀 바보 같은 짓을 했어.
B: 그래? 무슨 일인지 자세히 말해봐.

Don't you? ⇒ Doncha ~
don't know ⇒ d'now / dunno

don't know를 발음나는 대로 dunno로 표기하기도 한다.

A: How come people never take me seriously?

B: I dunno, maybe it's because you're really sarcastic.

A: 어째서 사람들은 내 말을 진지하게 받아들이지를 않아?
B: 몰라, 네가 너무 냉소적이기 때문일거야.

going to ⇒ gonna
want to ⇒ wanna

잘 알려진 만큼 일상화된 표기법이다.

A: Hey, we're gonna miss the bus.
B: Don't worry, we'll make it.
A: 이봐, 그 버스 놓치겠어.
B: 걱정마, 시간 맞춰 갈 수 있을거야.

have to ⇒ hafta
got to ⇒ gotta

have to~는 아직 표기까지는 발전하지 못했고 발음을 그렇게 해보도록 한다.

A: Hi, Joe! What's the rush?
B: I'm late for my doctor's appointment. I've gotta go now.
A: 안녕, 조! 왜 이리 급해?
B: 병원예약시간에 늦었어. 가야돼.

give me ⇒ gimme
Let me ⇒ Lemme

역시 발음나는 대로 표기하는 경우로 이 역시 아직 표기가 대중적이지는 못하다.

A: This is a no parking zone.
B: Gimme a break. Where else can I park?
A: 여긴 주차금지 구역이에요.
B: 한번만 봐주세요. 그럼 어디다 주차해야 하나요?

must have ⇒ musta
could have ⇒ coulda

갑자기 musta, coulda가 나온다고 당황하지 말자.

A: Pam was supposed to be here, but I can't find her.
B: She musta decided to go home early.
A: 팸은 여기 오기로 되어 있는데, 보이지가 않아.
B: 집에 일찍 가기로 했음에 틀림없어.

A: I got soaked outside when it started to rain.
B: You coulda waited inside in the lobby.
A: 비가 내릴 때 밖에서 비에 완전히 젖었어.
B: 로비에서 기다렸을 수도 있잖아.

sort of ⇒ sorta
kind of ⇒ kinda
out of ⇒ outta

약간의라는 의미로 쓰이는 sort of, kind of는 주로 축약되어서 표기된다.

A: It looks like I'm just in time for make up sex. Don't mind me, you'll barely hear me.
B: Tom, get outta here.
A: 내가 화해섹스를 하기에 딱 맞는 시간에 온 것 같군. 난 신경쓰지마, 내 소리 안들릴거야.
B: 탐, 꺼져.

am not (or is not) ⇒ ain't

가끔 미드에서 보이지만 아직 권장할 단계는 아닌 축약형으로 비문법적인 속어에서나 사용된다.

A: John can borrow some money from his friends.
B: That ain't what he wants to do.
A: 존은 친구들로부터 돈을 좀 빌릴 수 있어.
B: 그건 걔가 원하는게 아냐.

❸ 세 단어도 붙여

What did you~? ⇒ Whaddya~?

역시 발음나는 대로 표기하는 경우이다.

A: Let's go out for a lunch break, whaddya say?
B: Yeah, it would be good to eat and relax.
A: 점심시간에 밖에 나가자, 어때?
B: 그래, 식사하면서 쉬는게 좋을 것 같아.

What are you~? ⇒ Whatcha

/t/음가가 you와 합쳐진 경우.

A: **Whatcha** going to do during summer break?
B: I'm going back to my hometown to visit my family.
A: 여름휴가동안 뭐할거야?
B: 고향에 가서 가족들 볼거야.

What do you~? ⇒ Whaddaya~?

역시 발음나는대로 표기하는 아주 용감한 경우.

A: My new car is not as good as the one I had before.
B: **Whaddaya** mean? You don't like it?
A: 내 새 차가 전에 갖고 있던 차만큼 좋지 않아.
B: 무슨 말이야? 맘에 안들어?

05
사람을 부르는 단어들

가장 먼저 사람을 이름대신 부르는 단어들을 정리해본다. 속어를 거의 일상어로 쓰는 미드다 보니 사람을 칭하는 부정적 단어들이 많이 나온다. 특히 ex-는 헤어진 혹은 이혼한 상대를 말하는 단어로 단독으로 ex로 쓰이기도 한다. 또한 요즘 많이 쓰이는 베프는 best friend를 줄인 말이지만 영어로는 bestie라고 한다.

01 친한 친구 사이거나 혹은 연인 사이, 가족사이에서

sweetheart, sweetie, honey(hon), babe(baby), (my) dear

연인이나 배우자 사이에 하는 호칭이다. 한편 better half는 배우자나 애인을 완곡하게 표현한 것이며, 아내를 부정적으로 말하는 ball and chain 등이 있다.

Geez, we're gonna be late, sweetie... 이런, 우리 늦겠어, 자기야…

Is everything all right, dear? 얘야, 괜찮은거냐?

I would like to introduce you to my better half, Maria.
나의 반쪽, 내 아내 마리아를 소개할게.

A: I got these for you.
B: Oh, sweetheart, you shouldn't have! They're so beautiful.
A: 이거 선물야.
B: 오 자기야, 이러지 않아도 되는데! 정말 이쁘다.

A: I'm going to kick your ass.
B: Honey, you're scaring me a little bit.
A: 내가 널 혼내줄거야.
B: 자기야, 좀 무서워질려고 그래.

ex-

헤어진 옛 연인(ex-boyfriend, ex-girlfriend)이나 예전 배우자(ex-husband, ex-wife)를 줄인 표현이다. 뻔질나게 헤어짐과 만남을 반복하는 미드에서 자연 많이 나올 수밖에 없다.

A: I think my ex-boyfriend probably has a new girlfriend.
B: I don't think so. You just broke up last week!
A: 내 옛날 남친이 새 여자친구를 만나는 것 같아.
B: 그렇지 않겠지. 니네들 헤어진 게 바로 지난 주잖아!

A: I bet you will find a new boyfriend soon.
B: I hope so, but I can't forget my ex.
A: 곧 틀림없이 새로운 남친을 만나게 될거야.
B: 나도 그러길 바라는데 옛 남친을 잊을 수가 없어.

ma(엄마), dad(아빠), grandma(할머니), grandpa(할아버지)

가족 사이에서 줄여서 쓰는 호칭들이다.

A: You stole the money. I'm ashamed of you.

B: I'm sorry Dad. I won't let it happen again.

A: 돈을 훔쳤어. 부끄러운 일이야.
B: 죄송해요 아빠. 다시는 안 그럴게요.

A: Guess what, mom? It's about school.

B: Well, hurry up and tell me. Don't leave me in suspense.

A: 엄마, 무슨 일이게요? 학교에 대한 거예요.
B: 글쎄, 어서 말해. 궁금하게 하지 말고.

dude, buddy, bro, pal, man, guy, boy

친구들 사이에서 서로 부르는 단어들로 boy는 얘야라는 뜻으로 나이어린 손아랫 사람에게 사용한다.

A: You'd better be careful buddy or you're going to get burned out.

B: I think I already am!!

A: 몸 조심해야 돼, 이 친구야. 그렇지 않으면 몸이 완전히 망가지겠다.
B: 벌써 망가진 것 같아!!

(you) guys, folks, everyone

여러명을 언급할 때 사용하는 호칭. (you) guys는 '얘들아'라는 의미로 남녀구분없이 사용할 수 있으나 손윗사람들에게 쓰지 않는게 좋다.

A: Come on you guys, is this really necessary?

B: Yeah, we have to do it or we'll get in trouble.

A: 야 너희들, 정말 이래야 돼?
B: 어, 그렇게 하지 않으면 우리 큰일 나.

A: This isn't the right room, sorry folks.

B: Oh, alright. I guess we'd better leave.

A: 이 방이 아니네, 미안해요 여러분들.
B: 괜찮아요. 우리는 나가야 될 것 같아요.

② 그밖의 사람을 부를 때 사용되는 단어들

Mr. Big Shot
유능하고 중요한 사람, 주로 성공한 사람이 잘난 척하거나 자신감이 지나친 경우를 비아냥 거릴 때

어떤 사람의 특징을 잡아 비아냥거릴 때나 유머러스한 별명으로 사용되며, 형용사나 명사, 때로는 문장까지도 Mr. 뒤에 붙일 수 있다. Mr. Happy는 "행복"씨, Mr. I've Had Sex Four Times는 "네번이나 섹스하신 분," 그리고 Ms. Hot Shot Chef는 "잘 나가는 요리사 나으리"를 뜻한다.

A: I know I'm being Mr. Inappropriate today.
B: I think you have insulted quite a few people.
A: 내가 오늘 부적절하게 행동했다는 것을 알아.
B: 네가 몇몇 사람을 모욕한 것 같아.

hip
세련된 사람, 최신유행의

최신 유행에 밝은 사람이나 최신유행이라는 것을 뜻한다.

A: Your girlfriend has very stylish clothes.
B: She always knows what's hip.
A: 네 여친은 매우 멋진 옷을 입었네.
B: 걘 뭐가 유행하는지 항상 알고 있어.

buff
…광

뭔가 한 분야에 열중해 있어서 그 분야에 정통한 사람을 말한다.

A: Rob's always been a movie buff.
B: He told me he watches hundreds of movies.
A: 랍은 언제나 영화광이었어.
B: 나한테 수많은 영화를 본다고 했어.

sport
친구, 단짝 친구(chum), 또는 성격 좋은 사람

인생의 즐거움이자 위안이 되는 친구나 성격이 좋은 사람을 뜻한다.

A: These problems make me so angry!
B: Hey, try to calm down, sport.
A: 이 문제들 때문에 정말 화가 치밀어!
B: 어이, 친구야, 진정하라고.

the life of the party
분위기 메이커, 활력소

분위기를 살려주는 분위기 메이커, 활력소를 뜻한다.

A: Should I send Jim an invitation?
B: You have to invite him. He's the life of the party.
A: 짐에게 초대장을 보내야 할까?
B: 걔 초대해. 분위기메이커잖아.

roomie
룸메이트

roommate을 줄여서 roomie라고 한다.

A: I can't afford the rent for this apartment.
B: You'd better find a roomie to split the cost.
A: 이 아파트 임대료를 낼 여력이 안돼.
B: 룸메이트를 찾아서 비용을 분담해봐.

old man
아버지, 남편, 직장상사

문맥에 따라 아버지, 남편 혹은 직장상사를 말한다. 한편 old woman은 어머니, 마누라 혹은 잔소리꾼을 말한다.

A: I'm tired of working, and it's getting late.
B: The old man will be angry if we don't finish.
A: 일하는데 지쳤어. 시간도 늦었고.
B: 우리가 끝내지 못하면 사장이 화낼거야.

moviegoer
영화팬

뒤에 –goer가 붙어 영화를 자주 보는 팬을 말한다.

A: You heard about the new action film?

B: Thousands of moviegoers are going to see it.

A: 새로 나온 액션영화 얘기 들었어?
B: 많은 영화팬들이 가서 볼거야.

John Doe
신원불명남자

범죄수사물에 자주 나오는 단어로 신원불명의 남자, 여자의 경우는 Jane Doe라고 한다.

A: Did the police identify the dead body?

B: No, he's still an unknown John Doe.

A: 경찰이 시신의 신원을 확인했어?
B: 아니, 여전히 신원이 파악되지 않았어.

newbie
신참

신참이란 뜻으로 probie라고 해도 된다.

A: Our new employee broke the printer.

B: Newbies always make mistakes.

A: 우리 새로운 직원이 프린터를 망가트렸어.
B: 신입들은 항상 실수를 한다니까.

03 괴짜, 이상한 놈, 멍청한 놈

weirdo
괴짜

형용사+~o의 형태로 '…한 사람'을 뜻한다. weird는 「이상야릇한」, 「기묘한」이라는뜻. 또한 lame-o 또한 같은 형태로 무능하고 쓸모없는 존재를 말한다.

A: Kanye says a lot of things that don't make sense.

B: He has always been a weirdo.

A: 케인은 말도 안되는 얘기를 많이 해.
B: 걘 늘상 괴짜처럼 행동하잖아.

loser
못난 놈

가장 많이 쓰이는 단어 중의 하나로 인생의 낙오자, 형편없는 사람을 뜻한다.

A: Look at Larry. He's such a loser.
B: I'll have you know he has a really kind heart.
   A: 래리 봐봐. 걔 정말 머저리야.
   B: 분명히 말해두지만, 걔는 정말 맘씨가 좋아.

jerk
바보, 얼간이

머리가 나쁘다기보다 세상 물정에 어둡고 말하는 사람의 맘에 들지 않는 사람에게 쓰는 말로, 비슷한 표현으로는 schmuck, slob 등이 있다.

A: That guy is a real jerk.
B: I guess you have a point.
   A: 녀석은 정말 얼간이라구.
   B: 그 말에 일리는 있어.

A: Lenny told me that I'm stupid.
B: Don't get me started on him. He's a jerk.
   A: 레니가 내가 멍청하다고 했어.
   B: 그 놈 얘기는 하지도 마. 얼간이 자식야.

nerd
얼간이

공부벌레로 공부만 하고 사교성이 부족한 사람을 뜻한다. 또한 geek은 멍청하고 좀 이상한 놈으로 geeky는 이상한, 괴짜같은이라는 형용사가 된다. kook 역시 괴짜.

A: Those students are not popular?
B: Only nerds hang out with them.
   A: 저 학생들은 인기가 없어?
   B: 멍청한 놈들만 걔들과 어울려.

moron
바보

역시 자주 눈에 띄는 바보 단어. 참고로 dingus는 얼간이, dork는 학생들이 많이 사용하는 것으로 띨한 놈, 멍청한 놈이라는 뜻이다.

A: Your brother got fired from another job?
B: He's a moron that can't work with others.

A: 네 형이 다른 직장에서 또 잘렸어?
B: 그는 다른 사람들과 일을 못하는 바보 멍충이야.

You bastard!
나쁜 자식!

「사생아」라는 뜻에서 출발한 욕설로 주로 화가 머리끝까지 난 여성들이 남성에게 즐겨 사용한다.

A: Your boyfriend was out with Cheryl last night.
B: That bastard! I told him not to cheat.

A: 네 남친이 지난 밤에 쉐릴하고 데이트했어.
B: 나쁜 새끼! 바람피지 말라고 했는데.

freak
괴상망칙한 놈

뭔가에 병적으로 집착하는 사람을 칭할 때 쓰면 된다.

A: Someone peed all over the lobby floor.
B: What kind of a freak would do that?

A: 누가 복도 바닥 전체에 오줌을 싸놨네.
B: 어떤 괴짜가 그런 짓을 할까?

creep
꼴보기 싫은 놈

재수없게 구는 놈에게 할 수 있는 단어. smirky 또한 능글맞은 놈이라는 뜻이다.

A: Boy, I'd like to get my hands on that bully.
B: I know what you mean. He's such a creep.

A: 어휴, 저 못된 놈을 손 좀 봐줬으면 좋겠어.
B: 무슨 말인지 알아. 저 녀석은 아주 저질이지.

bum
부랑자

참고로 wimp는 겁쟁이, 소심한 사람, dope와 asshole은 멍청이를 뜻한다.

A: My ex-boyfriend keeps calling me, all night long.
B: Forget about him, he's a bum.
A: 전 남친이 밤새 내게 전화를 해대.
B: 걘 잊어버려, 부랑아잖아.

❹ 섹시한 여자 혹은 매춘부

bitch
나쁜 년

여자뿐만 아니라 남자한테도 사용할 수 있다.

A: Why is Nelly acting like such a bitch?
B: She is just showing her true colors.
A: 넬리가 왜 저렇게 못된 년처럼 행동하는거야?
B: 본색을 들어내기 시작한거지.

knockout
끝내주게 예쁜 여자

또한 killer는 죽여주는 여자, 매력적인 여자를 뜻한다. 물론 멋진 남자를 지칭하기도 한다.

A: What do you think of my date?
B: You're very lucky. She's a knockout.
A: 내 데이트 상대 어떻게 생각해?
B: 넌 운이 좋은거야. 걘 아주 죽여줘.

chick
영계, 젊은 아가씨

젊은 여성을 좀 비하하는 단어.

A: Did you see that chick that just came in?
B: You mean the one with the blond hair?

A: 야, 방금 들어온 그 여자애 봤니?
B: 금발인 애 말야?

hooker
성관계가 난잡한 여자, 매춘부

비슷한 단어로는 whore, slut 등이 있다.

A: I thought Terry made a lot of money in business.
B: He spent all of it on hookers.
A: 테리는 사업해서 돈을 많이 벌었다고 생각했는데.
B: 창녀들에게 그 돈을 다 쏟아부었어.

stud
호색한

마찬가지로 hottie는 성적으로 끌리는 남자나 여자

A: He's been dating several women at the same time.
B: That's awesome. What a stud!
A: 걔는 동시에 여러 여자와 데이트를 해.
B: 대단하군. 정말 색골이야!

dumb blond
멍청한 금발

참고로 broad는 난잡한 잡년을 뜻한다.

A: That actress is beautiful, but she's not too bright.
B: She's just another dumb blond.
A: 저 배우는 예쁘지만 그렇게 똑똑하지는 않아.
B: 그 여자는 그냥 멍청한 금발여자야.

06
말을 꺼낼 때 하는 허사 혹은 말을 이어갈 때

우리도 어색함을 피하거나 상대방의 주의를 끌 목적으로, 본론을 말하기 전에 「저」, 「저기」, 「음」 등 별 의미없는 말로 시작을 하듯, 영어에서도 그런 표현들을 찾아볼 수 있다. 대부분 별 의미없이 하는 말이니 굳이 해석을 안해도 되는 경우도 있다. 특히 미드에서 많이 볼 수 있는 문장 속의 ,like,는 생소한 것으로 좋아하다이거나 전치사로 …처럼으로 해석하려고 하면 안된다. 이 역시 별 의미없이 할 말을 찾을 때 내는 허사이다.

Look, ~
이것봐

상대방의 시선을 끄는 단어. Say, ~라고 해도 "저기요," "있잖아"라는 말로 상대방의 주의를 끈다. 좀 더 적극적으로 Listen,~이라고 말을 시작해도 된다.

A: **Look,** can, can you do something for me?

B: Sure, what?

A: 저기 날 위해 뭐 좀 해줄테야?
B: 그래 뭔데?

So, ~
자, 그러니까

화제를 바꿀 때 외에도 본래의 의미대로 앞 얘기를 받아 「그래서」, 「따라서」라는 의미로도 쓰인다.

A: **So,** how was the honeymoon?

B: It was great! It was great!

A: 그래 신혼여행은 어땠어?
B: 아주 좋았어! 끝내줬어!

I mean, ~
그러니까, 내 말은

자기가 한 말에 대한 부연설명을 하고자 할 때 쓰이는 표현.

A: **I mean,** I'm getting married next week.

B: What?!

A: 내 말은 말야, 나 다음주에 나 결혼한다고.
B: 뭐라고?!

See, ~ (또는 ~, see)
이것봐, 자 보라구

뭔가 확인을 요구하는 표현.

A: He says he wants to fight, but he won't.

B: **See,** I told you. He is bluffing.

A: 걔는 싸우고 싶다고 하지만 그러지 않을거야.
B: 거봐, 내가 그랬잖아. 걘 허풍떠는거라고.

Well, ~
저, 음

허사에 가까운 의미로 Hey,~는 이봐, Now,~는 자, 한데, 그런데라는 의미이다.

A: **Well,** why don't we get down to business?
B: Sounds good. Let's get started.
A: 자, 본론으로 들어갈까요?
B: 좋습니다. 시작합시다.

~, you know, ~
있지, 음

말 중간중간에 많이 쓰이는 표현이지만 너무 많이 쓰면 살짝 무식하게 보일 수도 있다.

A: What's up, Peter?
B: Oh, not much, **you know,** the same old thing day in and day out.
A: 무슨 일이야, 피터?
B: 아, 별일 아니야. 그저 매일이 똑같잖아.

~, like, ~
그러니까, 음

별 의미없는 단어. 참고로 what,~은 뭐라고, 아니, 설마, 이런, 그리고 by the way,~는 그런데 말야라는 뜻이 된다.

A: Do you have any hobbies you like to do?
B: Sure, lots of things, **like,** surfing.
A: 하고 싶은 취미생활이 있어?
B: 물론, 많이 있는데, 저기 서핑같은거.

그밖의 표현들로는 다음과 같다.

Well then, 그러면,	**And then,** 그런 다음,
But then, 하지만,	**Then again,** 하지만,
Well now, 그런데,	**Or rather,** 더 정확히 말하면,
Actually, 실은,	**What's more,** 게다가,

좌충우돌 미국경험기

'English'가 아닌 'Konglish'가 쓰이는 한국

영어가 한국에 들어오면서 약간의 한국의 색깔이 입혀져 'English'가 아닌 'Konglish'가 되는 경우가 있다. 예를 들어 '수퍼마켓'이 있다. 미국에서 수퍼마켓은 이마트처럼 큰 식품점을 말한다. 하지만 한국에서는 동네의 구멍가게나 편의점 같은 것을 수퍼나 수퍼마켓이라고 부른다. 또한 많은 사람들이 포장해 가는 것을 'take-out'이라고 하지만 미국에서는 'take-out'보다 'to-go'라는 말을 더 많이 사용한다. 그 외에 'fried egg'를 'egg fry'라고 잘못 사용하는 경우도 있고 'window shopping'을 'eye shopping'이라고 하는 경우도 많이 본다. '오바이트'라는 단어 또한 영어 같이 들리지만 사실 영어로는 'throw-up'이나 'vomit'이라는 단어를 사용한다. 어떡하다가 한국에 와서 콩글리쉬로 변했는지는 알 수가 없다.

콩글리쉬에 익숙해지다 보니 사람들이 영어를 사용할 때도 콩글리쉬를 쓰는 경우가 많다. 예를 들어 영어에서는 '살이 빠졌다'를 'I lost weight'이라고 한다. 하지만 한국 사람들은 'I lost my weight'이라고 한다. 'I lost my weight'이 맞는 것처럼 들려도 사실 콩글리쉬이다. 그 외에 'pumpkin'은 '늙은 호박'만 가리키는 단어인데도 불구하고 '애호박'을 가리킬 때 'zucchini'라고 하지 않고 'pumpkin'이라고 하는 것도 예로 들 수 있다. 또한 영어에서 '양파'는 'onion'이고 '파'를 'scallion'이라고 한다. 과자도 영어에서는 다양한 이름으로 불릴 수 있다. '과자'를 'snack'이라고 할 수 있지만 일반적으로 영어에서 'snack'은 '간식'을 의미해 과자 말고도 다양한 먹거리가 될 수 있다. 따라서 과자를 대표하는 단어는 없지만 어떻게 만들어지느냐에 따라 다르게 부른다. 얇게 썰어 기름에 튀긴 것을 'chip'이라고 하고 맛은 약간 짭짤하거나 양념이 되어있다. 'cookie'는 달고 보통 구워 만드는 것을 가리킨다. 'biscuit'은 달지도 짜지도 않고 특별하게 강한 맛이 없다. 'cracker'도 'biscuit'하고 비슷하다. 따라서 과자를 대표하는 단어는 없지만 이렇게 만들어지는 방법에 따라 이름을 나뉘어 부른다. 미국 사람들에게 빼빼로나 칸쵸 같은 한국과자를 선물하면 좋아한다. 또한 겨울에 많이 끼는 '장갑'을 'gloves'라고 하고 '벙어리 장갑'을 'mittens'라고 분리해서 말한다. 미국에서 처음에 콩글리쉬를 남발하면서 민망한 상황이 생기기도 하지만 나중에는 이런저런 것도 알아가는 재미가 있고 좋은 추억이 된다.

07
다양한 직업을 말한다

다양한 현실 세계를 그대로 투영하는 미드에서 나오는 직업을 말하려면 아마 지면이 부족할 것이다. 여기서는 범죄물, 의학물 등에서 자주 나오는 대표적인 직업명사 몇몇을 살펴보는 것으로 한다. 특히 boss는 꼭 사장이 아니라 직장상사를 말할 수 있다는 것을, 그리고 president도 역시 문맥에 따라서 대통령 혹은 사장을 뜻하는 것을 알아두어야 한다. 물론 정상적인 상황에서는 the President로 써야 대통령이지만, 일상어를 기반으로 하는 미드에서는 꼭 대문자를 쓰지 않기도 한다.

detective
형사

형사를 의미하며 퇴직 후에 하게 되는 사립탐정은 private detective 혹은 private investigator 라고 해서 줄여 PI라고 쓰기도 한다.

A: A detective has been waiting to talk to you.
B: Is that right? Am I in some kind of trouble?
A: 한 형사가 너와 얘기하겠다고 기다리고 있어.
B: 정말? 내가 무슨 곤란한 상황에 처했나?

counselor
법정 변호사, 상담사

범죄수사물에서 법정 변호사를 지칭하며, 또한 미국에서는 일상인 정신적 상담사인 상담사를 말하기도 한다.

A: We were all shocked that our friend was killed.
B: A grief counselor will talk to our group today.
A: 우리는 우리 친구가 살해되어 충격을 받았어.
B: 슬픔 상담사가 오늘 우리들하고 대화를 할거야.

cook
요리사

cook이 요리하다이니 요리사는 cooker로 생각하기 쉽다. cooker는 냄비로 요리사는 cook이다.

A: Your grandma makes the most delicious food.
B: She worked for years as a cook in a restaurant.
A: 너희 할머니는 가장 맛난 음식을 만드셔.
B: 할머니는 한 식당에서 요리사로 오랫동안 일하셨어.

boss
사장, 상사

문맥에 따라 사장이나 직장 상사를 지칭한다.

A: My boss makes life at our office so miserable.
B: You'll never be happy there.
A: 내 직장상사 때문에 사무실에서의 내 삶이 초라해져.
B: 거기서 넌 절대로 행복해지지 못하겠네.

bouncer
기도

클럽에서 문밖을 지키고 출입을 통제하는 덩치 큰 기도를 말한다.

A: How were you involved in so many fights?
B: I worked as a bouncer at a nightclub.
A: 넌 어쩌다 그렇게 많은 싸움질에 연루된거야?
B: 난 나이트클럽 기도로 일을 했거든.

doctor
의사

의사로 외과의는 surgeon이라고 한다.

A: My leg may have broken when I fell down.
B: We'd better get you to a doctor.
A: 넘어졌을 때 다리가 부러진 것 같아.
B: 너 병원에 데려가야겠다.

serial killer
연쇄살인범

살인을 연속해서 계속 저지르는 범인.

A: News reports say that several people were murdered.
B: It may have been done by a serial killer.
A: 뉴스에 따르면 여러 명이 살해당했대.
B: 연쇄살인범 짓일지도 몰라.

profiler
범죄분석가

범죄자의 심리를 분석하여 용의자를 특정하거나, 구속된 용의자의 범죄를 찾아내는 역할을 하는 사람들.

A: That man works to identify murder suspects.
B: A profiler has a very difficult job.
A: 저 남자는 범죄 용의자의 신원을 파악하려고 하고 있어.
B: 프로파일러는 정말 어려운 직업이야.

lawyer
변호사

형사는 용의자에게 변호사가 필요하냐고 물어볼 때는 You want a lawyer? 그리고 이에 대한 범죄자의 대답은 I want a lawyer이다.

A: My parents always wanted me to become a lawyer.
B: So why didn't you go to law school?
A: 부모님은 내가 변호사가 되기를 항상 원하셨어.
B: 그럼 넌 왜 로스쿨에 가지 않은거야?

prosecutor
검사

사건을 기소한 후 재판을 해서 범죄자의 죄에 대한 책임을 묻는 검사.

A: She was arrested for setting fire to a building.
B: The prosecutor is asking for a heavy punishment.
A: 그녀는 빌딩에 불을 질러서 체포됐어.
B: 검사는 중형을 요구할거야.

special agent
특별요원

미드에서 숱하게 듣는 단어로 특별요원이라는 말.

A: The news says a terrorism suspect was caught.
B: They are sending a special agent to interview him.
A: 뉴스에 의하면 테러 용의자가 잡혔대.
B: 특별요원을 보내서 심문하겠구만.

snatch
밀고자, 가로채다, 강탈하다

내부자 혹은 주변인이 범죄자에 대한 정보를 제공하는 것을 말한다.

A: How did Mr. Sarine lose the paperwork?
B: A thief snatched his briefcase.
A: 사린 씨는 어쩌다 서류작업을 잃게 된거야?
B: 도둑이 그의 서류가방을 채갔어.

08
감탄사. 의성어

생동감이 있는 현실을 그대로 옮겨 놓은 미드에서는 Come on(어서, 이러지마), Oh my God(맙소사)처럼 익숙한 표현뿐만 아니라 For crying out loud(아이고, 이런)나 God forbid!(그런 일이 일어나지 않도록!) 등의 난이도 높은 감탄사도 많이 나오게 된다. 또한 같은 맥락으로 이해할 수 있는 Uh-oh(어머, 이를 어째), Ouch!(아얏!), 그리고 빅뱅이론으로 유명해진 Yikes!(야호!) 등의 의성어도 함께 알아본다.

Come on!
어서!, 이러지마!

「제발 이러지마」(Stop it!; Stop doing that!), 혹은 「제발 좀 허락해주세요」(Please oblige me) 라는 의미가 된다. 또한 상대방이 이동하면서 "Come on"하면 「서둘러라」(Hurry up!)라는 말이 된다. 한편 come on in하면 방문하는 사람들을 반갑게 맞이하면서 「어서 들어오라」(Come into this place)는 의미.

A: **Come on!** We'll be late!
B: **I'm doing the best I can.**
A: 서두르란 말야! 늦겠어!
B: 최선을 다 하고 있다구.

God bless you!
아이고 고마워라!, 안됐네요!

「신의 가호가 있기를」이라는 의미. 「아이고 고마워라」라는 뜻으로 쓰이지만. 상대방이 재채기를 했을 때도 '(God) Bless you!'라고 하는데, 우리말로 하자면 「아이고 불쌍해라」, 「안됐네요」 정도 가 된다.

A: Why don't you take the rest of the day off and go home?
B: **God bless you!**
A: 오늘은 그만 하고 집에 가지 그래?
B: 이런 고마울 데가!

Who Knows!
누가 알겠어!

반어적인 표현. 「누가 알랴!」 정도에 해당된다. 'God only knows!'도 같은 의미. 단어의 의미보다는 전체적인 문장의 억양이 내용전달에 중요한 기능을 하는 경우이다.

A: What is he doing here?
B: **Who knows!**
A: 쟤 여기서 뭐하는 거야?
B: 누가 알겠어!

Gotcha!
잡았다!, 속았지!, 알았어!

'I've got you!'에서 파생된 것. 'Got you!'의 발음을 단어로 표기한 경우. 술래잡기 등에서 상대방을 잡았을 때 「잡았다!」라고 할 때, 거짓말로 상대방을 놀리고 나서 초조해하는 상대방에게 'Gotcha!'라고 할 수 있다. 끝으로 상대방의 뜻을 「이해했다」는 의미로 사용된다.

A: Are you sure that the boss wants me to see him right now?

B: Gotcha!

A: 사장이 나보고 지금 당장 보자고 하는 게 확실해?
B: 뻥이야!

Cheer up!
기운내!

슬픔에 빠진 상대방에게 기운을 북돋우기 위해서 하는 표현으로 요즘같은 세상에서는 이용할 기회가 무척 많을 것이다. 「기운내라」(Try to be happy!)고 하는 의미로 일반 동사로는 주로 'cheer sb up'으로 쓰인다.

A: I feel so blue today.

B: Cheer up!

A: 오늘 좀 우울해.
B: 기운내라구!

Cheers!
건배!

'Cheers!'는 술좌석에서 술잔을 부딪히면서 하는 말로 우리말로는 「건배」에 해당되는 표현. 'Bottoms up!'도 같은 말. bottom은 여기서는 「술잔의 바닥」을 말한다. 따라서 'Bottoms up!'하면 바닥까지 다 마시자는 것으로 「건배」, 「쭉 들이킵시다」에 해당되는 말.

A: Bottoms up! Let's get drunk!

B: Cheers!

A: 건배! 한번 취해봅시다.
B: 건배!

Bingo!

해냈다!, 바로 그래!

Bingo 게임에서 다섯개를 제일 먼저 맞춘 사람이 'Bingo!'라고 외치게 되는데, 여기서 파생하여 일상생활에서 'Bingo!'라고 외치면 「이겼다!」, 「해냈다!」, 「바로 이거야!」라는 뜻이 된다.

A: So, do you think the farmer's son did it?

B: Bingo!

A: 그래, 넌 그 농부의 아들이 그랬다고 생각하는거니?

B: 바로 그래!

Dear me!
저런 세상에!

dear는 감탄사로 「어머나」, 「아이고」, 「저런」 등의 의미로, 자주 쓰이는 꼴은 'Oh, dear!,' 'Dear me!'로 놀람이나 슬픔 또는 가벼운 분노, 낙담 등을 표현할 때 사용되는 감탄사이다.

A: Did you hear that Johnny's grandmother passed away?

B: **Dear me!**

A: 조니의 할머니가 돌아가셨다는 소식 들었어?
B: 저런, 세상에!

Good heavens!
오, 맙소사!

놀람과 충격의 감탄사 그냥 'Heavens!'라고, 혹은 Good 대신에 My를 넣어 'My heavens!'라고도 한다. 「저런!」, 「이를 어쩌나!」 정도에 해당되는 표현이다.

A: John got caught in bed with his neighbor's wife!

B: **My Goodness!**

A: 존이 이웃집 부인이랑 침대에 있다가 발각됐어요!
B: 오, 맙소사!

Okey dokey!
여부가 있겠습니까!

'OK(Okay)!'의 구어적 표현. 발음은 [ouki douki], 즉 오끼도끼로 영어단어같지 않은 발음 때문에 우리에게는 좀 생소하다. 이는 Okay의 고어(古語)로 현재는 조금 장난기있게 말하는 상황에서 친한 사이에 국한되어 사용되고 있다.

A: Don't do it again!

B: **Okey dokey!**

A: 다시는 그러지마!
B: 여부가 있겠습니까!

Fancy that!
설마!

fancy는 동사로 「공상(상상)하다」라는 의미. 'Fancy that!'은 명령문의 구조이며 fancy는 동사이다. 즉 「그것(that)을 상상해봐라!」라는 것으로 의역하면, 「도저히 믿기지 않는다!」, 「설마!」 정도의 의미를 갖는다. 'Imagine that!'으로 사용되기도 한다.

 A: I heard that Mary and Paula are getting married.

B: Fancy that!

A: 메리와 폴라가 결혼할거래.
B: 말도 안돼!

Holy cow!
이런!

holy는 「신성한」이라는 의미 외에 반어적으로 「놀라운」이라는 뜻으로도 쓰인다. 그래서 "Holy + N!"하면 「놀람」이나 「기쁨」 등 감정이 격렬해질 때 내뱉는 탄식어이다. 뒤에 오는 명사로는 cow가 빈번히 등장하며 그밖에 cats, Moses, fuck, shit 등이 온다.

 A: Holy cow! The car is on fire.

B: Hurry up and pull over.

A: 이런! 차에 불이 붙었어.
B: 빨리 차를 길 한 쪽에 세워.

God damn it!
젠장!

damn은 「신의 저주」 또는 「저주를 내리다」라는 의미. 주로 "(God) Damn it!" 혹은 "(God) Damn you!"의 꼴로 일이 뜻대로 되지 않거나 낭패를 보게 될 경우 내뱉는 탄식어. 「빌어먹을!」, 「염병할!」 정도에 해당되는 말로 점잖은 자리에서는 사용하면 안된다. 조금 완곡하게 말하려면 "Darn it!"으로 사용하면 된다.

 A: God damn it! Why are you such an idiot?

B: I don't know. I'm sorry.

A: 젠장! 너 왜 그렇게 띨띨하냐?
B: 나도 모르겠어. 미안해.

Good grief!
아이고!

"Good heavens!"와 마찬가지로 놀람과 경탄 그리고 충격의 탄식어이다. 「아이고!」, 「이런 어쩌나!」, 「야단났네!」 등의 뉘앙스가 풍기는 표현으로 grief 대신에 Lord를 써도 된다. 물론 grief는 「슬픔」, 「비통」이라는 뜻을 지닌 기본단어.

 A: He just called and said that he couldn't make it.

B: Good grief!
A: 방금 그가 전화했어. 올 수 없다고 하더라.
B: 이를 어쩐다!

Oh, boy!
이런!

종종 "Oh, boy!"를 「오, 소년!」이라는 의미로 옮기는 촌극을 벌이기도 한다. boy는 명사로 쓰일 뿐만 아니라 감탄어로 놀람과 흥분의 감정을 표현하는데 사용되는 단어. 「야!」, 「이런!」, 「참!」에 해당된다. Oh을 빼고 그냥 "Boy!"라고 쓰이기도 한다. boy 대신에 man을 써도 된다.

A: I've got a really big surprise for you!
B: Oh, boy! I can hardly wait to see what it is.
A: 정말로 널 깜짝 놀라게 할 일이 있어!
B: 이런! 그게 뭔지 알고 싶어 죽겠다, 야.

Whoops!
아이구머니나!

뭔가를 떨어뜨리거나 혹은 실수를 했을 때(used when someone has fallen, dropped something, or made a mistake) 입에서 자연스럽게 터져나오는 탄성의 일종. "Oops!"라고도 한다.

A: Oops! I just spilt coffee on my new dress.
B: Let me get you a towel.
A: 아뿔싸! 새 옷에 커피를 쏟았어.
B: 타월 갖다줄게.

A: The men's room is next door!
B: Whoops!
A: 남자 화장실은 옆방이에요!
B: 아이구머니나!

Oh, my God!
오, 맙소사!

우리말의 「하느님 맙소사!」에 해당하는 표현. 화가 날 때(God damn it)뿐만 아니라 놀라고 두려울 때도 하느님을 찾게 되는 것은 당연지사. 우리말로는 「아이고!」, 「이런!」, 「큰일났네!」에 해당되는 말.

A: **He's not wearing any panties!**
B: **Oh, my God!**
A: 그 남자는 팬티를 전혀 입지 않았어!
B: 오, 맙소사!

Great Scott!
어머나!, 이런!

"Great Scott!" 역시 충격과 놀람의 탄식어로 「이런!」, 「아이고!」 정도의 우리말에 해당된다.

A: **Great Scott!** Did you see that dive?
B: **Yes, it was amazing!**
A: 어머나! 저기 다이빙하는 거 봤니?
B: 응, 정말 멋졌어!

A: **Great Scott!** There's an iceberg up ahead!
B: **Get the captain!**
A: 이런! 전방에 빙산이 있어!
B: 선장에게 연락해!

Ooh la la!
와!

프랑스에서 유래된 표현. ooh는 감탄어로 「앗」, 「어」, 「아」 등 기쁨이나 강한 놀람을 나타내는 단어이다. 여기에 la la가 붙어 "Ooh la la!"가 되면 놀랍거나 무척 「아름다운 사람」에 대한 얘기를 들었거나 직접 보았을 때 사용하면 된다.

A: **Ooh la la!** Check out that girl!
B: **My God! She's an angel!**
A: 와! 저 여자 좀 봐!
B: 야! 저 여자 죽여준다!

For Pete's sake!
제발!, 부디!

상대방에게 부탁하는 내용을 강조하는 것으로 「제발」, 「부디」의 뜻이고, 또 하나는 불쾌감의 표현으로 「지독하군」, 「그만둬」 등의 뜻이다. Pete 자리는 인기가 꽤 좋아 다른 단어들이 많이 노리는데 "for God's sake," "for goodness sake," "for heaven's sake," "for pity's sake" 등으로 다양하게 사용된다. 조금 부드럽게 "for goodness sake"를 이용하면 되겠다.

A: Can I borrow fifty bucks until the weekend?
B: **For Pete's sake!** Don't you have any pride?
A: 주말 안으로 50달러 좀 빌려줄래?
B: 지독하구만! 넌 자존심도 없냐?

A: I need to take the rest of the day off.
B: **For Pete's sake!** You have only been here for a few hours.
A: 오늘은 그만 쉬어야겠어요.
B: 너무 하는구만! 겨우 몇시간 여기 있었잖아.

For crying out loud
아이쿠, 이런

세상에, 맙소사라는 뜻으로 뭔가에 대해 화가 났을 때 하는 말이다.

 A: I don't know which food I want to eat.
B: **For crying out loud!** Just pick one of them!
A: 어느 음식을 먹어야 할지 모르겠어.
B: 이거 참! 아무 거나 골라 먹어!

God forbid!
그런 일이 일어나지 말기를!

비슷한 표현으로는 Heaven forbid!가 있다.

 A: Wear your coat today. **God forbid** you might get sick.
B: But Dad, it isn't very cold outside.
A: 오늘 코트 입어. 아프게 될지 모르니까.
B: 하지만, 아빠, 밖이 그다지 춥지 않아요.

그밖에 쓰이는 감탄사로는 아래와 같다.
(Oh, my) Gosh! 세상에!, 맙소사!
(Oh,) Crap 이런!
Good lord! 맙소사!
Attaboy! 잘했어!(Attagirl!)
Oh, no 어 이런

Shoot! 이런!, 저런!, 아이쿠!
Geez (혹은 Jeez), Gee whiz 세상에
Look at you! 얘 좀봐!
There, there 걱정마

Huh?
어?

억양을 조절하여 의문, 놀람, 경멸(contempt), 무관심(indifference)을 두루 나타낼 수 있는데, 보통 It's pretty big, huh?하는 식으로 허사로 쓰이는 경우도 많다.

A: We have to leave right now!

B: Huh?

A: If we don't go now, we'll be stuck in traffic.

A: 우린 지금 당장 떠나야 해!
B: 왜?
A: 지금 안가면 교통체증 때문에 옴짝달싹도 못할 거라구.

Hmm
음

h'm으로 표기하기도 하며 우리말의 '음~'처럼 「깊은 생각」(deep thinking), 「주저」(pausing), 「의심」(doubt), 「불만」(disagreement or dissatisfaction) 등을 억양을 교묘히 조절하여 나타낼 수 있다.

A: I just found out that John is leaving.

B: Hmm?

A: That means his job will be up for grabs.

A: 존이 회사를 그만 둔다는데.
B: 그래?
A: 그럼 그 사람 자리를 누군가가 차지할 수 있다는 얘기네.

Eh?
뭐라고?

조금은 불손한 느낌이 들게(impolite way of saying) What?이라고 말하는 것. 턱을 버릇없이 치켜들고 '뭐?'라고 하는 것을 상상하면 좋겠다. I'm cold! Eh? I said I'm cold와 같이 '알았어?'의 의미로도 쓰인다.

A: I'm taking an early lunch.

B: Eh?

A: It's okay because I'll be back early as well.

A: 점심 좀 일찍 먹을래.
B: 뭐라구?
A: 그만큼 일찍 돌아올거니까 괜찮아.

Uh-huh
맞아

yes의 의미. 상대방의 말을 귀기울여 듣고 있다고 반응을 보여주는 것. 우리도 우리끼리 말할 때 '그래, 그렇구나' 하는 식으로 맞장구를 치듯 외국인과 대화할 때도 이것만 때맞춰 적절히 사용하면 결례를 범하는 일은 없을 듯.

A: He said that we're in financial trouble.
B: Uh-huh.
A: Does that mean people are going to get laid off?

A: 그 사람이 우리 회사가 어렵다고 하던데.
B: 맞아.
A: 그럼 직원들을 해고한다는 소리야?

Ah-hah!
아하!

뭔가 몰랐던 사실을 발견했을 때 내는 '아하!'하는 소리. 예문처럼 어떤 현장을 잡아냈을 때도 쓰는 표현.

A: Ah-hah, I caught you red-handed.
B: I'm sorry, but I was starving.
A: Those donuts were for our guests.

A: 아하, 현장을 잡았군.
B: 미안, 배가 너무 고파서.
A: 그 도너츠들은 손님들에게 대접하려고 갖다 놓은거라구.

Uh-oh
어머, 이를 어째

Whoops 혹은 Oops와 유사하게 쓰이며 넘어지거나 뭔가를 떨어뜨렸을(fall or drop something) 때 혹은 실수를 했을 때 「가벼운 놀람이나 사과」(mild surprise and apology)의 의미가 담겨 있는 표현. 우리말로는 '어머, 이를 어째!' 정도로 생각하면 된다.

A: The big boss is coming.
B: Uh-oh! We better clean this place up.
A: And fast.

A: 사장님이 오셔.
B: 큰일났네! 사무실을 깨끗이 치워야겠어.
A: 그것도 빨리.

Whoa
잠깐

원래는 말(horse)을 멈출 때 내는 '워 워'에 해당하는 소리지만 일상생활에서도 상대방이 열을 올리는 경우 진정하라는(stop!) 의미로 빈번히 쓰인다. 그래서 Calm down이나 Go easy와 같은 말들이 뒤에 따라붙는 경우가 많다.

A: Oh no, we need to finish this project!
B: Whoa, calm down and tell me what the problem is.
A: The boss wants to see it immediately!

A: 안돼, 이 프로젝트를 끝내야 돼!
B: 잠깐, 진정하고 문제가 뭔지나 말해봐.
A: 사장님이 그걸 당장 보고싶어 하셔!

Yuck
왝

예문처럼 구역질나는(disgusting) 맛이나 냄새를 접했을 때 내는 반사적인 소리로 우리말로는 '왝'에 해당. yucky는 형용사로 「정말 싫은」(extremely unpleasant)이란 의미로 yucky food, yucky color 등으로 쓰인다. 오만 인상을 찌푸리며 리얼하게 "Eww!"라고 하기도 한다.

A: So, what do you think?
B: Yuck, it really tastes awful.
A: I thought that you would have enjoyed it.

A: 그래 맛이 어때?
B: 왝, 끔찍하다!
A: 네가 좋아할 줄 알았는데.

Ouch!
아얏!

어디에 부딪히거나 다쳤을 때 갑작스런 고통(sudden pain)을 호소하는 비명. 우리말의 '아얏!'에 해당하며 Ow!라고도 한다. 또 누가 복부를 한대 힘껏 쳤을 때는 Oof라고 한다.

A: Ouch!
B: What did you do?
A: I hit my head on the door frame.

A: 아얏!
B: 뭘 어쨌는데?
A: 문틀에 머리를 박았어.

Yikes!
야호!

기쁨을 넘어 아주 흥분된 상태에서 체면 따지지 않고 내는 탄성(cry of excitement). 이밖에 또 yee-haw, yippee, whoppee 등도 기쁨에 겨운 소리다.

A: They're giving us the afternoon off.
B: Yee-Haw!
A: That's exactly what I think.

A: 우리 오후에 쉬어도 된대.
B: 야호!
A: 네가 그럴줄 알았다.

Wow!
와!

입을 다물지 못할 끝내주는 광경에 저절로 나오는 소리. 명사로는 something exciting, 동사로는 「누군가를 기쁘게 하거나 감동을 주다」의 의미로 "Her new show really wowed the critics"와 같이 쓰인다. "Man!"이라고 하기도 한다.

A: Look at the new secretary.
B: Wow, she's a knock-out.
A: You're not kidding.

A: 새로 온 비서좀 봐.
B: 와, 끝내주는데.
A: 누가 아니래.

Oh yes!
그래 그거야!

무아지경의 기쁨을 맛보거나 아주 만족한 상태에서 "바로 그거야!," "그래 그거야!"라고 소리지르는 것을 말한다. 결국 기분이 무척 좋아 만족스럽다는 얘기. Aah! Aah!도 비명아닌 비명이긴 마찬가지다.

A: How does that feel?
B: Oh yes, that feels good.
A: I told you that I give good massages.

A: 기분이 어때?
B: 그래 그거야, 아주 좋아.
A: 내가 마사지 잘한다고 했잖아.

Ha-ha
그래 그래

웃음소리(shout of laughter)를 표기한 것. 하지만 마냥 즐거워 웃는 밝은 웃음이라기 보단 보통은 빈정거리는(sarcastic) 뉘앙스다.

A: Congratulations, you've been promoted!
B: Ha ha.
A: I'm just kidding.

A: 축하해, 승진했다며!
B: 그래, 그래.
A: 농담이야!

Yoo-hoo
이봐요

"이봐요, 여기있어요"(Hello, look over here)하는 식으로 주의를 환기시키는 소리.

A: Yoo-hoo, is anyone here?
B: Yeah, I'm in the back.
A: I need to get this shipped overseas right away.

A: 이봐, 누구 없어?
B: 여기 뒤에 있어요.
A: 이걸 당장 해외로 발송해야 돼.

Psst
잠깐, 저기요

다른 사람은 못알아듣도록 비밀스럽게(while asking for secrecy) 상대의 주의를 끄는(getting a person's attention) 소리. 너무 큰소리를 내서 본래의 용도와 달리 모든 사람의 주의를 끌어서는 안되겠다.

A: Psst. Hey, over here.
B: Why are you being so quiet?
A: The boss is looking for me.

A: 이봐, 여기야.
B: 왜 그렇게 목소리를 낮추는 거야?
A: 사장이 나를 찾고 있거든.

Shh!
쉿!

Schh라고도 표기하며 '쉿!'에 해당하는 말. 우리말과 거의 같은 걸 보면 시끄러울 때 모든 인간이 내는 소리는 매한가지인듯. 그렇게 「조용히 시키다」는 동사는 hush.

A: **Shh!** You need to be quiet.
B: Why?
A: They're making a presentation next door.

A: 쉿! 조용히 해.
B: 왜?
A: 옆방에서 프리젠테이션을 하고 있거든.

Yo,
어이,

아는 사람을 발견하고 Hi, 혹은 Hey의 의미로 부르거나 「잠깐만!」(Wait a minute!)이라고 멈춰 세우는 소리.

A: **Yo,** what's up?
B: I was just going to get a coffee.
A: Do you mind if I join you?

A: 어이, 어쩐 일이야?
B: 커피 마시러 가려던 참이야.
A: 나도 같이 가도 될까?

blah, blah, blah
어쩌구 저쩌구

생략해도 상관없는 흥미없는 부분을 '어쩌구 저쩌구' 혹은 '기타 등등'(and so on)처럼 대신하는 것. Yada, yada, yada도 같은 뜻인데 이는 미국에서 한때 선풍적인 인기를 끌었던 Seinfield라는 시트콤에서 유행시킨 말.

A: What did he say?
B: You know, the same old stuff, **yadda, yadda, yadda.**
A: I guess he says the same thing every year.

A: 그 사람이 뭐래?
B: 알잖아, 항상 똑같은 소리들. 어쩌구, 저쩌구.
A: 매년 똑같은 소리만 하는 것 같아.

Er,
어,

선뜻 대답하기 곤란한 질문을 받았을 때 망설이는(hesitating) 의성어로, Um이라고도 한다.

A: Were you surfing the Net on company time?

B: Er, not exactly.

A: I need to talk to you in my office.

A: 근무시간에 인터넷을 하고 있었나요?
B: 어~, 꼭 그렇진 않아요.
A: 할 말이 있으니 내 사무실로 좀 오세요.

Achoo!
에이취!

사람마다 박자, 고저가 제각각인 재채기 소리(sneezing sound). 주위 사람들은 Bless you!라고 예를 갖추곤 한다. 반면 '콜록 콜록'하는 기침소리는 cough, cough.

A: Achoo!

B: Bless you.

A: Thanks, I can't believe I still have this cold.

A: 에이취!
B: 신의 가호가 있기를.
A: 고마워, 감기가 왜 이렇게 안 떨어지는지 원.

Zzz
드르렁

'드르렁 드르렁' 코고는 소리(a noise of snoring). 만화에 많이 등장하는 데 아무리 생각해도 실제의 소리와는 상당히 거리가 있는 듯.

A: ZZZ, ZZZ.

B: Hey, wake up!

A: I must have fallen asleep.

A: 드르렁, 드르렁.
B: 이봐, 일어나!
A: 깜빡 잠들었나봐.

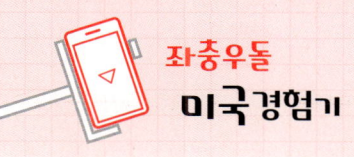

좌충우돌 미국경험기

작은 것에도 예민한 미국

'freshman'은 '신입생'이라는 뜻을 가지고 있다. 하지만 'man'이라는 단어의 사용이 성차별이다라는 생각하는 사람들이 있어 'frosh'라고 하기도 한다. 이러한 예들이 영어에서는 아주 많다. 'policeman을 police officer'라고 하고 'mankind'를 'human being'이라고 바꾸는 것을 보면 알 수 있다. 이처럼 다양한 인종이 함께 더불어 살아가야 하는 미국에서는 작은 것에도 매우 예민해한다. 예를 들어 흑인을 'black'이라고 표현하기도 하지만 'African American'이라고 표현하는 것이 더 좋다. 별로 신경을 쓰지 않는 사람들도 있지만 'black'을 인종차별적인 발언이라고 생각하는 미국인들이 있기 때문이다. 또한 과거 노예제도가 폐지되기 전에 흑인을 비하하여 'nigger' 또는 'negro'라고도 불렀는데 이를 아직도 함부로 사용하면 큰 싸움을 일으킬 수도 있다. 미국은 겉으로는 'melting pot,' 즉 여러 인종과 문화가 잘 융합되어 있어 보이지만 사실 그 때문에 불안한 곳이기도 하다. 아무리 잘 융합시키고 화합하고자 해도 서로 너무 다른 색깔의 문화의 차이가 그렇게 쉽게 'melting pot'이 되기는 힘들기 때문이다.

장애인을 보는 시선도 우리와 사뭇 다르다. 우리나라 사람들은 아직도 장애인에 대한 편견이 있고 배려가 많이 부족하다. 반면에 미국은 과거에 비해 장애인에 대해 많은 배려를 하고 있고 또한 일반인들과 같은 위치로 생각하고 존중해준다. 따라서 이름도 과거에는 'the disabled,' 'the handicapped' 같이 무언가를 할 수 없는 부정적인 뜻으로 쓰였다면 지금은 좀 더 나아져서 'physically challenged people'이라고 한다. 별거 아닌 것 같아도 이 단어는 과거에 사용했던 단어들보다 훨씬 더 긍정적인 단어이다. 장애인들을 아무 것도 하지 못하는 가치 없는 존재로 보는 것이 아닌 그들을 단지 '육체적으로 도전에 맞서는 사람'으로 보고 있기 때문이다. 그들을 위한 배려는 공공장소의 건물, 교통, 학교제도 등에서 쉽게 찾을 수 있다.

그러나 작은 것에도 예민하게 구는 미국이지만 가끔 예민하지 않은 면도 있다. 예를 들어 여러 사람들에게 편하게 말할 때 'you guys'라고 하는 것이다. 'guy'하면 남자라는 뜻이 있지만 뒤에 '-s'가 붙어 'guys'라고 하면 남녀 상관없이 '사람들'이라는 뜻이 된다. 'Oh, man!,' 'Oh, boy!,' 'Oh, brother!'도 비슷한 맥락으로 성(性)에 관계없이 사용하는 표현들이다.

09
욕지거리

적나라한 현실세계의 각계각층을 숨김없이 그대로 보여주는 미드의 세계에서 욕설을 빼고는 말할 수 없을 것이다. 역시 잘 알려진 Son of a bitch, Oh shit, Fuck you 등부터 시작하며, Blow me나 Up yours 등의 표현까지 두루 살펴보기로 한다. 또한 직접적인 욕설은 아니지만 욕을 하다라는 단어인 swear, cuss 등의 표현들도 함께 알아두기로 한다. 특히 swear는 맹세하다라는 의미로만 알고 있었는데 뜬금없이 욕하다라는 의미로 쓰인다는 점에 주목한다.

Oh, heck!
젠장헐!

Oh, hell!(빌어먹을)이라고 해도 된다.

A: Aren't you supposed to be in a meeting?
B: Oh, heck! I forgot about that!!

A: 회의에 참석했어야 되는거 아냐?
B: 오 젠장! 깜박했네

Oh, shoot!
빌어먹을!

대화속에서 Shoot처럼 주로 느낌표 없이 사용하게 되면 상대방에게 얘기를 해보라는 말이 되니 구분해야 한다.

A: The bill is almost a hundred dollars.
B: Oh, shoot! I didn't bring my wallet!

A: 청구서 요금이 거의 100달러에 육박해.
B: 빌어먹을! 지갑을 안갖고 왔네.

Blow me!
제기랄!

Fuck you!에 버금가는 아주 상스런 욕설.

A: All you do is drink and try to pick up girls.
B: You don't know anything! Blow me!

A: 네가 하는 일이라고는 술마시고 여자들 꼬시려는 것뿐이야.
B: 아무 것도 모르면서! 제기랄!

Up yours!
젠장헐!

역시 Fuck you!에 해당되는 영국식 욕설.

A: You're lazy. You'd better start working harder.
B: Up yours! I'm tired of listening to you.

A: 너 게으르다. 더 열심히 공부하도록 해.
B: 젠장헐! 네 말 듣는거 이젠 지겨워.

Kiss my ass!
빌어먹을!

욕설이 아니라 일반적으로 사용될 때의 kiss sb's ass는 아첨하다라는 뜻이 된다.

A: I should have married someone else, not you.

B: Kiss my ass! You were never any good.

A: 난 너가 아니라 다른 사람과 결혼을 했어야 했는데.
B: 빌어먹을! 너도 좋은 적이 절대로 없었어.

Son of a bitch
개자식

조금 강도를 낮추려면 son of a gun이라고 한다.

A: You are dumb, and your wife is a slut!

B: You'd better leave, you son of a bitch!

A: 이 멍충아, 네 아내는 헤픈 여자야!
B: 그만 가, 이 개자식아!

Fuck you!
엿먹어라!

가장 유명한 욕설로 뭔가 뜻대로 되지 않을 때 내뱉으면 된다.

A: I'm sure you stole the missing money.

B: Is that what you think? Fuck you!

A: 분실된 돈을 네가 훔쳤지?
B: 정말 그렇게 생각하는거야? 엿먹어!

Fuck it!
젠장!, 알게 뭐야!

it 대신에 them을 써서 Fuck them!이라고 해도 된다.

A: Our boss is a tremendous jerk.

B: Fuck it, let's just quit working.

A: 우리 사장은 이루 말할 수 없을 정도로 나쁜 자식이야.
B: 젠장, 일 그만두자고.

(Oh,) Fuck!
에이!, 씨브럴!

역시 기분 나쁠 때 내뱉는 욕설이며 Fuck me! 역시 젠장헐!, 입닥쳐!, 꺼져!라는 말이 된다.

A: Oh fuck! That is going to cause problems!

B: What's the matter? Did you make a mistake?

A: 에이! 저것 때문에 문제가 되겠어!
B: 뭐가 문제야? 실수한거야?

What the fuck!
젠장!

What~으로 시작하는 의문문에 the fuck를 넣어 문장을 강조할 수도 있지만 여기서는 단독으로 What the fuck!하게 되면 역시 젠장헐!이라는 뜻으로 약어로 WTF이라고 쓰기도 한다.

A: My computer keeps crashing when playing video games.

B: What the fuck! I thought you fixed it!

A: 컴퓨터 게임을 할 때 컴퓨터가 자꾸 고장이 나.
B: 젠장! 난 네가 고친 줄 알았는데!

(Oh,) Shit!
젠장, 제기럴!

욕지거리하는 shit이 빠지면 섭섭. 젠장!, 제기럴!이라는 의미이다.

A: Oh, shit! What was that?

B: I think there was a car accident outside.

A: 젠장! 그게 뭐였어?
B: 밖에서 차사고 난 것 같아.

Bullshit!
헛소리마!

상대방이 말도 안되는 소리를 할 때 던지는 말이다. 거짓말마! 정도로 생각하면 된다.

A: She said you were rude to everyone.

B: Bullshit! That is totally untrue.

A: 걔가 그러는데 너 사람들 모두에게 무례하다며.
B: 헛소리마! 그건 전혀 사실이 아냐.

swear at sb
…에게 욕하다

swear는 맹세하다라는 뜻도 있지만 '욕을 하다'라는 의미로도 쓰인다.

A: What happened when Anita got upset with Jeff?
B: She swore at him for a long time.
A: 애니타가 제프에게 화났을 때 어땠어?
B: 애니타가 한참동안 걔에게 욕설을 퍼부었어.

cuss sb out
욕을 퍼붓다

cuss는 욕하다이지만 명사로 ~놈이라는 뜻으로도 사용된다.

A: I am getting tired of Cam's laziness.
B: Yeah, I was ready to cuss him out for not working.
A: 캠의 게으름에 지쳐가.
B: 그래, 난 걔가 일하지 않아 욕하기 직전이야.

give sb the finger
욕하다

우리도 자주 하는, 가운데 손가락을 내미는 동작을 언어로 표현한 것.

A: Why were you yelling at that kid?
B: The little bastard gave me the finger.
A: 왜 저 아이에게 소리를 지른거야?
B: 저 꼬맹이 자식이 나한테 손가락으로 욕을 했어.

call sb names
욕을 하다

주의할 점은 sb's가 아니라 sb이라는 점이다.

A: You think Don acts childish?
B: He's stupid. He calls people names.
A: 돈이 유치하게 행동한다고 생각해?
B: 걘 멍청해. 사람들을 욕하고 다녀.

미국의 결혼식

미국은 한국보다 결혼을 일찍 하는 것 같다. 한국에서는 대학교 졸업할 때쯤에 하는 반면에 미국은 대학교 다니면서 하는 커플들도 많이 볼 수 있다. 심지어 고등학교 졸업하자마자 결혼하는 커플도 있다. 하지만 그만큼 결혼을 안하고 동거하는 커플도 많고 이혼율도 높다.

미국의 결혼식은 한국의 결혼식과 사뭇 다르다. 우리나라도 전통혼례를 거의 하지 않고 서양식 결혼을 받아들였지만 우리나라에 맞게 나름대로 변형시켰기 때문에 미국의 결혼식하고 비교하면 다른 점을 많이 발견할 수 있다. 영화 '27 Dresses(27번의 결혼리허설)'이나 'Wedding Crashers(웨딩 크래셔), "Made of Honor(남주기 아까운 그녀)'와 같은 영화를 보면 미국의 결혼식에 대해 어느 정도 알 수 있다.

미국은 신랑들러리(groomsman)와 신부들러리(bridesmaid)를 결혼 준비하기 전에 정한다. 주로 가장 친한 친구나 형제나 자매를 중심으로 각각 4명 정도 정한다. 그 중 신랑 쪽 한 명을 Best man, 신부 쪽 한 명을 maid of honor로 정해 결혼을 준비할 때 도와주는 역할을 한다. 이들은 결혼식 날 같은 드레스와 정장을 맞추어 입는다. 또한 결혼하기 전 한달 전쯤 신랑 쪽에서 남자들만 모아 'Bachelor Party'를 열고 신부 쪽은 여자들만 모아 'Bridesmaid Party'를 연다. 미국은 친구와 가족의 결혼을 참석하기 위해 멀리 비행기까지 타고 가서 몇 일 동안 머물려 지내기도 한다. 부조도 한국하고 다르게 돈으로 주기보다는 미리 예비 부부가 작성한 'Wedding Registry(혼수용품 목록)'를 보고 예산에 맞게 물건을 선물해 준다. 따라서 대형 백화점 같은 곳에 가면 이러한 'Wedding Registry'를 빨리 할 수 있는 기계가 따로 있다.

결혼식이 끝나고 바로 신혼여행을 떠나는 한국과는 달리 미국은 결혼식이 끝나고 피로연 같은 'reception'이 있다. 'reception'은 호텔이나 큰 레스토랑 같은 데서 열리는데 12시가 넘어서까지 새 신랑과 신부의 앞날을 축복하며 먹고 마시고 춤을 추며 즐거운 시간을 보낸다. 따라서 피로연에 초대된 사람은 끝까지 남아서 축하해 주는 것이 예의이다. 한국에서는 주로 부모님의 지인들을 많이 부르지만 미국에서는 신랑, 신부의 지인들을 위주로 해서 많이 초대한다.

10
자주 쓰이는 형용사 부사

미드를 보게 되면서 우리의 머릿속 영어창고에는 새로운 표현들이 수북하게 쌓이게 된다. 여기서는 그런 것중에서 형용사 혹은 부사의 경우를 살펴보기로 한다. 특히 많이 지겹도록 나오는 awesome, amazing, fabulous에서부터, 멋진 여자를 보면 반드시 하게 되는 gorgeous, 그리고 한심하다라는 의미로 역시 많이 쓰이는 pathetic을 꼭 기억해두기로 한다. 특히 기존의 유명단어에 -y만 붙여서 형용사로 쓰이는 경우가 많은데, boss→bossy, piss→pissy, cock→cocky, 그리고 freak과 creep에 -y를 붙인 freaky와 creepy가 많이 나온다.

fabulous
믿어지지 않는, 굉장한, 멋진

멋지다라고 할 때는 cool이라고 해도 된다.

 A: How was your conference with the managers?
B: The meeting was absolutely fabulous.
A: 매니저들과의 회의는 어땠어?
B: 회의는 정말이지 아주 멋졌어.

awesome
대단한

역시 같은 맥락으로 놀라운이라고 말할 때는 amazing을 쓴다.

 A: We can see everything from our hotel window.
B: It's an awesome view of the mountains.
A: 호텔 창가로부터 모든게 다 보이네.
B: 산의 전경이 정말 끝내준다.

gorgeous
매력적인, 훌륭한

여자가 매력적이거나 음식이나 사물이 아주 멋지다고 말할 때 사용한다.

 A: So how do you like my new car?
B: It's gorgeous!
A: 그래, 내 새 차 어때?
B: 아주 멋져!

cute
예쁘고 귀여운, 성적 매력이 있는

명사로 이쁜이라고 할 때는 cutie라고 한다.

 A: My God, he's really cute!
B: Go for it!
A: 야, 쟤 죽인다!
B: 한번 해봐!

groovy
멋진

아주 구어적인 표현으로 뭔가 멋지다고 할 때 사용하면 된다.

A: Bernie has a unique sense of fashion.
B: His style is really groovy.

A: 버니의 패션감각은 아주 독특해.
B: 걔의 스타일은 아주 멋져.

bitching
멋진

bitch는 나쁜 뜻이지만 bitching이라고 하면 멋진이라는 뜻이 된다. 참고로 bitchy는 '지랄같은'이라는 의미이다.

A: Mark bought a bitching new car.
B: I know. He must have spent tons of money on it.

A: 마크는 아주 멋진 차를 새로 뽑았어.
B: 알아. 차사는데 돈을 엄청 썼음에 틀림없어.

huge
굉장한

huge는 뭔가 커다란, 굉장한이라는 뜻으로 주로 make a huge mistake(큰 실수를 하다)로 많이 사용된다.

A: You farted in front of Tom? Huge mistake.
B: You think? It wasn't a choice! I'm human. It happened.

A: 탐 앞에서 방귀를 꿰었다고? 큰 실수했네.
B: 그렇게 생각해? 선택의 문제가 아녔어! 나도 사람이야. 어쩌다 그렇게 된거야.

unbelievable
믿어지지 않는

뭔가 믿기지 않은 일이 일어났을 때 내뱉는 말이다.

A: Her engagement ring is made of solid gold.
B: The price of that ring is unbelievable.

A: 걔의 약혼반지는 순금이야.
B: 반지 가격이 엄청나겠다.

pathetic
한심한, 애처로운

미드형용사로 할 수 있을 정도로 미드를 통해서 새롭게 알게 된 형용사로 실제로 일상생활에서 많이 쓰인다. 좀 부정적인 의미가 있다는 점을 알아둔다.

A: Zack keeps taunting me, saying I'm fat.
B: Ignore him. He's a pathetic loser.
A: 잭이 내가 뚱뚱하다고 하면서 계속 날 놀렸대.
B: 무시해버려. 한심한 놈이잖아.

cocky
건방진, 으스대는

-y가 붙여서 형용사가 된 경우로 마초처럼 건방지거나 으스대는 것을 뜻한다.

A: How did your friend get a bruise on his face?
B: He got cocky and someone punched him.
A: 네 친구는 어쩌다 얼굴에 멍이 들은거야?
B: 건방지게 굴다가 누가 얼굴에 주먹을 날렸대.

freaky
기이한, 괴상한

역시 이상한 놈인 freak에 -y가 붙여서 형용사가 된 것으로 기이한, 괴상한이라는 뜻으로 사용된다.

A: The flood wiped out the entire neighborhood.
B: It was freaky that it happened so quickly.
A: 홍수로 이웃마을 전체가 떠내려갔어.
B: 그렇게 빨리 떠내려가다니 참 기이하다.

skanky
천박한

몹시 불쾌한, 헤퍼보이는 등의 의미.

A: I've always liked dating strippers.
B: You'd better stay away from skanky women.
A: 난 항상 스트리퍼들과 데이트하는 것을 좋아했어.
B: 헤픈 여자들과는 멀리하는게 좋아.

quirky
특이한, 이상한

좀 별나고 변덕스럽고 특이하다고 할 때 사용하면 된다.

A: What do you think of your new co-worker?
B: She's a little quirky, but very nice.

A: 새로운 직장동료 어떤 것 같아?
B: 좀 특이하지만 정말 착해.

gullible
남의 말에 잘 속는

바보처럼 남의 말에 잘 속아넘어가는 사람을 묘사할 때 사용한다.

A: They actually believe he is telling the truth?
B: It's easy to fool gullible people.

A: 걔가 사실을 말하고 있다고 그들이 정말로 믿어?
B: 남의 말에 잘 속는 사람들을 속이는 것은 쉬워.

sneaky
엉큼한, 교활한

sneak라는 단어를 알면 금방 이해가 되는 단어로 교활한, 엉큼한이라는 뜻이다.

A: He promised that he'd be here by now.
B: Don't trust Pete. He's sneaky.

A: 걔는 지금쯤 여기에 와있을거라고 약속했는데.
B: 피트를 믿지마. 걔 교활해.

lousy
형편없는, 야비한

뭐가 형편없다는 이야기며 참고로 loud는 옷 등이 요란하다라는 뜻이다.

A: You saw the movie last night. How was it?
B: Not bad, I guess, but the acting was pretty lousy.

A: 어젯밤에 영화봤지. 어땠어?
B: 괜찮은 것 같지만 연기가 아주 형편없었어.

bossy
권위적인, 뽐내는

사장이나 직장상사처럼 잘난 척하고 으스대는 사람에서 출발한 형용사.

A: People think Lisa is too bossy.
B: I know. She's always ordering other people around.
A: 사람들은 라이자가 너무 권위적이라고 생각해.
B: 알아. 걘 항상 주변 사람들에게 명령을 해.

그밖의 형용사로는 다음과 같다.
ridiculous 우스꽝스러운
weird 이상야릇한, 기묘한
creepy 오싹하는, 불쾌한
spooky 으스스한
terrible 끔찍한, 너무한
lame 별로인, 어설픈
pissy 짜증나는

11 약어 및 줄여쓰기

점점 속도가 지배하는 세상속에서 약어의 가치는 더욱 돋보인다. 여기서는 약어화되고 있는 일상적인 단어, 어휘, 어구들 몇 개를 살펴보며 그 용례를 알아보기로 한다. 다 알고 있겠지만 간편함을 추구하는 영어는 긴 단어를 줄여서 약어로 만들려는 습성이 강하다. 단어를 축약하는 방법은 co.(company)처럼 단어의 앞부분을 대표로 내세우거나 rd.(road)처럼 단어의 첫자와 끝자를, 아니면 biz(business)처럼 단어의 발음을 추대하는 경우도 있다. 아니면 각 단어의 두음자를 내세우는 경우가 많다. asap(as soon as possible), PD(경찰서) 등이 그런 경우이다.

01 한 단어가 줄어들거나 두 단어에서 한 단어가 축약된 경우

hon(자기)
hub(by) (남편)

hon은 honey의 줄임말로 자기, 좋아하는 사람을 부르는 말이고 hub(by)는 husband의 줄인 말이다.

A: Waitress, could you refill my drink?
B: Hold on hon, and I'll be right over.
   A: 저기, 물잔 좀 채워주세요.
   B: 잠시만요, 손님. 바로 오겠습니다.

gym(체육관)
id(신분증)
grad(대학원)

gym은 gymnasium, id는 identification, 그리고 grad는 graduate의 줄인 말이다.

A: How have you been? You look great!
B: Yeah, I lost some weight because I go to a gym to work out.
   A: 어떻게 지냈어? 근사해 보이는데!
   B: 어, 체육관에 가서 운동을 해서 살이 좀 빠졌어.

sec(초)
stats(통계)
vet(수의사, 퇴역군인)

sec은 second, 생소한 stats는 statistics 그리고 vet은 veterinarian(수의사) 혹은 veteran(퇴역군인)을 각각 뜻한다.

A: Hurry up, it's almost time to leave.
B: Just give me a sec and I'll be finished.
   A: 서둘러, 가야할 시간이 거의 됐어.
   B: 잠깐만, 곧 끝낼게.

temp(임시직)
abbr.(생략)
doc(의사)

temp은 temporary (worker), abbr.는 abbreviation, 그리고 doc은 doctor를 말한다.

A: Tell me, doc, what is causing my pain?
B: I think you may have sprained your ankle.
A: 의사 선생님, 말해주세요, 내 통증의 원인이 뭐죠?
B: 발목이 삐었던 같아요.

spec(명세서, 스펙)
tech(기술)
les(레즈비언)

spec은 우리말화된 단어로 명세서(specification) 혹은 스펙, tech은 technology, 그리고 les는 lesbian을 뜻한다.

A: Why were these items rejected during the inspection?
B: None of them are up to spec.
A: 이 품목들은 검사 때 왜 부적격된거야?
B: 모두 다 스펙에 맞지 않았어.

intel(정보)
vol.(책의)
vs.(…대)

첩보미드에 많이 나오는 intel은 intelligence의 줄인 말이다. 또한 vol.은 volume을, vs.는 versus를 줄여 쓴 말이다.

A: You thought the suspect was inside the apartment?
B: We got intel that he would be here.
A: 용의자가 아파트 안에 있다고 생각하는거야?
B: 그가 여기 있을거라는 첩보가 있었어.

prep school(대입예비학교)
co-ed(남녀공학의 여학생)
drive-thru(차에 탄 채 …을 하는)

prep school은 preparatory school, co-ed는 co-education 그리고 drive-thru는 drive-through를 말한다.

A: I prefer to stay in a co-ed college dorm.
B: Yeah, it's more interesting when boys and girls are together.
A: 난 남녀공학 대학의 기숙사에 있는게 더 좋아.
B: 그래, 남녀가 함께 있는게 더 흥미롭지.

❷ 각 단어가 이니셜로

ASAP(가능한 빨리)
AKA(…로 불려지는)

ASAP는 as soon as possible, immediately의 줄인 말로 즉시, 가능한 한 빨리라는 의미이고 AKA는 also known as로 …로 유명한, …로 불려지는이라는 뜻으로 이 약어 뒤에 별명이 나온다.

A: Rachel said the report is almost ready.
B: Tell her that we need it ASAP.
A: 레이첼은 보고서가 거의 다 되었다고 말했어.
B: 한시가 급하다고 말해.

RSVP(답장 바랍니다)
FYI(참고로)

RSVP는 프랑스어 약어로 Respondez, s'il vous plait을 뜻한다. 초대장에 답장을 바란다는 말로 주로 formal invitation에 쓴다. 또한 FYI은 for your information의 약어.

A: I thought Ben and Faun were still dating.
B: FYI, he's been seeing other girls.
A: 벤과 폰이 아직 사귀는 줄 알았어.
B: 참고로 말하자면, 벤은 다른 여자애들 만나고 다녀.

BYOB(음료(수) 지참)
AI(인공지능)

BYOB는 Bring your own bottle로 파티에서 각자 음식이나 음료를 가져오는 것을 뜻한다. 또한 AI는 artificial intelligence의 약어이다.

A: The party is at my apartment, and it's BYOB.
B: Sounds good. I'll be there after work finishes.
A: 파티는 내 아파트에서 하고 음료는 각자 지참해야 돼.
B: 좋아. 퇴근 후에 갈게.

DA(지방검사)
~PD(~경찰서)

DA는 지방검사를 뜻하는 것으로 district attorney을 뜻하며, ~PD는 police department로 LAPD하면 LA경찰을 말한다.

A: He was charged with assaulting someone.
B: The DA may decide to drop the case.
A: 걔는 폭행죄로 기소됐어.
B: 지방검사가 소취하하기로 했어.

ETA(도착예정시간)
ETD(출발예정시간)

ETA는 estimated time of arrival, ETD는 estimated time of departure의 약어이다.

A: This is a long trip. Will we be there soon?
B: Our ETA is in about five hours from now.
A: 장거리 여행이네. 곧 도착할까요?
B: 도착예정시간은 지금부터 한 5시간 후야.

DOA(내원시 사망)
RIP(영면하다)

DOA는 병원에 도착시 사망한 상태라는 뜻으로 dead on arrival을 말한다. RIP는 묘비명에 쓰는 표현으로 rest in peace라는 의미이다.

A: Did the paramedics save the victim?
B: Nothing could be done, he was DOA.
A: 구조대원들이 피해자를 구조했어?
B: 할 수 있는게 아무 것도 없었어. 도착하자마자 사망했어.

PTA(사친회)
sci-fi(공상과학소설)

PTA는 parent teacher associations라는 뜻으로 학교의 사친회, sci-fi는 science fiction을 말한다.

A: I attended a PTA meeting tonight.
B: I heard those meetings are long and boring.
A: 난 오늘밤 사친회에 참석했어.
B: 그런 회의는 길고 지루하다고 들었어.

TGIF(와 금요일이다)
V.D.(성병)

TGIF는 Thank God It's Friday의 약어로 우리말로 하면 오늘은 금요일, 신이여 감사합니다라는 의미이다. 주말의 안도감을 나타내는 표현. 우리나라에도 진출해 있는 TGIF라는 상호의 음식점 체인도 있다. 반대로 월요일 아침에 절규하는 말이 있는데, 이는 OGIM으로 "Oh God It's Monday"라는 의미. 또한 V.D.는 venereal disease를 뜻한다.

A: TGIF. Let's all go out for a drink.
B: Sounds great. You can buy the first round.
A: 아 금요일이다. 모두 나가서 술마시자.
B: 좋지. 1차는 네가 사.

IOU(차용증서)
WASP(와습)

IOU는 I owe You[U]를 줄여 쓴 것으로 약식차용증서를 뜻한다. 또한 WASP은 white anglo-saxon protestant로, 앵글로색슨계 백인 신교도로 미국사회의 기득권층을 말한다.

A: I don't have the money to pay you back.
B: That's okay, you can give me an IOU.
A: 난 네게 갚을 돈이 없어.
B: 괜찮아, 차용증서나 써줘.

12
알아두면 좋은 접두 접미어

이 책은 본격적인 영문독해나 TOEIC, TOEFL 용이 아니기 때문에 미드를 볼 때 알고 있으면 도움이 될만한 접두접미어들을 맛보기로 한다. 다시 언급되지만 ex-, 그리고 co-ed로 대표되는 co-, well-, bene- 등의 접두어뿐만 아니라, -ish, -ist, -er 등의 접미어를 살짝 맛보고 넘어가기로 한다.

ex-
앞서, 전의

앞서 언급한 적이 있지만 중요한 단어로 다시 한번 알아보기로 한다. 주로 헤어진 애인이나 이혼한 부인을 뜻할 때 사용하는 접두어이다.

A: I haven't seen my ex-wife in over a decade.

B: You must have had a bad break up.

A: 십년간 전부인을 만나지 않았어.
B: 안좋게 헤어진거구만.

co-
함께

co-ed로 대표되는 co-의 뜻은 '함께'라는 뜻이다. cooperate는 협력하다, connection은 관계, collide는 충돌, 그리고 correlative는 서로 관련시키다라는 의미가 된다.

A: I've got no information to give to you.

B: It would be better if you cooperate with us.

A: 너에게 줄 정보가 하나도 없어.
B: 네가 우리에게 협조하면 좋을텐데.

well-
잘

우리말화된 well-being처럼 well-은 잘~ …하는 것을 뜻한다. well-endowed는 자산이 많은, 비유적으로 가슴이나 남성의 성기가 큰이라는 뜻으로 쓰이기도 한다.

A: How would you like your steak, sir?

B: I would like it well-done, please.

A: 스테이크를 어떻게 해드릴까요?
B: 완전히 익혀주세요.

bene-
좋은

bene-는 well-처럼 좋다는 말로 benefit(이익, 혜택), beneficial(도움이 되는) 등의 단어를 만든다. 미드에 나오는 friends of benefits는 사귀지는 않고 성관계만 하는 친구를 말한다. bene-의 반대는 mal-로 malice(악의) 등이 있다.

A: Did you really quit your job?

B: The pay was terrible, and there were no benefits.

A: 정말 직장 그만뒀어?
B: 급여는 쥐꼬리만하고 복리후생비도 꽝이었어.

il-
안좋은, 불법의

mal-과 같은 맥락의 접두어로 단어 앞에 il(혹은 ir/in/im)이 붙으면 '부정의'라는 의미를 갖게 된다. 대표적으로 illegal(불법의), illicit(부정한), inaccessible(접근할 수 없는), 그리고 irregular(불규칙한) 등이 있다.

A: Can I bring my rifle on the boat?

B: It's illegal to take a gun onboard.

A: 배타러 갈 때 라이플 총 가져갈까?
B: 총을 갖고 배를 타는 것은 불법이야.

en-
…하게 하다

en+형용사[명사]의 경우 …을 하게 하다라는 의미의 동사를 만든다. 가장 기본적인 경우로 enable(가능하게 하다), endanger(위태롭게 하다)가 있으면 미드에서는 enlighten(깨우치다)이 자주 나온다.

A: There are many things you don't know.

B: I hope you can enlighten us.

A: 너희들이 모르는게 아주 많아.
B: 우리에게 알려주면 좋겠는데.

pre- 전, 앞, 미리
pro- 앞에, 찬성하여

predict에서 보듯 …보다 앞서, 미리라는 의미의 접두어. 또한 pro-로의 예로는 proceed(진행하다), promote(승진시키다) 등이 있다.

A: I expect to be promoted at work soon.

B: You? No way. Don't hold your breath.

A: 곧 직장에서 승진할거라 예상하고 있어.
B: 네가? 말도 안돼. 기대하지마.

-ish
…와 같은, …같은

명사 뒤에 붙어서 …하는 성향, …스럽다이라는 형용사를 만드는 접미어. foolish(어리석은), selfish(이기적인), reddish(불그스레한) 등이 있으며 또한 미드에서는 숫자+ish하게 되면 …즈음에라는 의미로 쓰인다. 그래서 seven-ish하게 되면 7시경이라는 뜻이 된다.

A: Karen didn't come to the charity event.
B: She's too selfish to help anyone.
A: 카렌은 자선이벤트에 오지 않았어.
B: 걔는 너무 이기적이어서 남을 도울 줄 몰라.

-ist
…하는 사람, 신봉하는 사람

어렵지 않은 접미어로 artist하면 예술을 하는 사람, specialist하면 전문가, tourist는 여행객, racist는 인종차별주의자, sexist는 성차별주의자 그리고 femmist 등이 있다.

A: I keep getting strange pains in my chest.
B: You'd better get a specialist to examine you.
A: 가슴에 이상한 통증이 계속 있어.
B: 전문의에게 가서 검사를 받아봐.

-er(ar, or)
~ee
…하는 사람

주로 동사+er의 형태로 …하는 사람을 뜻한다. player, hacker, editor, scholar, killer 등이 있다. 반면 -ee는 …을 당하는 사람을 말한다. 고용을 당하면 employee, 훈련자는 trainee, 그리고 결석자는 absentee라고 한다.

A: All right, let's say it is the same killer.
B: Does anybody see a pattern?
A: 좋아, 동일범이라고 치자.
B: 누구 패턴이 보이는 사람 있어?

-ant[ent]
-ive[sive, tive]
…하는 사람

-er처럼 …을 하는 행위를 하는 사람을 뜻한다. 형용사 어미와 동일하기 때문에 문맥에 따라 잘 구분해야 한다. assistant(보조자), consultant(상담가), recipient(수령자), detective(형사), relative(친척) 그리고 native(원어민) 등이 있다.

A: Come in, detectives. Tom told me you'd be stopping by.
B: You feel up to talking?

A: 들어와요, 형사분들. 탐이 방문할거라 말했어요.
B: 얘기할 수 있겠어요?

~ nuts
…광

~ buff/ ~ maniac/ ~ goer 역시 '…광'을 뜻하는 접미어이다.

A: Do you see that woman standing out in the rain?
B: Staying outside in this weather is nuts.

A: 빗속에 서있는 저 여자를 봤어?
B: 이런 날씨에 밖에 있다니 미쳤구만.

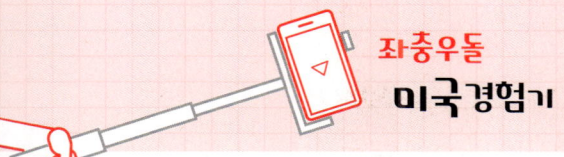

영어로 욕하기

우리나라에도 마찬가지만 어느 나라이든지 간에 상스러운 말, 은어, 비속어, 욕 등 차마 입에 담기 힘든 말들이 많다. 미국 사람들도 당연히 화가 나고 열 받을 때는 욕을 한다. 대부분 그렇지 않은 경우에는 욕을 거의 쓰지 않지만 몇몇 사람들은 평소 말할 때도 아무렇지 않게 욕을 섞어 얘기한다. 어딜 가나 마찬가지….

사람에 따라 다르겠지만 아무리 강도가 약한 욕은 듣기 싫어한다. 하지만 몇몇 철없는 어린 한국 학생들은 영어로 욕을 으시대며 쓰고, 나아가 미국사람들한테 한국어 욕을 가르쳐 주기까지도 한다. 뭐 상대방이 궁금해하면 알려줄 수도 있지만 아주 재미있다는 듯이 욕을 가지고 웃고 떠드는 모습을 보면 솔직히 좀 어이가 없다. 내가 만난 미국애들이 갑자기 나한테 한국어로 욕을 한 적이 많다. 순간 처음에는 욕인지 모르고 내가 알아 듣지 못했다. 나중에 알아보니 자기 친한 친구 중 한국인이 있는데 알려 주었단다. 기분이 나쁘지는 않았지만 외국인 친구가 알고 있는 유일한 한국말이 한국어 욕이라는 게 좀 안타까웠다.

보통 'swear'하면 '맹세하다'라는 뜻으로 많이 알고 있는데 '맹세하다'라는 뜻 말고 '욕하다'라는 뜻도 있다. 처음에 자꾸 친구들이 'swear word, swear word'라고 해서 나는 무슨 맹세 같은 거라고 생각했다. 그래서 무슨 미국 사람들은 왜 그렇게 맹세라는 단어를 좋아하나 싶었다. 한 선생님이 "Swearing is a sin"이라고 해서 나는 신에게 맹세하는 것이 죄인 줄 알았다. 나중에 알아보니 욕을 뜻하는 것이었다.

내가 웃긴다고 생각한 것은 영어에서는 욕을 한국어로 번역하면 귀엽다는 것이었다. 거짓말을 뜻하는 'bullshit'이라는 단어를 직역하면 '황소 똥'이 된다. 왜 'Bullshit'이 그런 뜻으로 쓰이냐고 물어봤는데 아무도 몰랐다. 많이 놀랐을 때 'Holy shit!', 'Holy cow!'라고 하는데 이것 또한 한국어로 번역하면 웃긴 뜻이 되어 버린다. 'asshole'도 한국어로 바꾸면 '항문'이라는 뜻이 된다. 영어에서는 욕으로 쓰이는 것이 한국어로 바꿨을 때는 "과연 이게 욕일까?"싶을 정도로 뜻이 우습게 변하는 경우가 많다. 하지만 그렇다고 해서 욕을 가볍게 보고 막 쓰는 것은 절대 안 될 일이다.

13
강조어

very나 such a~, quite 등의 기본 강조어를 넘어서 미드에서는 자주 눈에 띄는 강조어를 살펴본다. 아무리 …해도 …을 할 수 없다고 부정문에 쓰이는 for the life of me, 그리고 미드 냄새 팍팍 풍기는 the crap out of, fucking, damn 등까지 알아보기로 한다.

to death
죽어라, 죽도록

like hell 또한 강조어로 지독하게라는 뜻이다.

A: What can we do? We're all bored to death.
B: Why don't we take a walk to the park?

A: 우리 어떻하지? 모두 다 지겨워 죽겠어.
B: 공원에 산책하러 가자.

for the life of me
아무리 …해도 할 수 없는

not a damn thing은 하나도 없다고 강조하는 표현법이다.

A: Don't you know the code for your bank card?
B: I can't for the life of me remember it.

A: 은행카드의 비번을 몰라?
B: 아무리 해도 기억이 나지 않아.

quite a lot of
상당히 많은

a lot of만 해도 많다는 의미인데 앞에 quite를 붙여서 아주 많다는 것을 강조한다.

A: I got quite a lot of e-mail this weekend.
B: Was it mostly from your family and friends?

A: 난 이번 주말에 이멜이 많이 왔어.
B: 거의 다 가족이나 친구들이 보낸거지?

the crap out of
몹시

좀 어렵지만 scare the pants off(아주 지독하게 놀래키다)도 함께 알아둔다.

A: I think you'll need to replace this notebook.
B: I've used the crap out of that old computer.

A: 너 이 노트북 바꿔야 될 것 같아.
B: 저 몹시 낡아빠진 컴퓨터를 써왔어.

every single~
하나의 빠짐도 없이

…은 말할 것도 없이라고 할 때는 not to mention~이라고 한다.

A: Can you lend me one of your hats?
B: Every single one of them is gone.
A: 네 모자들 중 하나 좀 빌려줄래?
B: 모자 다 없어졌어.

what the heck~
= what the hell~ = what the devil~
도대체~

the fuck 대신에 the devil을 넣어도 된다.

A: Gaby, what the hell is going on?
B: I don't know! I just got here myself!
A: 개비, 도대체 무슨 일이야?
B: 몰라! 나도 방금 왔어!

what on earth~
도대체~

의문문을 강조하는 것으로 잘 알려진 on earth.

A: What on earth are you two doing?
B: We were having a romantic evening together.
A: 너희 둘 도대체 뭐하는거야?
B: 함께 낭만적인 저녁을 하고 있었어.

fucking
대단히, 지독히

비어에서 출발했지만 비어냄새는 안나고 걍 강조하는 단어로 바뀌었다. 그래도 모르는 사람들 있는데서 함부로 사용하면 안된다.

A: I thought it was pretty fucking great.
B: Me too. It was the best movie I've ever seen.
A: 난 그거 정말 대단하다고 생각해.

B: 나도 그래. 지금까지 본 영화 중에서 최고였어.

damn~
빌어먹을~, 더럽게~

단어 앞에 damn을 넣으면 빌어먹을 혹은 더럽게라는 뜻이 된다.

A: You know what? Pick up the damn can yourself.

B: Well, you just go to hell!

A: 저기 말야. 저 빌어먹을 깡통은 직접 주워.

B: 그래, 넌 지옥에나 가라!

14 틀리게 발음하기 쉬운 단어들

맥다날즈(McDonald's)를 맥도날드로, 텅(tongue)을 텅그로 발음하는 경우도 많지만 특히 어원이 라틴어나 그리스어 혹은 가깝게는 프랑스어에서 온 단어들의 발음은 틀리기가 쉽다. 그중에서는 거의 영어단어화된 경우도 있지만 아직 외래어의 성격이 남아 있는 경우도 있다. 이런 경우 특히 원래 발음을 살려주려는 경향이 남아 있다. 특히 colonel를 컬로넬이라고 발음한다면 그대는 낙제! 많이 나오는 것으로 deja vu, cum laude, valet 등이 많이 나온다.

archive [áːrkaiv] 기록보관소
trivia [tríviə] 토막상식

갑자기 마주쳤을 때 어떻게 발음을 해야 될지 몰라 당황하게 되는 단어들이다.

A: These legal files arrived this afternoon.
B: You'd better archive them in the computer.
A: 이 법률 파일이 오늘 오후에 왔어.
B: 컴퓨터의 기록보관소에 보관해.

indict [indáit]
기소하다

–di–는 [dai]인데 무심코 /인딕트/로 발음을 해서 무식을 뽐내기 쉽다.

A: The gang members are suspected of the crime.
B: The judge plans to indict all of them.
A: 갱단 조직원들이 이 범죄의 용의자야.
B: 판사는 그들 모두를 기소할거야.

colonel [kə́ːrnəl]
대령

발음대로 충실히 읽는다고 컬로넬이라고 말하면 안된다.

A: Apparently James served in the military.
B: He was a colonel in the Marine Corps.
A: 분명히, 제임스는 군복무를 했어.
B: 그는 해병대 대령였어.

queue [kjuː]
열, 줄

철자는 많지만 발음은 의외로 간단하다.

A: Should we try to go see a movie?
B: No, it's a really long queue to get in.
A: 우리 영화보러가야 할까?
B: 아니, 들어가려면 줄을 쭉 서야 돼.

valet [vǽlei]
시종 호텔보이

우리나라에서는 발레는 대중화되어 다 알아듣지만 네이티브에게는 /밸레이/라고 해야 한다. 프랑스어에서 단어의 마지막 자음은 주로 무음이다.

A: I'm worried that I won't find a space to park.

B: No problem. They offer valet parking.

A: 주차할 공간이 없을까봐 걱정돼.
B: 걱정마. 대리주차하거든.

bona fide [bounə faidi]
선의, 진짜의

역시 fide의 발음을 잘못하기가 쉽다.

A: Larry saved the kids from the burning house.

B: People say he is a bona fide hero.

A: 래리는 화재가 난 집에서 아이들을 구했어.
B: 사람들은 그가 진정한 영웅이라고 해.

cum laude [kum lɔ:di]
우등으로

라틴어에서 유래된 단어.

A: Donna has always gotten high grades.

B: She is going to graduate sigma cum laude.

A: 도나는 항상 상위권 득점을 받아.
B: 걘 우등생으로 졸업할거야.

déjà vu [deiʒavu:]
전에 본 것 같은 느낌

거의 우리말화된 단어로 축어적으로 영어로 옮겨보자면 'already seen'이라는 뜻.

A: I'm feeling a sense of deja vu right now.

B: You feel like you've done this before?

A: 나 지금 데자뷰를 느꼈어.
B: 전에 이렇게 해본 적이 있다는 느낌이라는거야?

voyeur [vwɑːjéːr]
훔쳐보는 사람

프랑스어에서 –eur은 …하는 사람을 뜻하는 접미어이다.

A: Paul recorded people in his house?
B: He put in the secret cameras because he's a voyeur.

A: 폴은 자기 집에 있는 사람들을 녹화했다고?
B: 걘 관음증이 있어서 몰래 카메라를 설치해놨대.

virtuoso [vèːrtjuóusou]
음악의 대가

이태리에서 오는 음악에 관련된 단어.

A: People say he is a very talented singer.
B: You'll like his music because he's a virtuoso.

A: 사람들이 그러는데, 저 남자 정말 재능있는 가수래.
B: 걔는 음악의 대가이기 때문에 넌 그의 음악을 좋아할거야.

avatar [ǽvətɑ́ːr]
화신, 컴퓨터 상의 아바타

영화제목으로도 유명한 단어로 영어발음기호 보면 알 수 있듯이 실제 발음은 다르다.

A: What is your avatar online?
B: It's a picture of a little bulldog.

A: 너 온라인 상에 아바타가 뭐야?
B: 조그마한 불독 사진야.

buffet [búfei]
부페

역시 마지막 자음은 발음하지 않고 –e–는 [ei]로 발음한다.

A: What do you do on Sunday afternoons?
B: After church, we go to a buffet restaurant.

A: 일요일 오후에는 뭐해?
B: 교회갔다 온 후에 뷔페식당에 가.

allergy [ǽlərdʒi]
앨러지

이 단어 역시 원음발음으로 대중화되어 실수가능성이 적은 단어이다.

A: My allergies are causing me to sneeze.
B: There is a lot of dust in the air in springtime.

A: 앨러지 때문에 재채기가 나.
B: 봄에는 공기중에 먼지가 많아.

leisure [líːʒər]
레저

너무 우리말화 되어서 틀리게 되는 단어.

A: They have never gone on vacation?
B: No, they don't have much leisure time.

A: 걔네들은 휴가를 간 적이 없다는거야?
B: 어, 여유시간이 많지 않대.

sauna [sɔ́nə]
사우나

전혀 다른 단어로 들린다. 발음기호를 보고 정확한 원어발음을 익혀둔다.

A: I visited a sauna with my girlfriend in Europe.
B: It is supposed to be very healthy.

A: 유럽에서 내 여친과 함께 사우나를 방문했어
B: 건강에 좋았겠구나.

erotic [irɔ́tik]
에로틱

이 단어 역시 우리가 하는 발음과 전혀달라 못알아듣기 쉽다.

A: I didn't know there were sex scenes in the movie.
B: Yeah, there were. The film seemed very erotic.

A: 난 영화에 성관계 장면이 있는 줄 몰랐어.
B: 어, 있었어. 그 영화는 아주 에로틱해 보였어.

entourage [ɔ̀nturáːʒ]
앙투라지

미드제목으로도 잘 알려진 단어로 주요 인물의 수행원, 주변사람을 뜻한다. 주로 외교어는 프랑스에서 왔다고 보면 된다.

A: So the movie star brought people with him?
B: When he arrived, he had a big entourage.

A: 그래, 그 영화배우가 사람들과 함께 왔다고?
B: 그가 도착했을 때 주변에 사람들이 많았어.

15
파티 및 섹스의 종류

파티 애니멀이라고 불릴 정도로 파티를 좋아하는 네이티브들이 나오는 미드나 영드의 세계에서 파티가 나오는 장면은 다반사이다. 아니 빼면 스토리가 굴러가지 않을 정도로 비중이 높다. 먼저 파티를 열어준다는 throw a party, 파티에 참석하다는 attend a party, 깜짝파티는 a surprise party, 파자마입고 밤새 친구들과 노는 것은 a slumber party, 그리고 집들이는 a housewarming이라고 한다. 또한 섹스 종류도 다양하여, 화났을 때, 헤어질 때, 불쌍할 때 하는 섹스가 다 다르다.

01 Party

throw[have, got] a party
파티를 열다

누구를 위해서 파티를 열어준다고 할 때는 ~ a party for sb라고 표현한다.

A: Do you want to come over Saturday?
B: I can't. I made a commitment to attend a party.
A: 토요일에 올래?
B: 안돼. 한 파티에 가기로 약속했어.

A: Will you be at my graduation party?
B: Yes. I wouldn't miss it for the world.
A: 내 졸업파티에 올거야?
B: 어, 절대로 놓칠 수 없지.

baby shower
베이비 샤워

주로 결혼한 임산부의 친구들이 모여 곧 태어날 아기의 용품을 선물하는 행사. 같은 개념이지만 bridal shower는 결혼을 앞둔 신부에게 친구들이 열어주는 파티로 생활 용품들을 주로 선물한다.

A: We're going to throw a bridal shower for Liz.
B: Great. I'll help you get things set up.
A: 우리는 리즈를 위해 신부파티를 열어줄거야.
B: 좋아. 너를 도와 일들을 준비할게.

slumber[pajama] party
슬럼버 파티

파자마 차림으로 밤새 수다를 떨면서 노는 것

A: Where is your son staying tonight?
B: He's at a friend's house for a slumber party.
A: 네 아들은 오늘밤 어디에 있는대?
B: 한 친구집에서 슬럼버 파티를 할거야.

bachelor[bachelorette] party
총각[처녀] 파티

결혼을 앞둔 미혼 남성[여성]들이 마지막 자유를 만끽하는 자리

A: The bachelor party got pretty wild.
B: I heard there was a stripper and lots of alcohol.
A: 총각파티가 정말이지 와일드했어.
B: 스트리퍼와 술이 엄청 많았다고 들었어.

potluck party
포트럭 파티

참석자들이 음식을 분담해서 준비해오는 파티

A: A potluck party will be held at the end of the month.
B: I am going to bring a tuna casserole.
A: 포트럭 파티가 이달 말에 열릴거야.
B: 난 참치캐서롤을 가져갈거야.

surprise party
깜짝 파티

누가 미리 알려서 파티가 망쳤다고 할 때는 ruin the surprise party라고 한다.

A: Why did you tell Cary about the birthday party?
B: I had no idea it was a surprise party.
A: 넌 왜 캐리에게 생일파티에 대해 얘기했어?
B: 깜짝파티인지 몰랐어.

party's over
파티는 끝났다

말 그래도 파티가 끝났을 때 혹은 좋은 때는 즐건 때는 끝났으니 본격적으로 …하자라고 할 때 사용된다.

A: Let's go out and get more beer!
B: Party's over, and everyone should leave.
A: 나가서 맥주 더 마시자!
B: 파티는 끝났어, 다들 가야 돼.

costume party
특이한 복장을 차려입고 하는 파티

자기가 좋아하는 영화나 만화 등의 캐릭터 옷을 입고 하는 파티.

A: Those people are dressed like monsters.
B: Costume parties are often held on Halloween.

A: 저 사람들 옷입은게 꼭 괴물들 같아.
B: 코스튬 파티는 할로윈에 자주 열려.

housewarming
집들이

우리말 집들이에 딱 맞는 단어.

A: Ellie and her husband bought a new house.
B: I think they'll have a housewarming party soon.

A: 엘리와 걔 남편은 새집을 샀어.
B: 곧 집들이를 하게 될 것 같군.

dinner party
정찬 파티

댄스 파티는 dance party, 사무실에서 하는 파티는 office party라고 한다.

A: It's about time we had an office party.
B: Let's schedule one for next weekend.

A: 사무실 파티를 해야 될 것 같아.
B: 다음 주말로 잡아봐.

그밖의 파티와 관련된 단어들

cocktail party 칵테일 파티
Christmas party 크리스마스 파티
New Year's Eve party 송년 파티
graduation party 졸업 파티
break up a party 파티를 끝내다

tea party 티 파티
birthday party 생일 파티
Halloween party 할로윈 파티
engagement party 약혼 파티
life of the party 분위기 메이커

❷ 섹스의 종류

angry sex

서로 화가 났을 때의 분노를 섹스로 푸는 것을 말한다.

A: You didn't enjoy sleeping with him?
B: It was strange, angry sex.
A: 넌 걔와 섹스하는게 좋지 않았지?
B: 그건 이상한 앵그리 섹스였어.

pity sex

상대방이 불쌍해서 한번 해주는 섹스.

A: I thought you were still hooking up with Angela.
B: I wanted her to love me, but it was just pity sex.
A: 난 네가 아직 안젤라와 자는 사이로 알았는데.
B: 그녀가 날 사랑해주기를 바랬지만 그냥 동정섹스에 불과했어.

break-up sex

헤어지기 전에 마지막으로 하는 섹스.

A: It must have been difficult going through a divorce.
B: We had lots of break-up sex before she left.
A: 이혼을 겪는 것은 정말 힘들었음에 틀림없어.
B: 그녀가 떠나기 전 이별섹스를 엄청 많이 했어.

make up sex

화해를 목적으로 한 섹스.

A: It seems like you're always arguing with your girlfriend.
B: It's stressful fighting with her, but the make up sex is great.
A: 넌 여친과 맨날 다투는 것 같아.
B: 싸우면서 스트레스 많이 받지만 화해섹스는 아주 좋아.

bi-sexual

이성과 동성을 모두 다 좋아하는 성향이나 사람을 말한다.

A: She seemed to be flirting with other women.

B: That's because she is bi-sexual.

A: 걔는 다른 여자들에게 집적 대는 것 같았어.
B: 걔 바이여서 그래.

quickie

아침이나 오후에 짬을 내 속도전을 치르는 것을 말한다.

A: Your sex life changes after you have kids.

B: We're so busy we only have time for a quickie.

A: 네 성생활은 아이를 가진 이후에 바뀌었지.
B: 너무 바빠서 짬내서 하는 섹스만 해

좌충우돌 미국경험기

see(보다. 만나다). watch(지켜보다). meet(만나다)의 차이

셋 모두 비슷한 뜻이지만 쓰임에 따라 약간 다르다.

1) see

'see'는 특별한 목적 없이 만나거나 보는 것의 일반적인 모든 것에 사용할 수 있다. 예를 들어, I am going to see him.(나는 그를 만나러 갈 거야.)와 같이 누구를 만나러 갈 때 사용하기도 하고, You should go to see a doctor.(너는 의사를 방문하러 가야 된다)처럼 '방문하다'라는 뜻으로 사용되기도 한다.

2) watch

'watch'는 'see'보다는 좀 더 구체적인 의미로 특별한 목적으로 무엇을 볼 때 사용한다. Please watch my house while I am away.(제발 내가 떠나 있는 동안에 우리 집을 봐주세요.) 위의 문장처럼 목적 없이 보는 것이 아니라 집을 지키라는 뜻이 내포되어 있는 것처럼 'watch'는 어떠한 목적이 있을 때 사용된다. The doctor told me to watch for symptoms of flu.(그 의사는 내게 독감 증상을 지켜보라고 말했다.) 위의 문장에서도 증상을 살피라는 목적을 가지고 보라는 뜻에 'watch'가 사용되었다.

3) meet

'만나다'라는 뜻을 가지고 있는 'meet'은 주로 사람을 만날 때 사용한다. 'see'동사도 '만나다'의 뜻을 가지고 있지만 'meet'은 'see'보다는 주로 처음 만나는 사람에게 사용된다. 따라서 가족이나 친구를 만날 때는 'meet'보다는 'see'를 사용한다.

Please meet my husband. (내 남편을 소개할게.)
Have we met before? (우리 전에 본 적 있나요?)

미·드·로·영·어·공·부·하·기

SECTION 02
미드로 영어공부하기

01. 짧지만 미국적인 표현들
02. 자주 쓰이는 기본표현
03. 자주 쓰이는 미드패턴
04. 상황별로 외우면 일석십조
05. 알쏭달쏭 헷갈리는 표현들
06. 주옥 같은 미드 동사구
07. 미드키워드 12
08. 뒷통수치는 표현들
09. 진짜미드표현들 33

01
짧지만 미국적인 표현들

중학교 정도의 실력만 있으면 이해가 되는 단어들로 구성되어 있지만 해석이 안되는 표현들이 있다. 문제는 이런 표현들은 주로 짧으며 실제 구어체 영어에서도 아주 많이 쓰인다는 점이다. 그래도 이해할 수도 있는 Couldn't be better(최고야), I don't blame you(그럴만도 해)와 같은 고마운 표현들도 있지만 Tell me about it(그러게나 말야), Don't give me that(그런 말마)과 같은 난감도 표현도 많이 있다. 이런 표현들은 쉬운 단어들로 구성되어 있기 때문에 한번 배우면 쉽게 기억될 수도 있는 장점도 있다. 스크린이나 미드영어의 기본이라고도 할 수 있는 아주 미국적인 표현들을 정리해서 학습해보도록 한다.

Couldn't be better!
최고야!

「부정 + 비교급 = 최상급」이 된다는 규칙을 모른다 하더래도 우리말로 그대로 옮겨보면 「더 좋을 (better) 수가 없다」(not)는 결국 「최고다」라는 의미가 된다.

A: How's everything going with you and your wife these days?
B: Things couldn't be better.
A: I'm so glad to hear that. My wife and I were worried about you two.

A: 요즘 너와 네 아내 어때?
B: 더할 나위없이 좋아.
A: 듣던 중 반가운 소리군. 내 아내와 난 너희 두 사람 걱정을 했었는데.

Not again!
어휴 또야!

뭔가 귀찮고 짜증나는 일이 계속적으로 일어나는 경우 짜증섞인 말투로 반사적으로 내뱉는 말. 다시는 그러지 말았으면(Please don't let this happen one more time)하는 심정을 토로하는 것이다.

A: Jimmy's playing with the fire extinguisher. Tell him to stop before he gets hurt.
B: Not again! He's always playing with that stupid thing.
A: Why don't you try punishing him?

A: 지미가 소화기를 들고 놀고 있어요. 다치기 전에 못하게 말리세요.
B: 애가 또! 저 애는 항상 저렇게 엉뚱한 것을 가지고 논다니까요.
A: 따끔하게 혼내주지 그래요?

No wonder
당연하지

상대방의 말이 전혀 놀랍지 않다고 맞장구 치는 표현으로 당연하다, 그럴만도 하다라는 의미이다.

A: I can't believe I got an "F" in History.
B: No wonder. You were absent from half of the classes.

A: 내가 역사에서 "F"를 받다니 믿을 수가 없어.
B: 무리도 아니지. 수업시간의 반은 결석했잖아.

Way to go!
힘내!

상대방을 응원하거나 격려하는 표현. 결승점에 가까워가는 마라톤 선수에게 Way to go!(힘내라! 가자가자!)라고 하면서 응원을 할 수도 있다. 흔히 우리가 많이 쓰는 fighting은 콩글리쉬이니 쓰지 말도록 하자.

A: I'm going to start in the varsity basketball game against York University.
B: **Way to go!** That's great! What time does the game start?
A: It's at seven.

A: 요크 대학과의 농구 경기에 학교 대표팀으로 참가 할거야.
B: 잘 해봐! 대단하다! 경기는 몇 시에 시작하니?
A: 7시에.

You don't say!
설마!

상대방의 말이 믿기지 않아 약간의 놀라움을 표시할 때 사용되는 표현. 약간은 비아냥거리는 뉘앙스가 풍기는 경우가 종종 있다. 우리말로는 「설마, 그럴리가」(Really?; Is that so?)에 해당된다.

A: I'm going to the prom with Kathy Smith.
B: **You don't say!** I thought she was going with Paul.
A: She was, but they broke up this morning.

A: 케이시 스미스와 댄스 파티에 갈거야.
B: 설마 그럴리가! 그녀는 폴과 함께 갈 것 같았는데.
A: 그랬지, 하지만 걔네들 오늘 아침에 깨졌어.

You're telling me!
누가 아니래!

상대방의 말에 전적으로 동의할(showing very strong agreement) 때 사용하는 말. 우리말로 하자면 「누가 아니래!」, 「정말 그래!」 정도가 된다.

A: Man, was that a hard test... I'm sure I failed.
B: **You're telling me!** It was a real killer.
A: Do you think anyone in the class passed?

A: 야, 시험 너무 어려웠지…. 난 틀림없이 낙제야.
B: 누가 아니래! 정말 끔찍했어.
A: 우리 반에서 누가 시험에 통과했을 것같니?

You said it
네말이 맞아

You're telling me와 같은 의미의 표현. 상대방의 말에 긍정을 하며(That's true; You're right) 동의할(I agree) 때 사용한다.

A: That guy's such a prick.

B: You said it. If I wasn't so small, I'd kick his ass.

A: Do you want me to do it for you?

A: 그 자식 정말 눈에 가시야.
B: 맞아, 내가 이렇게 작지만 않아도 그 녀석의 엉덩이를 날려버릴텐데.
A: 내가 대신 해주랴?

You're on
좋을 대로

여기서 on은 부사로 「…에 찬성하여」라는 의미. 상대방의 제안이나 내기(bet) 제안에 적극적으로 동의할 때 간편하게 써먹을 수 있는 표현.

A: Let's have a game of one-on-one. I'll bet you $5.00 that I'll win.

B: You're on. Just let me change my clothes and I'll be right back.

A: Don't run away, now!

A: 1 대 1로 한 게임 하지. 내가 이기는 데 5달러 걸겠어.
B: 좋을 대로 하셔. 옷 좀 갈아 입고 금방 올게.
A: 이번엔 도망가지 말라구!

Look who's talking!
남말하네!

누가 말하는지 보라는 얘기가 아니라 겨묻은 개가 똥묻은 개에게 더럽다고 할 때, 비난받은 쪽에서 「너도 나만큼 나쁘기 때문에 비난하지 말라」는(Don't find fault with me because you are just as bad; You are just as guilty) 의미이다.

A: You are so fat. Why don't you take better care of yourself?

B: Look who's talking. You are so skinny. Why don't you eat more?

A: I guess we both have our problems.

A: 너 너무 뚱뚱하다. 신경 좀 쓰는게 어때?
B: 그러는 넌 어떻구. 넌 너무 말랐어. 좀 많이 먹지 그래?
A: 우린 둘 다 문제가 있는 것 같구나.

Where were we?
무슨 얘기하고 있었지?

상대방과 대화가 다른 일로 끊기고 나서, 다시 대화로 들어갈 경우 무슨 얘기를 어디까지 했는지 순간적으로 기억이 안날 때가 많다. 이럴 경우에 종종 「어디까지 얘기했더라」, 「무슨 얘기하고 있었지?」 등의 말을 하게 되는데 Where were we?가 바로 여기에 해당되는 말이다.

A: Just a moment while I get the door. Now, where were we?
B: We were talking about the wedding plans.
A: Oh, that's right.

A: 누가 왔나봐. 잠깐만. 근데, 우리 무슨 얘기 했었지?
B: 결혼 계획에 대해서 얘기했잖아.
A: 아, 맞다.

That's more like it
그게 더 낫네요

상대방의 다른 제안(suggestion)이나 어떤 변화시에 그게 더 낫다고, 좋다고 말하는 것. That's more like it에서 like를 「좋아하다」라는 동사로 생각하면 큰 오산. like는 전치사로 「…같은」, 「…다운」이라는 의미.

A: Oh, no...he's losing the race. I've got a fortune riding on that horse.
B: Look, he's moving up in the pack. I think he's making his move.
A: That's more like it!

A: 오, 안돼… 점점 쳐지고 있잖아. 저 말에 행운을 걸었는데.
B: 이봐, 그 녀석 선두로 나오고 있어. 제대로 달리기 시작할 모양이야.
A: 그래, 바로 그거라구!

You can say that again!
두말하면 잔소리지!

'You're telling me,' 'You said it'과 같은 맥락의 표현으로 상대방의 말에 「전적으로 동감한다」는 의미. 우리말로는 「그렇고 말고」(That's certainly true!), 「정말 맞아」(You are absolutely correct!)에 해당된다. 실감나게 말하려면 that을 강조하면 된다.

A: I'm going to get some beer. Do you want some?
B: Yeah, it's such a hot day. I could really use a beer to cool off.
A: You can say that again.

A: 맥주 좀 마실건데. 너도 마실래?

B: 응, 찐다 쪄. 시원하게 한 잔 할 수 있으면 정말 좋겠네.
A: 두말하면 잔소리지.

I don't blame you
그럴만도 해

「blame=비난」이라고만 암기한 노력 때문에 이해가 방해되는 경우. 그렇지만 'I don't blame you'가 주로 쓰이는 문맥적 상황은 상대방이 「그렇게 행동할 수밖에 없었던 정황을 이해한다」(I quite understand your feelings)고 말할 때이다. 우리말로 한다면 「그럴만도 해」쯤이 된다.

A: I'm going to break up with my boyfriend.
B: I don't blame you. He's such an asshole.
A: Yes, I know, but I still love him.
A: 남자 친구랑 헤어질거야.
B: 그럴만도 해. 정말이지 추잡한 녀석이야.
A: 그래, 맞아. 하지만 난 아직도 그 남자를 사랑해.

Guess What?
근데 말이야?

뭔가 새로운 정보를 상대방에게 전하려 할 때 본론을 꺼내기에 앞서 먼저 꺼내는 말, 즉 대화를 시작하거나 상대방과의 대화를 유도하기 위한 기능을 갖는 표현이다. 우리말로는 「저 말이야」, 「그거 알아?」, 「근데 말야」정도로 옮기면 된다.

A: Guess what? I was selected to represent our class in the annual singing contest.
B: Good for you.
A: I hope I win so I can buy you something nice.
A: 저 말이야? 연례 노래 대회에 우리반 대표로 내가 뽑혔어.
B: 거 잘 됐네.
A: 우승해서 너에게 뭔가 좋은 것을 사 주고 싶어.

Shame on you!
아이구 창피해!

shame을 굳이 「수치」로 옮길 필요는 없다. 물론 말썽이 좀 심각해서 수치스러울 때도 있지만, 가벼운 문맥에서는 「아이고, 창피해라」정도로 생각하면 된다.

A: Hey, look what I stole from that little kid over there.
B: Shame on you... you shouldn't be taking things from children.

A: Hey, you've got to do what you've got to do to survive in this world.

A: 이봐, 저기 저 꼬마 녀석한테서 슬쩍한 걸 보라구.
B: 아휴, 창피해라… 어린애한테 물건을 빼앗아선 안되지.
A: 어라, 너도 이 세계에서 살아남으려면 할 건 해야 한다구.

Would you excuse us?
실례해도 될까요?

모임이나 대화 도중 자리를 떠날 때나 자리 좀 비켜달라고 할 때 정중하게 양해를 구하는 법. Could를 써도 되며 두 명 이상이 함께 떠날 때는 us를, 혼자서 양해를 구할 때는 me를 사용하면 된다. 'May I be excused?'도 같은 의미이며 이에 대한 답변으로는 역시 excuse를 써서 'You're excused'라고 말하면 된다.

A: **Would you excuse us,** please?
B: Sure, I'll be in the other room getting lunch ready if you need me.
A: Thanks for all your help.

A: 실례지만 자리 좀 비켜주겠어요?
B: 물론이죠. 필요하시면 부르세요. 다른 방에서 점심준비를 하고 있을게요.
A: 도와주셔서 고마워요.

Now you're talking
이제 말이 통하는군

「이제 당신이 말을 한다」가 아니다. 내가 맞다고 생각하는 것을 상대방이 말할 때, 또는 내 말을 이제야 알아들었을 때, 즉 말귀가 통하거나 상대방이 옳은 말을 하였을(saying the right thing) 때 기쁜 마음에 맞장구치는 표현이다. 「이제 제대로 말하는구만」, 「이제야 말이 통하네」쯤 된다.

A: I can't do it for $200. It's just not enough money.
B: Money's not important. I'll give you $500.
A: **Now you're talking.** Consider it done.

A: 200달러로는 그걸 할 수 없네. 돈이 충분치 않다구.
B: 돈은 중요한게 아냐. 500달러를 주겠네.
A: 이제야 말귀가 통하는구만. 그렇게 처리하겠네.

I swear
맹세해

자기가 하는 말이 진심임을 강조하는 표현으로 I swear, 단독으로 뿐만 아니라 I swear S + V, I swear to + V의 형태로도 사용된다.

A: It's not true. I never called you a bastard.

B: You did so. I swear.

A: 아니야. 난 널 나쁜놈이라고 한 적 없어.
B: 그랬다니까. 맹세해.

I'll tell you what
이러면 어떨까

상대방과 대화를 나누다가 더 좋은 생각이 나서 이를 제안할 때 사용하면 된다. I tell you what이라고도 하는데 우리말로는 「이게 어때」, 「이러면 어떨까」(Here's an idea; Let me put it to you this way) 정도에 해당된다.

A: Can you lend me $10,000 for a few months?

B: I'll tell you what. I'm not going to lend you $10,000, but I'll hire you for a few months and pay you $10,000.

A: That sounds fair to me.

A: 한 몇 달간 만 달러 좀 빌려주시겠어요?
B: 이렇게 하죠. 만 달러는 빌려드리지는 못하겠구요, 대신 몇 달간 당신을 고용하고 만 달러를 지불할게요.
A: 그게 저에게도 좋을 것 같군요.

Easy does it!
살살 다뤄!

'Easy does it!'은 뭔가 중요한 물건을 운반하는 사람에게 「살살 다뤄」(Move slowly and carefully)라고 주의를 줄 때 사용하는 표현. 급하면 그냥 'Easy! Easy!'라고 해도 된다. 또 화가 나 얼굴을 붉히는 사람에게 'Easy does it'이라고 할 수 있는데, 이때는 「진정해라」(Calm down; Don't lose your temper)라는 의미이다.

A: Can you fit it into the hole?

B: I'm not sure, but I'll try.

A: Easy does it... slowly... slowly.

A: 구멍에 꼭 맞출 수 있으세요?
B: 잘 모르겠지만, 한번 해 보지요.
A: 살살 하세요… 천천히… 천천히.

Are you in?
너도 할래?

be in은 …에 끼다, 함께 하다라는 의미로 I'm in하게 되면 I will do it이라는 말이 된다. 반대는 be out. 참고로 You are in은 "너도 하는거야," You want in?하면 "너도 낄래?"라는 의미.

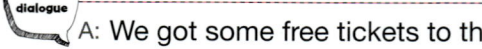

A: We got some free tickets to the game tonight. Are you in?
B: Sure. Count me in.

A: 오늘 밤 경기를 볼 수 있는 공짜 티켓이 몇 장 있어. 너 갈래?
B: 물론이지. 끼워줘.

No way!
절대 안돼!, 말도 안돼!

상대방의 말을 강하게 부정하거나 거절·반대 의사를 강하게 나타낼 때 쓰이는 표현들 중 가장 informal한 표현이다.

A: Can I borrow your car for a date tonight?
B: No way! Last time you borrowed it, you left the gas tank empty.

A: 오늘 밤 데이트하러 가는데 네 차 좀 빌릴 수 있을까?
B: 절대 안돼! 지난번에 빌려갔을 때 네가 기름을 몽땅 다 써버렸잖아.

Take care!
조심하고!

조심하라라는 의미로 주로 헤어질 때 인사로 쓰인다. Be careful과 같은 의미이며 Take care of yourself는 몸 조심해라는 걱정어린 표현이다.

A: You kids have a good day in school. Take care!
B: Mom, don't worry about us.

A: 얘들아 학교에서 잘 지내구. 조심해!
B: 엄마, 걱정마세요.

You asked for it!
자업자득이지!

말 그대로 당신은 그것을 요청했다는 의미로도 쓰이지만 비유적인 문맥에서는 네가 스스로 자초한 것이다, 사서 고생이다. 따라서 「당해 싸다」(You deserved it)라는 의미까지 발전된다. 즉, 이 지경이 된 것의 원인을 「네 스스로 제공했다」는 말이 된다.

A: I can't believe that little dog bit the big dog's face.
B: Why not? The big dog asked for it.
A: Yeah, but isn't the little dog afraid of getting his ass kicked?

A: 그렇게 작은 개가 그 큰 개의 얼굴을 물다니 믿을 수가 없어.
B: 왜? 큰 개가 당할 만 한 짓을 했잖아.
A: 그래, 하지만 작은 개는 엉덩이 걷어 차이는게 무섭지도 않은가 보지?

Why not?
왜 안해?, 왜 안되는 거야?, 그러지 뭐

먼저 상대방의 부정적인 답변에 대해 「왜 안 된다는거야?」(Please, explain your negative answer)라며 이유를 묻는 표현이기도 하고, 또한 어떤 제의에 대해 「그러지 못할 이유가 어디 있느냐?」(I can't think of any reason not to do)고 반문하는, 즉 강한 yes를 의미하는 표현이기도 하다.

A: Would you like a cup of coffee?
B: **Why not?** I still have a few hours before I have to go home.

A: 커피 한 잔 하실래요?
B: 좋죠. 퇴근하려면 몇 시간 더 있어야 하니까요.

It's on me
내가 낼게

on의 여러 의미 중 구어적으로 「…가 지불하는」(paid for by)이라는 의미가 있다. 그래서 Drinks on me!하면 「술은 내가 살게」가 된다. "It's on me"하게 되면 다시 말해 I will take care of it, I will pay 등의 의미. 참고로 sth be on the house가 되면 이때는 「식당에서 무료로 제공해 주다」라는 의미.

A: Thanks a lot for dinner. It was delicious.
B: Oh, you're welcome. I really enjoyed the company.
A: Next time **it's on me.**

A: 저녁 식사 정말 고마워. 아주 맛있었어.
B: 오, 천만에. 동행해줘서 고마워.
A: 다음번엔 내가 낼게.

Well done
잘했어

식당에서 고기가 '잘 익은'이라는 의미로 유명해진 표현. 일반적인 의미로는 상대방을 칭찬하는 것으로 "잘했어"라는 뜻이 된다. 강조하려면 Very well done이라고 하면 된다.

A: You made this report, didn't you? **Well done.**
B: Thank you, sir.

A: 자네가 이 보고서 작성했지? 잘했네.
B: 감사합니다.

I am sorry?
예?, 뭐라구요?

상대방의 말을 못 알아들었거나, 혹은 예상치 못한 말을 할 때 놀라거나 화나서 "뭐라구요?"라고 반문할 때 사용하는 표현이다.

A: I need you to call us again after 5 p.m. today.
B: I'm sorry?

A: 오늘 오후 5시 이후에 저희에게 다시 전화주세요.
B: 네?

You did?
그랬어?

상대방의 말에 「그랬어?」하고 맞장구를 치거나 믿기지 않는 말에 대해 「네가 그랬다고?」하며 의외임을 나타낼 때 쓸 수 있는 표현. 현재형은 You do?(그래?), 혹은 좀 더 구체적으로 You did what?(네가 뭐 어쨌다구?), You did when?(언제 그랬다구?)이라고 말할 수 있다.

A: I just bought a new car.
B: You did? How much did it cost?

A: 차를 새로 샀어.
B: 그래? 얼마 들었어?

You're what?
뭐하고 있다고?, 뭐라고?

상대방의 말을 못 알아들었거나 혹은 놀래서 묻는 문장이다. 참고로 You what?은 "네가 뭐 어쨌다구?," "뭐라고?"라는 의미이다.

A: I need to talk to you. I think I'm in love with you.
B: You're what?

A: 할 말이 있어. 널 사랑하는 것 같아.
B: 뭐라구?

Tell her what?
그녀에게 뭐라고 하라고[한다고]?

구체적으로 물어보지만 모르는 부분만 의문사를 넣어서 말하면 된다. 참고로 You went where?는 "네가 어디 갔다고?," 그리고 Who did what?은 "누가 무엇을 했다고?"라는 의미이다.

A: Do me a favor and tell her that I don't want to date her anymore.

B: Tell her what? No way! You tell her that by yourself.

A: 부탁 좀 들어줘. 그 여자한테 내가 더이상 데이트 하기 싫다고 했다고 전해주라.
B: 뭘 전해달라구? 말도 안돼. 네가 직접 해야지.

How come?
어째서?, 왜?

상대방의 말에 대해 놀라움과 이유를 물어보는 초간단 구어체. 궁금한 내용은 How come 다음에 S + V 형태로 붙여 말해주면 된다. 의문문이지만 주어와 동사의 도치를 신경쓰지 않아도 된다는 점에서, 영어를 외국어로 배우는 우리에게 Why ~?보다 훨씬 부담이 덜한 표현이다.

A: I'm going to quit this job.

B: How come? Are you having problems?

A: 나 이 일 그만둘거야.
B: 왜? 무슨 문제라도 있니?

Look at you!
얘 좀 봐라!, (어머) 얘 좀 봐!

미드를 보다 보면 아주 많이 마주치게 되는 표현. 주로 상대방이 좀 차려입었을 때나 바람직한 행동을 했을 때 감탄의 표시로 말하거나, 아니면 억양을 바꿔 말썽 핀 사람에게 「얘 좀 보게나」식의 비난으로 쓰기도 한다.

A: I don't want to go to work! Work sucks!

B: Look at you! You are acting worse than a child!

A: 출근하기 싫어! 아주 엿같다구!
B: 얘 좀 봐! 어린애보다도 못하게 구네!

Look at this
이것 좀 봐

구체적으로 뭔가 보여주면서 하는 말. 보여주는 게 뭔지 미리 말하려면 Look at this + N 형태를 이용한다. 좀 떨어진 곳에 있는 것을 보라고 할 때는 that을 이용한 Look at that(저것 좀 봐)을 사용한다.

A: Look at this antique vase.

B: Wow, that must be really old.

A: 이 골동품 도자기 좀 봐.
B: 이야, 굉장히 오래된 것 같구나.

I got it
알았어, 내가 할게

만능동사 get의 가장 중요한 의미중의 하나는 understand이다. I got it의 got 역시 「이해하다」라는 뜻으로 (I) Got it하면 상대방이 하는 말을 알아들었다는 가장 구어적인 표현이 된다.

A: Do you want some help with that?
B: No, no, no, I got it.

A: 그거 좀 도와줄까?
B: 아니, 됐어. 내가 할게.

You bet
확실해, 물론이지

You bet?하고 끝을 올려 말하면 「내기할 수 있어?」, 즉 「진짜야?」, 「틀림없어?」하고 진위를 확인하는, 반대로 You bet하고 끝을 내리면 「내기를 해도 좋다」, 즉 「확실하다」(That's right), 「물론이지」(Sure), 「틀림없어」하며 강한 확신을 내비치는 표현이 된다.

A: What do you think I am, a whore?
B: You bet.

A: 내가 누구라고 생각하는거야, 창녀?
B: 당연하지.

Who cares!
누가 신경이나 쓴대!

남이 무엇을 하든 전혀 신경쓰지 않겠다는 강한 의지를 나타내는 표현으로 비관심도면에서 I don't care보다 강도가 세다.

A: This is the third time this week you've left dirty dishes in the sink.
B: Who cares? If they bother you, go ahead and wash them.

A: 싱크대에 지저분한 접시들을 그냥 놔둔 게 이번 주만 세번째다.
B: 상관마. 거슬리면 네가 가서 닦든지.

Whatever!
뭐든지 간에!

두 가지 상황 중에서 어느 쪽이든 상관없는(It doesn't matter) 경우.

A: I don't like the clothes you wear, and your haircut is odd.
B: Whatever. Your criticisms don't bother me at all.
A: 난 네가 입고 있는 옷도 맘에 안들고, 너 머리자른 것도 이상해보여.
B: 뭐라든. 네가 시비 걸어도 난 눈 하나 깜짝 안해.

I'll bet
틀림없어, 정말이야, 확실해, 그러겠지

I'(ll) bet하면 상대방의 말에 답변할 때 사용하는 표현으로 상대의 말에 수긍한다는 의미. 종종 빈정대는 문맥에서도 쓰인다. 또한 I'(ll) bet that S + V의 형태로 자기가 말하는 내용이 틀림없는 사실임을 강조할 수도 있다.

 A: She may become the next vice president of our firm.
B: I'll bet. She's smart and most people like her.
A: 그 여자가 우리 회사의 차기 부사장이 될지도 몰라.
B: 정말이야. 그 분은 똑똑하고 많은 사람들이 좋아하지.

Don't give me that!
그런 소리 하지마!

상대방의 어떤 변명(excuse)이나 설명(explanation)이 얼토당토하지 않을 때 「그런 소리(거짓말) 하지 마라」(Don't lie to me; Don't give me any shit), 「웃기는 소리 하지 마라」라고 강하게 부정할 경우에 쓸 수 있는 표현.

 A: Why do you always make so much noise at night?
B: Because I'm a teenager and that's how we express ourselves.
A: Don't give me that!
A: 밤마다 왜 그리 시끄럽냐?
B: 전 10대라구요. 그건 우리 자신을 발산하는 방법이예요.
A: 말도 안되는 소리마라!

All set
준비 다 됐어

'I am'이 생략된 것으로 all set은 ready와 동일한 표현이다.

 A: I'm all set. Is everybody ready to go to the beach?
B: We're ready! Let's go!
A: 난 준비 다 됐어. 다들 해변에 갈 준비된거야?
B: 준비됐어! 가자고!

Who knows?
누가 알겠어?

반어법 문장으로 「아무도 모른다」라는 내용을 강조하는 표현법이다. 과거형으로 Who knew?하면 「이렇게 될지 예전에 누가 알았겠느냐?」라는 말.

A: When do you expect your boss to return?
B: Who knows? He doesn't have a set schedule today.

A: 사장님이 언제 돌아오실까요?
B: 누가 알겠어요? 오늘 예정된 일정이 없거든요.

God (only) knows!
누구도 알 수 없지!

Nobody knows도 같은 의미. 비슷한 표현으로는 Heaven[Lord/Christ/Hell] knows!가 있으며 알 수 없는 내용까지 말하려면 God knows what~(…가 무엇인지 아무도 모를거야)이라고 하면 된다.

A: Now that you've graduated, what would you like to do?
B: God only knows. I guess I should try to earn a lot of money.

A: 너 졸업했는데, 뭘 하고 싶니?
B: 아무도 모르죠. 돈 많이 벌어야겠죠.

Fancy that!
설마!, 도저히 믿어지지 않는다!

뭔가 믿기지 않는 일이 생겼을 때 놀라면서 하는 표현이다.

A: Billy and I are thinking of coming to visit you this summer.
B: Fancy that! I'll have to get my guest room all ready!

A: 빌리하고 이번 여름에 너희 집에 갈까 생각 중이야.
B: 어머 정말! 손님방을 치워 놔야겠네!

Be my guest
그럼

상대방의 「요청에 흔쾌한 허락을」, 혹은 문이나 엘리베이터에서 상대방에게 「기쁜 마음으로 양보할」 때 사용하면 된다. 허락이나 양보할 때 쓰는 여러 가지 표현이 많이 있겠지만 guest라는 단어를 사용함으로써 허락하는 사람의 기꺼운 마음이 잘 드러난 경우이다.

A: Can I use your laptop computer?
B: Be my guest.
A: Thanks, I'll bring it back as soon as I'm done.
A: 노트북 좀 써도 될까요?
B: 그럼요.
A: 고마워요. 다 쓰는 대로 곧 돌려 드릴게요.

Way to go!
잘한다 잘해!

Way to go!나 Go!는 비단 스포츠 경기뿐만 아니라 일상생활에서도 칭찬을 하거나 앞으로 더 잘하라고 격려할 때 많이 사용된다.

A: Look at that! He hit a home run!
B: Way to go! I think our team will be able to win this game.
A: 저거봐! 그 사람이 홈런을 쳤어!
B: 잘한다! 우리팀이 경기를 이길 수 있을 거라고 생각해.

Attaboy!
야, 잘했다!

That's my[a] boy의 축약형. 여자에게는 That's my[a] girl을 쓸 수 있다.

A: You were able to complete the presentation in an hour? Attaboy!
B: Thanks. I just skipped the parts that I thought weren't important.
A: 한 시간만에 이 설명회를 끝냈단 말야? 정말 잘했어!
B: 고마워요. 제 생각에 중요하지 않다고 생각되는 부분은 건너뛰었어요.

Coming through
좀 지나갈게요

엘리베이터나 혼잡한 사람들 틈을 지나가면서 길을 비켜달라는 양해의 말. 간단히 Excuse me로 대신할 수도 있다. 참고로 Coming though 앞에는 I am이 생략되어 있다.

A: Excuse me, coming through.
B: Be careful, she's carrying hot coffee.
A: 실례합니다만, 좀 지나갈게요.
B: 조심하세요, 이 여자분이 뜨거운 커피를 나르고 있으니까요.

You done?
다했니?

상대방에게 주어진 일을 「다 마쳤느냐?」(be through with)고 물어보는 표현이다. 더 줄여서 Done?이라고만 해도 된다.

A: I'm about ready to go. You done?
B: Just a second and I'll be ready.
A: 갈 준비 다 됐어. 넌 다 됐어?
B: 잠시만 기다려주면 다 될 거야.

Say when
됐으면 말해

Say when you think you have enough라는 의미로, 술잔의 술이 적당한 수위에 다다랐을 때 When 혹은 Stop 등으로 대답하면 된다.

A: Let me pour that for you. Say when.
B: OK, stop! I don't want to get drunk tonight.
A: 내가 따라줄게. 됐으면 말해.
B: 좋아, 그만! 오늘 밤엔 고주망태가 되면 안되거든.

Not a thing
전혀, 아무 것도

nothing을 강조한 말로, not a + 명사 형태는 강한 부정을 나타낸다.

A: What did you do during your vacation?
B: Not a thing. I stayed home every day.
A: 휴가 동안 뭐했어?
B: 아무 것도 안했어. 맨날 집에 있었어.

No problem
문제 없어, 됐어

상대방이 미안하다고 할 때 혹은 고맙다고 할 때 등 다양한 상황에서 쓰이는 빈출 표현. No sweat도 같은 의미.

A: I shouldn't have tied you up so long.
B: No problem, it was great talking to you.

A: 당신을 이렇게 오랫동안 잡아두는 게 아닌데.
B: 괜찮아요. 말씀나누게 되어서 좋았어요.

Cheer up!
기운내!, 힘내!

기운이 처져 있는 상대방에게 기운내라고 할 때 쓰는 전형적인 표현이다.

A: My wife keeps saying that we don't have enough money.
B: Hey, cheer up! You can find a better job.
A: 집사람이 우리가 돈이 별로 없다고 계속 바가지야.
B: 이봐, 기운내라구! 더 좋은 일자리를 찾을 수 있을거야.

Nice going!
참 잘했어!

「잘했다」라고 칭찬할 때는 물론, 「잘해봐!」라고 격려(encouragement)하거나, 잘 안됐을 경우 위로할 때도 사용할 수 있다. 특히 이 표현은 경솔한 행동으로 무슨 일을 망쳐놨을 경우 「잘 한다, 잘해」라는 반어적 의미로도 많이 쓰인다.

A: I heard that Samsung has offered you a job. Nice going.
B: Thanks. I hope that I can do well when I start to work there.
A: 삼성에서 너한테 일자리를 제안했다는 얘기를 들었어. 잘했다.
B: 고마워. 거기 입사해서 일을 잘했으면 좋겠어.

Nice try
잘했어

칭찬은 칭찬이지만 제한된 칭찬. 상대방이 뭔가 기특하게 했지만 목표를 달성못했을 때 하는 표현이다.

A: What do you think about the results of my examination?
B: Nice try. Unfortunately that score is too low for you to receive a passing grade.
A: 제 시험결과 어때요?
B: 열심히 했지만 안타깝게도 성적이 너무 낮아 통과하지 못했어.

You got it
맞아, 바로 그거야(You're right; That's correct), 알았어

Section 02 미드로 영어공부하기 **117**

내 말을 제대로 알아들은 기특한 사람에게「맞아」,「바로 그거야」라는 의미로, 혹은 어떤 지시를 받았을 때 그 내용을 잘 이해해서 분부대로 하겠다, 즉「알겠습니다」라는 뜻으로 사용된다.

A: Can you take care of my children tomorrow?

B: You got it. I'll pick them up in the morning.

A: 내일 우리 애들 좀 봐줄래?

B: 그러지 뭐. 아침에 데리러 갈게.

You got it?
알았어?

상대방에게 알아들었냐고 확인하는 문장. 또한 You got that? 역시 "알겠어?"라는 말이고 그래서 상대방에게 제대로 알아 들었어?라고 하려면 You got that right?라고 하면 된다.

A: Don't ever bother my girlfriend again. You got it?

B: OK, I'll stay away from her.

A: 두번 다시 내 여자친구 괴롭히지마. 알았어?

B: 알았어. 근처에 얼씬도 안할게.

A: I'm confused. Do you want a burger or a sandwich?

B: I want a sandwich. You got that?

A: 헷갈리네. 버거를 먹고 싶은거야, 샌드위치를 먹고 싶은거야?

B: 샌드위치라니까. 알겠어?

Whatever you ask
말만 해

whatever는 무엇이든지(anything that)이라는 의미로 직역하면 네가 원하는 것 무엇이나가 된다. 즉, 무슨 부탁이나 요청을 하든지간에 다 들어줄테니 말을 해라, 혹은 그렇게 해라(Sure; Go ahead)라는 의미가 된다.

A: Can you do me a really big favor?

B: Whatever you ask.

A: I need you to go to the airport for me tomorrow morning and pick up my brother.

A: 정말로 중요한 부탁인데 좀 들어 줄래?

B: 뭐든지 말만 해.

A: 내일 아침에 공항에 가서 내 동생을 데려와줘.

I'll say
정말이야, 맞아

상대방의 말이 맞다고 맞장구 치는 표현.

A: Is this what you had in mind?
B: I'll say.

A: 네가 맘에 두고 있던 게 이거야?
B: 맞아.

Big time
그렇고 말고, 많이(a lot)

어떤 말에 「전적으로 동의한다」(agree absolutely)고 응수할 때뿐만 아니라 주로 문장의 뒤에서 「아주 많이」(a lot)라는 뜻의 부사적 용법으로도 자주 사용된다.

A: Don't be sorry.
B: But I screwed up big time.
A: No, you didn't... you were learning.

A: 미안해 하지 말라구.
B: 하지만 제가 큰 실수를 했는 걸요.
A: 아니야, 그러면서 배우는 거잖아.

Suit yourself!
네 멋대로 해!, 맘대로 해!

상대방에게 다른 사람 신경쓰지 말고 하고 싶은대로 하라고 던지는 문장이다.

A: Look, I'm going to the party, even if it makes you angry.
B: Suit yourself! Don't expect me to be here when you get back though!

A: 보라구, 당신이 화를 내도 난 파티에 갈거야.
B: 맘대로 해! 근데 당신 돌아왔을 때 내가 여기 있을 거란 기대는 하지마.

Help yourself
마음껏 드세요, 어서 갖다 드세요

먹고 싶은대로 직접 갖다 먹으라(serve yourself anything you want)는 의미의 공손한 표현. 꼭 먹는 것과 관련된 일이 아니더라도 사용할 수 있다.

A: Can I have one of these apples?

B: Help yourself. There are plenty of them.

A: 이 사과 하나 먹어도 돼요?
B: 마음껏 먹어. 많으니까.

I don't get it[that]
모르겠어, 이해가 안돼

여기서 get은 「이해하다」(understand), 「듣다」(hear). 상대방이 말한 것(it)을 제대로 이해하지 못 했을 때(I don't understand it)나 못알아 들었을 때(I can't hear you) 구어에서는 get을 이용하여 I don't get it이라고 하고 반대로 잘 알아들었을 때는 I got it.

A: Tara is going out with John. I don't get it. He's so dumb.

B: Everyone has different tastes in who they date.

A: 타라는 잔과 데이트갔어. 이해가 안돼. 잔은 아주 멍청한 놈인데.
B: 누구나 데이트할 때도 각자의 취향이 있는거라구.

I made it!
해냈어!

쉽지 않은 일을 성취해냈을 때 또는 어려운 시기를 극복하고 난 뒤, 열심히 노력한 결과 「목표했 던 것을 이뤄냈다」는 기쁨을 나타내는 표현이다. 참고로 make it+장소의 형태는 「제시간에 도착 하다」(arrive in time)라는 뜻. 상대방이 뭔가 성공적으로 해냈을 때는 You made it!이라고 한다.

A: Congratulations son. You made it.

B: Thanks. I'm really proud that I never gave up.

A: 축하한다. 아들아. 네가 해냈구나.
B: 고맙습니다. 포기하지 않았다는 게 스스로 대견스러워요.

You did it!
해냈구나!

역시 상대방이 뭔가 해냈을 때는 하는 표현이고, 내가 뭔가 해내고 나서 성취감에 감탄할 때는 I did it!이라고 하면 된다.

A: I did it! I was able to solve the crossword puzzle in today's newspaper!

B: Calm down. It's not that big of a deal.

A: 해냈다! 내가 오늘 신문에 나온 크로스워드 퍼즐을 풀어냈다구!
B: 진정해. 뭐 그리 대단한 일이라구.

I mean it
진심이야

it은 자기가 말한 내용으로 자기가 한 말이 사실이라고 강조할 때 사용한다.

A: You had better leave right now. I mean it.
B: Okay, okay, calm down. I'm sorry I made you so angry.

A: 넌 지금 가는 게 좋겠다. 정말이야.
B: 알았어. 알겠다고. 진정해. 널 화나게 해서 미안하다.

I didn't mean it
고의로 그런 건 아냐

남에게 해를 끼치거나 기분을 상하게 했지만 실수에 의한 것이라는 것임을 나타낼 때.

A: Last night you told me that you wished that I was dead.
B: I didn't mean it. I was just angry at you then.

A: 어젯밤에 너 내가 죽었으면 좋겠다고 했지.
B: 정말 그런 뜻으로 한 말은 아냐. 그땐 너한테 화가 나서 그랬지.

Never mind
신경쓰지마, 맘에 두지마

상대방이 감사하다고 혹은 미안하다고 인사할 때 쓰는 답.

A: I'm really sorry I stood you up on Friday.
B: Never mind, forget it.

A: 금요일날 바람 맞혀서 정말 미안해.
B: 신경쓰지마, 잊어버리라구.

That's funny
거참 이상하네

알고 있는 것과 다르게 돌아가는 상황에서 쓸 수 있는 표현.

A: Tom is the son of one of the richest men in the country.
B: That's funny, he doesn't act like he's rich.

A: 탐은 그 나라 최고 갑부중 한 사람의 아들이야
B: 이상하네. 걘 부자처럼 굴지 않던데.

Very funny!
그래 우습기도 하겠다!

난 열받아 죽겠는데 웃음이 나오냐는 의미.

A: You let the air out of the tires on my car? Very funny!
B: Don't get angry. It was just a joke.

A: 네가 내 차 타이어에서 바람을 빼놨지? 그래 참 우습기도 하겠다!
B: 화내지 마. 그냥 장난이었어.

Good enough!
좋아!

enough는 「충분하다」는 형용사이고 여기에 수나 양적으로 「충분한」(thorough)이라는 의미를 갖는 good이 붙어서 「이 정도면 되었다」 혹은 「그 정도면 적절하다」라는 뉘앙스의 감탄어를 만들어낸다.

A: That's the last one... let's go.
B: Good enough!

A: 그게 마지막이에요… 갑시다.
B: 좋아요!

Tell me about it!
그러게 말야!

평범하게 말하면 추가정보를 요구하는 말이지만 앞을 강하게 액센트를 주어 발음하면 「동감이다」(I agree), 「그게 맞아」, 결국 「그러게 말야, 그렇고 말고」에 해당되는 것으로 상대방의 말에 강하게 긍정하는 표현이 된다.

A: What do you think about our new physics professor?
B: He seems all right, but he sure has got a problem with his handwriting.
A: Tell me about it!

A: 새로 온 물리학 교수 어때?
B: 괜찮은 것 같아, 근데 정말로 악필이야.
A: 그건 그래!

Get a life!
정신차려!

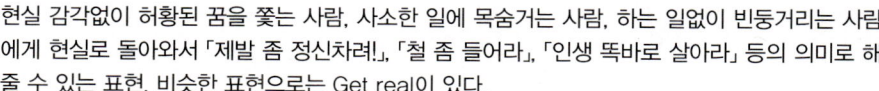

현실 감각없이 허황된 꿈을 쫓는 사람, 사소한 일에 목숨거는 사람, 하는 일없이 빈둥거리는 사람에게 현실로 돌아와서 「제발 좀 정신차려!」, 「철 좀 들어라」, 「인생 똑바로 살아라」 등의 의미로 해줄 수 있는 표현. 비슷한 표현으로는 Get real이 있다.

A: I'm pretty sure that Peter wants to ask me to go to the dance.
B: **Get real!** He won't ask you because he already has a serious girlfriend.
A: 피터는 나한테 춤추러 가자고 하고 싶을 거야, 틀림없어.
B: 정신차리셔! 이미 정식으로 사귀는 여자친구가 있어서 너한테 그럴 일은 없을걸.

You wish!
행여나!

상대방이 실현 불가능한 걸 기대할 때. 비슷한 표현으로는 Dream on(꿈깨)이 있다.

A: I think a lot of girls find me attractive.
B: **You wish!** If that is true, why aren't you on a date right now?
A: 내게 매력을 느끼는 여자애들이 많은 것 같아.
B: 행여나! 그게 사실이면 지금 당장 데이트 안하고 뭐하니?

Says who?
누가 그래?, 누가 어쨌다구?

가히 유쾌하지 못한 소식을 접했을 때 그 출처가 누구인지, 즉 「누가 그렇게 말했냐」고 되묻는 표현. 그런가 하면 신경거슬리는 말을 듣고 「그 말이 누구들으라고 한 말이냐」고 따질 때도 유용하게 사용된다.

A: We're not going to get any overtime pay this month.
B: **Says who?**
A: 이번 달에는 초과근무 수당을 하나도 못 받을거야.
B: 누가 그래?

It works!
제대로 되네!, 효과가 있네!

work은 문맥에 따라 여러가지 뜻을 가지고 있는데 여기서는 work이 「(계획한 바가) 잘 되어가다」 또는 「효과가 있다」란 의미로 쓰이는 경우.

A: **It works!** This is terrific!
B: What does your invention do?
A: 야, 된다! 끝내주는데!
B: 네 발명품 용도가 뭔데?

It doesn't work
제대로 안돼, 그렇게는 안돼

It works의 반대 표현으로 뭔가 제대로 돌아가지 않을 때, 효과가 나타나지 않을 때 사용하면 된다.

A: Have you taken your medicine?
B: Yes, but it doesn't work.
A: 약은 먹었어?
B: 응, 근데 잘 안듣더라.

You know what?
그거 알아?, 근데 말야?

대화 시작시 혹은 새로운 화제를 꺼낼 때 상대방의 주의를 집중시키기 위해 하는 말. 숱하게 만났다 헤어지면서 대화를 하는 미드에서 자연 많이 찾아볼 수 있는 표현이다.

A: I'm gonna get some more coffee.
B: Oh, you know what? I'll come with you!
A: 커피 좀 더 마셔야겠어.
B: 저 말이야. 나 너와 함께 갈게!

(It's a) Deal?
그럴래?, 좋아?

서로 뭔가 결정을 할 때 "그럼 그렇게 할래?," "좋아?"라고 상대방의 결정을 확인하는 문장. 평서문으로 It's a deal하면 "알았어," "그렇게 하자"라는 말이 된다. 역시 유용한 문장인 (It's a) Done deal은 "그러기로 한거야"라는 의미.

A: What do you think about the offer we're making to you?
B: It's a deal.
A: 우리 제안에 대해 어떻게 생각하십니까?
B: 그렇게 합시다.

No damage
손해본건 없어

이미 벌어진 일에 대하여 「손해본 거 없어」, 「일이 잘못된 것은 아니야」, 그러니 걱정말라는 의미로 하는 말이다.

A: Oops. I spilled wine all over your dress.

B: **That's okay.** No damage.

A: 이런. 와인을 당신 옷에다 온통 쏟아버렸네요.
B: 괜찮아요. 별일 아니에요.

No harm (done)
잘못된 거 없어

상대방이 뭔가 자기에게 피해를 입혔다고 생각해서 사과할 때 별로 손해본게 없다고 할 때 사용하는 표현이다.

A: I'm really sorry about what happened. I won't do that type of thing again.

B: No harm done.

A: 이런 일이 생기다니 정말 죄송해요. 다시는 이런 일 없을 거예요.
B: 손해본 건 없으니 걱정말아요.

That's it
바로 그거야, 그게 다야, 그만두자

내 생각을 상대가 콕 찍어서 말하거나 행동으로 옮겼을 때 「바로 그거야」(That's what I meant) 라고 하면서 하는 말. 또한 일이나 말을 맺으면서 「그게 다야」(That's all), 혹은 어떤 문제에 대해 더 이상 말하기 싫을 때에 「그만 두자!」(Don't go there again!)라는 의미로도 쓰인다.

A: Is this the paperwork that you've been looking for?

B: That's it! Thank God you found it!

A: 이게 네가 찾던 서류니?
B: 바로 그거야! 네가 찾아내다니 아이고 고마워라!

That's it?
이걸로 끝이야?

의문형으로 하면 상대방을 불신하는 뉘앙스로 「그게 전부야?」, 「그걸로 끝이야?」의 의미.

A: Here is the amount we can offer you.

B: That's it? This is much too low.

A: 이게 우리가 너한테 줄 수 있는 양이야.
B: 그게 다야? 이건 너무 적은데.

A: I want to tell you something. You need glasses.

B: That's it? I thought you'd say I had a serious problem.

A: 너한테 할 말 있어. 너 안경 써야겠다.
B: 그게 다야? 난 또 심각한 문제라고 할 줄 알았지.

Like this?
이렇게 하면 돼?

상대방의 지시나 얘기를 듣고 자기가 제대로 이해하고 있는지 확인할 때 유용한 문장이다.

A: First you need to find a piece of ribbon.
B: OK. Like this?
A: 우선 리본 하나를 찾아야 돼.
B: 알았어. 이렇게?

Just like that
그냥 그렇게, 그렇게 순순히

뭔가 아주 빨리 진행되었다고 나중에 기억을 되살리면서 하는 말이다.

A: I heard that the car accident happened quickly.
B: Yeah, everything was normal, then we got hit. Just like that!
A: 그 자동차 사고가 순식간에 일어났다면서요.
B: 네, 모든 게 다 정상이었는데, 그런데 누가 우리 차를 들이받았죠. 그냥 그렇게요!

You can't do that!
그러면 안되지!

상대방에게 뭔가 하지 말라고 말리거나 금지할 때 사용한다.

A: I am so angry at my boss. I think I'm just going to quit my job!
B: You can't do that! We need the money to survive.
A: 사장 때문에 정말 화딱지 나. 사표 낼까봐!
B: 그러면 안돼! 먹고 살려면 돈이 필요하다구.

I'm listening
듣고 있어, 어서 말해

난 듣고 있다라는 단순한 사실을 알리려는게 아니라 듣고 있으니 어서 말하라고 재촉할 때 사용한다.

A: I'd like to explain the new budget to you.

B: **I'm listening,** but please make it brief. I have another meeting in thirty minutes.

A: 새 예산안에 대해 말씀드리고 싶습니다.
B: 듣고 있으니 말해봐요. 하지만 간략하게 해줘요. 30분 후에 회의가 또 있으니까.

Bring it on
한번 덤벼봐, 어디 한번 해보자구

원래 스포츠 경기에서 유래된 표현으로「어디 한번 덤벼봐라」,「내가 다 상대해주지」라는 뉘앙스를 갖는 표현이다. 우리에게는 영화 제목으로도 많이 친숙해져 있다.

A: You're the most stupid person I've ever met.

B: You want to fight? **Bring it on!**

A: 너처럼 멍청한 사람은 처음 본다.
B: 한판 붙고 싶어? 덤벼!

Like what?
이를 테면?, 예를 들면?

상대방에게 추가적인 정보나 예를 들어달라고 할 때 쓰는 표현이다. 비슷한 표현으로는 Such as?(예를 들면?)가 있다.

A: I think we should try a new method for this.

B: **Like what?** Do you have something in mind?

A: 내 생각에 이거는 새로운 방법을 시도해봐야 할 것 같아요.
B: 이를테면? 생각하는 거라도 있어?

Welcome aboard
함께 일하게 된 걸 환영해, 귀국[귀향]을 축하해

원래는 비행기나 선박에 탑승한 승객들에게 하는 인사말이지만, 거기서 발전하여 회사에 막 입사한 신입사원 등 뭔가 새로 함께 하게 된 사람을 환영하는 인사로 자주 사용된다.

A: Hi, I'm Chris. I'm your new office employee.

B: **Welcome aboard** Chris. I'll introduce you to everyone.

A: 안녕하세요. 저는 크리스라고 합니다. 이 사무실의 신입사원입니다.
B: 입사를 환영해요, 크리스. 사람들에게 소개시켜 드리죠.

Not that way!
그런식으론 안돼!

상대방이 뭔가 잘못하고 있을 때 교정해주는 문장. 그렇게 하지 말고 다르게 해보라고 할 때 쓰면 된다.

A: I think I am supposed to install the software like this.
B: Wait! Not that way. You're going to mess it up.
A: 이 소프트웨어는 이렇게 설치하면 되는 것 같은데.
B: 잠깐만! 그렇게 하면 안돼. 엉망진창이 될 거야.

(This is) My treat
내가 살게

내가 계산을 하겠다고 하는 말로 I'll treat you, This will be my treat라고 써도 된다.

A: Waitress, can I have the check please?
B: No. Let me get this. It's my treat.
A: 여기요, 계산서 좀 갖다주시겠어요?
B: 아니에요. 제가 계산할게요. 한턱 낸다구요.

I like that
그거 좋은데, 맘에 들어

뭔가 맘에 들었을 때는 하는 말로, 상대방의 제안에 그러면 좋겠어라는 의미의 I'd like that과 구분해야 한다.

A: Did you hear that we have to start working on Saturdays?
B: I like that. I need the extra money.
A: 이제부터 토요일에도 근무를 해야 한다는 소식 들었어요?
B: 난 좋아요. 돈이 좀 더 필요하니까.

(It) Suits me (fine)
난 좋아, 내 생각엔 괜찮은 것 같아

상대방의 제안이나 의견에 찬성하는 말.

A: I heard you got a job with Google. How do you like it?
B: It suits me fine.
A: 너 구글에 취직했다고 들었어. 어때?
B: 나한테 딱이야.

What do you know?
놀랍군, 네가 뭘 안다고!

몰랐던 사실에 대해 「정말 대단해」라고 놀라움과 감탄을 나타내기도 하지만 경우에 따라서는 문자그대로 「네가 아는 게 뭐가 있냐」고 비아냥거리는 의미를 갖기도 한다.

A: I want to open a clothing store.
B: What do you know about clothing? You'll just waste your money.

A: 옷 가게를 하고 싶어.
B: 네가 옷에 대해 뭘 알아. 괜히 돈만 날릴 걸.

That's no excuse
그건 변명거리가 안돼

매사에 자기의 잘못을 인정하기 보다는 변명만을 일삼는 사람에게 「변명하지마」라고 따끔하게 일침을 놓을 수 있는 말이 바로 That's no excuse이다.

A: I was late for work because I couldn't catch a taxi.
B: That's no excuse. You should have used a bus or the subway.

A: 택시가 안 잡혀서 늦었습니다.
B: 그걸 변명이라고 해. 버스나 지하철을 탔어야지.

That makes sense
일리가 있군

상대방이 전하는 얘기나 의견이 「(논리적으로) 이해가 되거나」(be comprehensible) 「도리와 이치에 맞다」(be reasonable)라고 생각할 때 쓸 수 있는 표현으로 우리말로는 「일리가 있다」, 「말이 된다」 정도에 해당한다.

A: I plan to save money until I'm able to buy a house.
B: That makes sense. A house is a good investment.

A: 집 장만할 수 있을 때까지 돈을 모을 생각이야.
B: 일리 있는 말이야. 집은 투자가치가 있지.

You done?
다했니?

상대방에게 주어진 일을 「다 마쳤느냐?」(be through with)고 물어보는 표현이다. 더 줄여서 Done?이라고만 해도 된다.

A: I'm about ready to go. You done?
B: Just a second and I'll be ready.

A: 갈 준비 다 됐어. 넌 다 됐어?
B: 잠시만 기다려주면 다 될 거야.

I'm done with this
이거 다 끝냈다

이 표현은 때론 「더 이상 못참겠어」(I can't tolerate anymore)라는 뜻으로도 쓰인다.

A: How's your presentation coming?
B: I'm done with this. It's giving me a headache.

A: 프리젠테이션 준비는 어떻게 되어가니?
B: 그만 둘래요. 이것 땜에 골치가 아파요.

Where are your manners?
매너가 그게 뭐야, 매너가 없구나

상대방이 무례하게 행동할 때 예의를 지키라고 말하는 문장이다.

A: Give me some of that food. Now!
B: Jimmy, where are your manners? You need to learn to be polite.

A: 그 음식 좀 나한테 줘. 빨리!
B: 지미, 너 예의가 그게 뭐니? 예절 교육을 좀 받아야겠구나.

When can you make it?
몇시에 도착할 수 있겠니?

관용표현 make it은 크게 두 가지 의미로 사용되는데, 그 첫번째는 「어떤 일을 성공적으로 완수하다」이고, 두번째는 「…에 시간에 맞춰 참석하다」이다. 후자의 경우 make it to + N(a particular event)의 형태나 make it + 시간의 형태로도 자주 등장한다.

A: We're having a party for Sam. Hope you can make it.
B: Is it his birthday already?

A: 샘에게 파티를 열어주려고 해. 너도 올 수 있었으면 좋겠다.
B: 벌써 걔 생일이 됐나?

Cut it out!
그만둬!, 닥쳐!

상대의 언행이 너무 지나쳐서 신경을 거스를 때 「그만해!」란 의미로 하는 말. 잔뜩 굵은 인상과 짜증나는 어투는 이 표현 사용시 필수사항. 비슷한 표현으로는 Knock it off! 등이 있다.

A: Can we go to Disneyland, Dad? Huh? Can we?

B: **Cut it out!** You kids know that we can't afford it this year.

A: 아빠, 우리 디즈니랜드 갈 수 있는 거죠? 네? 그렇죠?
B: 그만 좀 해! 올해는 그럴 여유가 없다는 걸 너희도 알잖니.

A: Why don't you guys **knock it off?**

B: Sorry, we were only having a little bit of fun.

A: 조용히 좀 해라.
B: 미안해, 그냥 좀 재미있는 일이 있어서 말야.

I am sorry?
예?, 뭐라구요?

I'm sorry, Excuse me, Pardon me는 모두 「미안하다」는 뜻이지만 여기에 물음표를 붙이고 끝을 올려 말하면 상대방의 말을 제대로 못 알아들었을 때 「네?」, 귀가 의심스러울 만큼 놀라운 얘기를 들었을 때 「뭐라구요?」하는 말이 된다.

A: I need you to call us again after 5 p.m. today.

B: **I'm sorry?**

A: 오늘 오후 5시 이후에 저희에게 다시 전화주세요.
B: 네?

She was all ears
귀를 쫑긋 세우고 들었다

all 다음에 주로 몸의 일부를 나타내는 단어가 와서 「be all + 신체 일부 명사」가 되면 온몸이 다 그 신체의 일부 기능만 한다고 과장·강조하는 표현. 따라서 'be all ears'가 되면 「몸 전체가 귀가 되었다」는 것으로 그만큼 상대방의 말에 「모든 신경을 쏟고 경청한다」는 의미이다.

A: What did she say when you told her that you had a plan?

B: **She was all ears.**

A: Did she like it? Is she going to let you run the division?

A: 네가 세운 계획을 말했더니 그녀가 뭐래?
B: 귀를 곤두세우고 열심히 듣더군.
A: 마음에 들어하든? 그녀가 너에게 그 부서를 맡길까?

You see that?
봤지?, 내 말이 맞지?

그것도 몰랐냐, 내 말이 맞았지라는 뉘앙스를 강하게 갖고 있는 문장으로 "See, I told you"(거봐, 내가 뭐랬어)와 같은 맥락의 표현이다.

A: She likes me. You see that? She smiled at me.
B: Oh come on. She wasn't even looking at you.
A: 저 여자는 날 좋아한다구. 봤지? 날 보고 웃잖아.
B: 제발 그러지 좀 마. 널 쳐다보지도 않았다구.

If (my) memory serves me correctly[right]
내 기억이 맞다면

뭔가 단정적으로 말하지 않고 조심스럽게 "혹 내 기억이 맞다면"이라고 틀렸을 경우의 후환을 미리 제거하는 효과적인 문장.

A: Do you know what time that meeting is this afternoon?
B: If memory serves me correctly, I think it's at 4 o'clock.
A: 그 회의, 오늘 오후 몇시인지 알아?
B: 내 기억이 맞다면 4시인 것 같아.

I couldn't care less
알게 뭐람

I don't care보다 강도가 높은 것으로 「전혀 관심이 없다」는 뜻.

A: There are many rumors that you are being unfaithful to your wife.
B: I couldn't care less. My wife knows what the truth is.
A: 자네가 자네 부인 몰래 바람을 폈다는 소문이 무성하더군.
B: 알게 뭐야. 우리 집사람이 사실이 뭔지 알고 있는데.

What makes you think so?
왜 그렇게 생각하니?, 꼭 그런 건 아니잖아?

여기서 so는 상대방이 앞에서 말한 내용을 받는 것인데, 구체적인 내용을 밝히려면 so 자리에 that 절을 이어서 What makes you think that S + V?(…라고 생각하는 이유가 뭐야?)로 나타내면 된다.

A: I don't think you'll have much luck with Carol.
B: What makes you think so?
A: 난 네가 캐롤하구 연이 안닿을 거라고 봐.
B: 왜 그런 생각하는 거야?

What brings you here?
무슨 일로 오셨나요?

bring sb + 장소는 어떤 사건이나 상황 때문에 「…가 ~에 오게 되다」라는 뜻.

A: Hi Jeff, this is a surprise. What brings you here?
B: Well, I'm in town to sign some contracts for my law firm.
A: 안녕, 제프. 이거 놀라운데. 여긴 어쩐 일이야?
B: 음, 내 법률 회사에서 맡게 된 계약 몇건을 체결하려고 시내에 나왔어.

How much do I owe you?
내가 얼마를 내면 되지?, 얼마죠?

상대에게 갚을 돈이 얼마인지 물을 때, 구입한 물건 값을 치를 때(when you pay for something purchased) 혹은 식당에서 음식값을 계산할 때 간단히 「얼마죠?」란 뜻으로 사용되는 활용빈도 높은 표현.

A: Here are the materials you requested.
B: Thank you. How much do I owe you?
A: 손님이 부탁하신 재료 여기 있습니다.
B: 고맙습니다. 얼마를 드리면 되죠?

I am a stranger here myself
여기가 초행길이라서요, 여기는 처음 와봐서요

stranger라 함은 here에 familiar하지 않다는 말씀.

A: Can you tell me how to get to the Turner Building?
B: Sorry. I'm a stranger here myself.
A: 터너 빌딩으로 어떻게 가는지 알려주시겠어요?
B: 죄송합니다. 저도 여긴 처음이라서요.

If you'll excuse me
양해를 해주신다면

함께 있다가 자리를 뜰 때 상대방에게 양해를 구하는 표현이다.

A: If you'll excuse me, I need to be getting home. I don't want my wife to worry.
B: Sure. Go ahead.
A: 괜찮으시다면 저는 집에 가야겠어요. 아내가 걱정할까봐서요.
B: 그러세요. 어서 가보세요.

I'm gone
나 간다

지금 나간다고 하는 말로 I'm leaving이나 I'm going과 같은 표현이다.

A: Are you all finished up?
B: That's right. I'm gone.
A: 다 끝났어?
B: 응, 나 간다.

That hurts
그거 안됐네, 마음이 아프겠구나

마음이나 몸이 아프겠다고 역시 위로하는 공감의 표현이다.

A: Actually I divorced a month ago.
B: Oh, that hurts.
A: 실은 나 한달 전에 이혼했어.
B: 저런, 마음 아프겠구나.

That's really something
거 굉장하네

여기서 something은 어떤 것이 아니라 뭔가 대단한 것을 의미한다.

A: What do you think about the score my son got on his SAT?
B: That's really something. The kid must be a genius.
A: 내 아들이 SAT에서 받은 성적이 어때?
B: 정말 대단하군요. 아이가 천재인가 봐요.

Let's get down to business
자 일을 시작합시다

잠시 쉬다가 다시 일을 시작할 때 사용하며 to 이하에는 주로 work, business, case 등이 오게 된다. 의미는 「진지하게 일에 착수하다」(begin to work on something seriously).

A: We need to get down to business.
B: Isn't there time to eat?
A: No, we have to get started.

A: 본격적으로 시작해야겠어요.
B: 뭐 좀 먹을 시간 없을까요?
A: 시간 없어요. 시작해야 해요.

You've got it all wrong
잘못 알고 있는거야

이번에는 get sth wrong 구문. 목적어인 사물을 「잘못 이해하다」라는 의미로, 보통 자신의 의도를 상대방이 나쁜 쪽으로 오해할 때 쓸 수 있는 표현이다. 참고로 여기서 wrong은 부사.

A: You are under arrest for driving a stolen car.
B: Officer, you've got it all wrong. I borrowed this car from my friend.

A: 당신을 절도차량 소지 혐의로 체포합니다.
B: 경관님, 정말 오해세요. 이 차는 내 친구한테서 빌린 거라구요.

How should I put it?
뭐랄까?

대화시 갑자기 말문이 막히거나 생각이 머리 속에서만 맴돌고 나오지 않을 때 우리말로 「어떻게 얘기해야 할까?」하는데, 이에 대한 영어표현이 바로 How should I put it?이다. 여기서 put은 「표현하다」(express)라는 의미.

A: How's the new recruit doing?
B: How should I put it? He's impressing everyone.

A: 신입사원 어때요?
B: 뭐랄까? 모두 감탄하더군요.

Don't give it a second thought
걱정하지마

글자 그대로 해석하면 「그것을 다시 생각하지 말아라」인데, 다시 말해 「별일 아니니 잊어버려라」 (Forget it)는 의미가 된다. a second 대신 another를 넣어주기도 한다.

A: How can I ever repay you?
B: Don't give it a second thought.
A: You are too kind.

A: 제가 어떻게 보상해야 하죠?
B: 걱정마세요.
A: 매우 친절하시군요.

Let's call it a day
퇴근합시다

Let's call it a day는 할 일이 다 끝나진 않았지만 하던 일을 그만 멈추고(stop the work we are doing) 「여기까지만 합시다」라는 뜻으로 일반적으로는 「퇴근합시다」라는 의미로 사용된다. Let's call it quits라 해도 된다.

A: As long as we've finished our work we can call it a day.
B: That sounds like a good idea.

A: 우리가 맡은 일을 끝내면 오늘 그만 쉬자구.
B: 좋은 생각이야.

I'm not kidding
정말이야, 장난아냐

상대방이 자신의 말을 믿지 않으려고 할 때 자신의 말이 농담이 아니라 진심임을 강조하는 표현법.

A: Do you seriously want to buy this hotel?
B: Yes, I'm not kidding. I have all of the finance money ready.

A: 이 호텔을 정말 살거야?
B: 응, 정말이야. 구입자금이 준비가 되어있어.

Sounds like a plan
좋은 생각이야

상대방의 얘기에 적극 동조하는 것으로 Sounds like a good idea와 같은 의미의 문장.

A: You're organizing a surprise party for Peter? That sounds like a plan.
B: I know. He loves to celebrate his birthday.

A: 피터를 위해 깜짝 파티를 준비하고 있구나. 멋진데.
B: 그래. 걘 자기 생일을 축하하고 싶어하거든.

Hear me out
내 말 끝까지 들어봐

상대가 말을 끝까지 듣지 않으려고 하거나 말을 자를 때.

A: I think your plan sounds really foolish.
B: Hear me out. I can explain how everything works if you give me a chance.

A: 자네 계획안은 아주 엉뚱한 것 같구만.
B: 제 말 좀 들어보세요. 기회를 주신다면 모든 것이 어떻게 돌아가는지 설명해 드릴 수 있습니다.

What's the big deal?
별거 아니네?, 무슨 큰 일이라도 있는거야?

big deal은 '큰 일'이라는 의미로 직역하면 "무슨 큰 일이 있어?"로 주로 반어적으로 별 일도 아닌 것 같고 소란떤다는 뉘앙스가 깔려 있다.

A: Everyone seems to hate my long hair. What's the big deal?
B: Not many men wear their hair long here.

A: 다들 내 긴머리를 싫어하는 거 같더라. 그게 무슨 대수라고?
B: 여긴 머리를 기르는 남자들이 많지 않거든.

That's no big deal
별거 아냐

대수롭지 않은 일이라는 뜻으로 No biggie라 쓰기도 한다.

A: Sorry about that.
B: Don't worry! It's no big deal.

A: 정말 유감이야.
B: 걱정 마! 별거아냐.

(Are you) Going my way?
혹시 같은 방향으로 가니?, 같은 방향이면 태워줄래?

차량을 태워주는 상황에서 나오는 문장으로 상대방이 자기와 같은 방향으로 가는지 물어보는 문장이다.

A: **Where are you going?**
B: **Down to the park.** Are you going my way?

A: 어디 가?
B: 공원에. 나랑 같은 방향으로 가니?

I am happy for you
네가 잘돼서 나도 기쁘다

기쁨은 나누면 두배가 된다는 걸 보여주는 표현. 상대방이 승진을 했다거나 무슨 일을 성공적으로 끝냈다는 기쁜 소식을 두고 이렇게 맞장구 쳐주면 된다.

A: I've finally found the perfect boyfriend.
B: I'm happy for you. Why don't you give me all of the details?

A: 나 드디어 완벽한 남자친구를 만났어.
B: 어머 정말 잘됐다. 자세히 좀 말해봐.

좌충우돌 미국경험기

미국의 약국

한국에서는 처방전이 필요한 약이 아니라도 약국에 가서 약사에게 원하는 약을 얘기해야 약을 살 수 있지만 미국에서는 처방전이 따로 필요 없는 약은 혼자서 약국에 가서 진열장에 있는 약을 고를 수 있다. 약국이라고 해서 약만 파는 약국이 아니라 월마트처럼 다른 생필품을 살 수 있는 마트 안에 주로 있다. 따라서 슈퍼에 가서 과자를 고르듯이 약을 고른다. 대부분 한국처럼 따로 포장되어 낱개로 작은 상자에 들어있는 것이 아니라 비타민이 들어있는 통처럼 조그마한 통에 들어있어 약의 양도 꽤 많다. 알약부터 물약, 다이어트약, 안약 등 처방전 없이 살 수 있는 모든 약이 다 있다.

나에게 무척 신기했던 것은 사람들이 웬만한 약 이름을 다 알고 있다는 것이었다. 두통이 있는 친구가 나한테 "Do you have any Ibuprofen?"이라고 물어본 적이 있다. Ibuprofen이 뭔지 몰랐던 나는 "What is that?"이라고 물어봤다. 나중에 '타이레놀'같은 진통제라고 들었을 때 속으로 '그냥 두통약이라고 하지'라는 생각이 들었다. 한국 사람들은 잘 알려진 '아스피린이나 타이레놀'같은 약품을 제외하고는 일반적으로 약국에 가서 '감기약 주세요,' '설사약 주세요'라고 하지 약 이름까지 굳이 얘기하지 않는다. 따라서

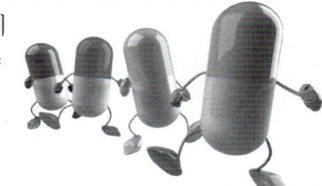

약에 대해 공부하는 사람들을 제외하고는 약의 이름을 자세히 알고 있는 사람은 드물다. 나중에는 나도 몇몇 쉬운 약 이름을 외우게 되어서 쉽게 약을 구할 수 있었다. 만약에 원하는 약을 못 찾겠으면 바로 근처 pharmacy 코너에서 약사를 찾을 수 있을 것이다. 약사에게 원하는 약에 대해 물어보면 약을 찾는데 도움을 줄 것이다.

약은 internal use(내복용)이 있고 external use(외용)이 있다. 또한 졸음을 유발하는 약은 drowsy라고 써져 있고 그렇지 않은 약은 보통 non-drowsy라고 쓰여 있다. 따라서 약을 복용할 때 졸음을 유발하는지 안 하는지 알고 먹어야 한다. 대부분 약에 졸음을 유발하는지 안 하는지가 쓰여져 있으니 확인하고 구입하면 된다.

미국에는 감기약이 셀 수도 없이 종류가 다양하다. 가장 많이 팔리는 약도 감기약이다. 대부분 감기 때문에 병원에 가는 일이 없기 때문에 감기약을 많이 사는 미국인들을 볼 수 있을 것이다. 한국에서도 광고하기 시작한 'Theraflu'는 종합 감기약으로 뜨거운 물에 타 마시면 금방 부었던 목이 좋아지고 감기증상이 호전된다. Comtrex와 DayQuil도 유명한 종합 감기약이다. DayQuil과 비슷한 이름의 NyQuil은 잠을 유발시키는 물질이 강하게 들어있어 감기가 심할 때 자기 전에 복용하고 자면 크게 도움이 되지만 활동해야 하는 낮에는 삼가는 것이 좋다. 이러한 종합 감기약은 대부분 한 가지 약 성분이 들어있는 것이 아닌 여러 가지 약성분이 같이 들어가 있다. 그 중 대표적으로 들어가는 약 성분의 이름인 Acetaminophen은 진통제와 해열제 역할을 한다. 한국에서도 사람들이 많이 복용하는 약인 타이레놀이 바로 이 Acetaminophen으로 만들어 졌다. 미국에서도 타이레놀을 많이 복용하지만 타이레놀은 단지 상품의 brand name일 뿐이라 꼭 타이레놀이 아니더라도 Acetaminophen이 들어갔다고 표시된 다른 약을 많이 사기도 한다.

두통이나 각종 통증이 올 때 타이레놀을 복용하면 도움이 된다. Acetaminophen과 비슷한 진통제로는 Ibuprofen이 있는데 유명한 brand name의 상품으로는 Motrin이나 Advil이 있다. 타이레놀을 좋아하지 않는 사람들은 Advil이나 Motrin을 많이 찾는다. Nasal decongestant는 코가 막힐 때 사용하는 약이다. 스프레이 형태로 뿌리는 것도 있고 알약으로 복용하는 것도 있다. 가장 유명한 것은 Sudafed가 있다. 한국의 목캔디처럼 목이 부었거나 아플 때 먹는 약은 Throat Lozenges나 Cough Drop이라고 한다. 한국처럼 다양한 사탕형태로 되어 있다. Halls나 Sucrets이 유명하다. 위가 거북하거나 속이 쓰릴 때는 Alka-Seltzer을 물에 타서 복용하면 통증이나 속쓰림이 금방 완화된다. 지사제는 오히려 약을 잘못 복용하면 병이 악화될 수 있기 때문에 탈수를 일으킬 만큼 심하지 않으면 복용하지 않는 것이 좋지만 급할 때는 Pepto-Bismol이나 Imodium이 도움이 된다. 그 외에 상처에는 Neosporin 근육통에는 Bengay를 사용하면 된다. 한국의 파스 같은 것도 있고 바르는 크림 타입도 있다.

02
자주 쓰이는 기본표현

머릿속에 장착하면 아주 유용한 미드에 뻔질나게 나오는 기본표현들을 집중적으로 한 자리에 모아본다. That's all right, Be back soon, That's too bad, I have a question for you 등 단조롭지만 많이 쓰이는 표현들이다. 우리가 영어를 못하는 것은 어려운 표현을 몰라서가 아니라 알고 있는 기본표현들을 제대로 말하지 못하기 때문이다. 미드도 별 것이 아니다. 거의 대부분은 쉬운 표현들로 구성되어 있다. 워낙 빨리 말하기 때문에 더욱 어렵게 느껴지는 것이 다를 뿐이다. 여기 기본표현들을 네이티브처럼 빨리 말하고 빨리 들을 수 있다면 미드의 세계에 더욱 쉽게 정착할 수 있을 것이다.

Got a minute?
시간돼?

상대방에게 개인적으로 할 말이 있으니 잠깐 시간을 낼 수 있냐고 물어보는 표현. 주어(you)도 조동사(Do)도 과감하게 무시해버린 초간단 표현으로, 「잠깐 얘기 좀 할 수 있을까?」 정도의 뉘앙스.

A: **Got a minute?** I need to talk to you.
B: I'm really busy now. Can we talk during lunch?
A: 시간있어? 할 얘기가 있는데.
B: 지금 내가 정말 바쁘거든. 점심 먹으면서 할 수 있을까?

Do you have (some) time?
시간 있어?

상대방에게 시간이 있냐고 물어보는 문장이다. 참고로 Do you have the time?하면 몇시인지를 물어보는 표현이 된다.

A: I need to talk to you. **Do you have some time?**
B: Sure. What's up?
A: 얘기 좀 하자. 시간 있어?
B: 그럼. 무슨 일인데?

You're right
네말이 맞아

상대방의 말이나 의견이 맞다는 걸 직접적으로 인정할 때.

A: Well, we should be careful with our household budget.
B: **You're right.** You never know when we'll need some extra money.
A: 저기, 우리 집 생활비에 신경을 써야 해.
B: 맞아. 언제 추가로 돈이 들게 될지 모르니까 말야.

Sure
물론, 당연하지

상대방의 부탁에 대한 승낙 및 감사에 대한 답변 인사로도 사용된다.

A: How would you like to go out for pizza?
B: **Sure.** What pizza restaurant do you prefer?

A: 나가서 피자 먹는 게 어떨까?
B: 좋지. 넌 어떤 피자가게가 좋아?

That's great
아주 좋아

뭔가 동의하고 인정한다는 의미에서 That's good의 강조형으로 볼 수 있다. 단, That's great는 종종 칭찬의 의미로도 쓰이는데, 이때는 Good for you와 같은 의미로 봐도 된다.

A: I got this dress at a sale in the department store.
B: That's great.
A: 백화점에서 세일가격에 이 옷을 샀어.
B: 잘했다.

That's right
맞아, 그래

상대방의 말이 맞거나 상대의 의견이나 제안에 동의한다고 할 때.

A: So, you guys have been playing cards for four hours?
B: That's right, pal.
A: 그럼 너희들 네 시간째 카드게임을 하고 있는 거란 말야?
B: 맞아, 친구.

Are you available?
시간돼?

약속을 정하거나 상대방에게 뭔가 용건이 있어 시간이 낼 수 있냐고 물어보는 전형적인 문장이다.

A: I have to talk to you. Are you available now?
B: Oh, well, I'm afraid not right now. Can we talk after the meeting?
A: 할 말이 있어. 지금 시간 돼?
B: 어, 글쎄, 지금 당장은 안되는데. 회의 끝나고 얘기해도 될까?

Can I talk to you for a second?
잠깐 얘기 좀 할까?

상대의 허가 내지는 동의를 구하는 조동사 can을 써서 「얘기 좀 하자」고 청하는 표현. 그냥 Can I talk to you?라고만 해도 되고, 그리 오래 걸리지 않는다는 의미로 뒤에 for a second[sec], for a minute 등의 표현들을 붙여줘도 된다.

A: You look worried. What's wrong?
B: I need your help. Can I talk to you for a second?
A: 걱정스러워 보이는데, 무슨 문제 있니?
B: 네 도움이 필요해. 잠깐 얘기 좀 할 수 있을까?

Can we talk?
얘기 좀 할까?

talk를 명사로 Can we have a talk?이라고 해도 된다.

A: I have something important to tell you. Can we talk?
B: Sure. Let's go out and get a drink.
A: 너한테 중요한 할 말이 있는데. 얘기 좀 할까?
B: 그러지 뭐. 나가서 한 잔 하자.

Can I have a word (with you)?
잠깐 얘기 좀 할까?

have a word는 이야기하다지만 have words하면 다투다라는 의미가 되니 조심해야 한다.

A: Listen Andrew, there's a problem with your report. Can I have a quick word with you?
B: Sure, Steve. What's the matter with it?
A: 이봐 앤드류. 자네 보고서에 문제가 하나 있어. 얼른 몇 마디 나눌 수 있을까?
B: 예, 스티브. 뭐가 문제야?

We need to talk (to you about that)
우리 얘기 좀 해야 할 것 같아

talk to 다음에는 이야기하는 상대방 그리고 이야기할 내용은 talk about~이라고 쓰면 된다.

A: Mr. Brown, please come to my office. We need to talk.
B: Oh my God, I hope I'm not in trouble.
A: 브라운 씨. 제 사무실로 좀 오세요. 얘기 좀 해야겠어요.
B: 오, 이런. 무슨 문제가 있는 게 아니었으면 좋겠네요.

I want to talk to you (about that)
얘기 좀 하자고

need to 대신에 want to를 써서 자신의 희망사항을 말하고 있다.

A: Hey, did you see my sales report? I can't find it anywhere.

B: I want to talk to you about that. Um... I think I dumped it with the garbage, by mistake.

A: 이봐, 내 판매보고서 봤어? 다 찾아봐도 없네.
B: 그 문제에 대해 얘기 좀 하자. 음… 내가 실수로 쓰레기하고 같이 버린 것 같아.

That's all right
괜찮아, 됐어

앞서 말한 것이 만족할 만해서 「받아들일 만하다」는 의미이다. 특히 상대방이 사과 및 감사 인사를 해올 경우, 이에 대한 답변으로도 많이 사용된다.

A: I'm sorry I didn't get back to you sooner.

B: That's all right. I have been pretty busy as well.

A: 더 빨리 연락 못 줘서 미안해.
B: 괜찮아. 나도 그동안 꽤나 바빴는 걸 뭐.

That's fine with me
난 괜찮아

fine with me가 많이 알려져 있지만 실생활에서는 fine by me도 많이 쓰인다.

A: I can't believe I lost the game. I want a rematch.

B: Well, that's fine with me.

A: 내가 지다니 믿을 수가 없어. 다시 해.
B: 뭐, 난 좋아.

Hold it!
그대로 있어!, 잠깐만!

상대방에게 지금 하고 있는 행동을 멈추고 그 자리에 「꼼짝말고 있으라」고 하는 표현. 상대방이 말하는 도중에 「잠깐만」하고 끼어들 때에도 사용할 수 있다.

A: I'm going downtown to do some shopping.

B: Hold it! You've spent enough money this week.

A: 시내에 가서 쇼핑 좀 하고 올게.
B: 잠깐! 당신 이번 주에 돈이라면 쓸만큼 썼잖아.

Hold on (a second[a minute])!
잠깐만요!

전화상 혹은 전화할 때가 아닐 때도 쓰이는 표현으로 Hang on도 같은 맥락의 문장이다.

A: Can you help me carry these boxes?
B: **Hold on a sec.** Let me get my gloves.
A: 이 상자들 나르는 것 좀 도와줄래?
B: 잠깐만. 장갑 좀 끼고.

Be back soon
금방 돌아올게

이야기 도중 잠시 자리를 비우고자 할 때 「다시 오겠다」고 양해를 구하는 표현. 「빨리」오겠다고 하려면 right을 넣어 (I'll) Be right back이라고 하거나, 혹은 back 뒤에 soon, in a sec[second], in a minute 등을 붙이면 된다.

A: Hey, do you have more beer?
B: Yeah, in the fridge. Let me go get some. **Be back soon.**
A: 야, 맥주 더 있냐?
B: 있어, 냉장고에. 내가 가서 좀 가져오지. 금방 갔다올게.

How are you doing?
안녕?, 잘지냈어?

상대방의 안부를 묻는 기본적인 인사말 중의 하나. How are you doing?에서 대개 are는 생략하고 How you doing? 혹은 How ya doin'? 정도로 잽싸게 말해버리므로 그 발음에 익숙치 않으면 무슨 말인지 못 알아듣기 쉽다.

A: **How are you doing?**
B: I'm great. How's everything with you these days?
A: 잘 지내?
B: 좋아. 넌 요즈음 어때?

How are you?
잘 지내?

만났을 때 인사로, 혹은 상대방에게 괜찮냐고 물어볼 때.

A: Hello Aarron? It's Evelyn. **How are you?**

B: Great. I'm really happy that you called me.
A: 안녕, 애론. 나 에블린이야. 잘 지내?
B: 잘 지내. 전화해 줘서 너무 기뻐.

What's happening?
어떻게 지내?, 잘 지내니?

「일어나다」,「발생하다」라는 동사 happen을 이용한 인사법. 다른 인사용 표현들과 마찬가지로 일반적이고 막연한 안부를 묻는 표현이다.

A: Yo Johnny, what's happening?
B: Not too much. I'm the same as I've always been.
A: 여어 자니, 별일 없고?
B: 특별한 일 없어. 항상 똑같지 뭐.

What's up?
어때?

상황에 따라 「무슨 일이야?」라는, 정보를 요구하는 질문이 되기도 한다.

A: Hey, Eddie, what's up?
B: Not much.
A: 야, 에디, 어떻게 지내?
B: 그냥 그렇지 뭐.

What's new?
뭐 새로운 일 있어?

What's up?과 같은 유형의 인사표현. 상대방은 What's new with you?(넌 어때?)라고 물을 수 있다.

A: Hi, Alice. What's new?
B: Um... actually, I'm getting married next month.
A: 안녕, 앨리스. 뭐 새로운 일 있어?
B: 어… 실은 나 다음 달에 결혼해.

How's it going?
잘 지내?

상대방이 어떻게 지내는지 안부를 묻는 인사표현.

A: Have you met Ray before?
B: Yes, I have. How's it going, Ray?
A: 너 레이 알지?
B: 알지. 잘 지내지, 레이?

How's the [your] family?
가족들은 다 잘 지내죠?

이번에는 상대방 가족에 대한 안부를 물어보는 표현법. 구체적으로 How are the kids?, How's your wife?라고 물어볼 수도 있다.

A: Beth, you haven't been here in a long time. How's the family?
B: Good. My husband just got promoted.
A: 베스, 오랫동안 안보이던데. 가족들은 어떻게 지내?
B: 잘 지내. 남편이 승진했어.

Anytime
언제든지, 언제라도, 언제라도 …할 준비가 돼 있어

크게 세가지 경우에서 사용된다. ① 상대방으로 부터 초대 받았을 경우「언제든지 좋다」는 의미로, ② 도와준 것 등에 대해 상대방이 감사하다는 말을 했을 때 You're welcome의 의미로「언제라도 괜찮다」는 뜻으로, 또한 ③ 언제라도 할 수 있도록「난 준비가 다 되어있음」을 나타내는 말로 쓰인다.

A: Thanks for inviting me to your house for this meal.
B: Anytime.
A: 집으로 식사 초대 해주셔서 고맙습니다.
B: 언제든 오세요.

So do I
나도 그래

So + 동사(be, have, do) + 주어의 형태로, 상대방의 말을 받아「…도 또한 그렇다」는 의미로 쓰이는 표현. 동사에 따라 So do I, So am I, So are we 등으로 다양하게 쓰일 수 있다.

A: I think that this apartment is really nice.
B: So do I. It's large and everything looks like it is new.
A: 난 이 아파트가 정말 좋아.
B: 나도 그래. 넓고, 모두 새것 같아.

A: I am looking forward to my vacation this year.
B: So am I. I hope to take my wife and children to the Grand Canyon.

A: 올해 내 휴가가 기다려져.
B: 나도 그래. 난 아내와 아이들을 데리고 그랜드 캐넌에 가고 싶어.

I must be going
그만 가봐야 될 것 같아요

조동사 must를 이용하여 상황이 여의치않아 가봐야하는 나의 사정을 토로하며 양해를 구하는 말이다. 상대방이 잡기에는 비교적 무리일 정도로 확실히 가겠다는 의사표시 표현.

A: Thank you for inviting me here. I must be going.
B: I'm glad we had the chance to spend some time together.

A: 초대해주셔서 감사합니다. 전 이만 가봐야겠어요.
B: 함께 시간을 보낼 수 있어서 즐거웠습니다.

It's time we should be going
그만 일어납시다, 우리도 이제 그만 갈까

모임에서 그만 일어날 때 사용하는 표현.

A: It's time we should be going. We appreciate your hospitality.
B: No problem. You are welcome to come back any time.

A: 이제 가봐야겠어요. 대접 잘 받고 갑니다.
B: 별 말씀을요. 언제라도 오시면 환영이에요.

I am sorry to hear that
안됐네

뭔가 안좋은 일에 대해 들었을 때 "안됐네." "유감이네" 등의 의미로 쓰인다.

A: Apparently we won't get any bonus at work this year.
B: I'm sorry to hear that.

A: 듣자하니 올해는 보너스가 전혀 없을 거라면서.
B: 이를 어째.

I know just how you feel
어떤 심정인지 알겠어

I know just how you feel.
그 기분 이해해.

상대방이 어떻게 느낄지 이해가 된다고 하는 위로의 말.

A: These days I have a lot of stress about my salary.
B: I know just how you feel. There never seems to be enough money.
A: 요즘 월급 때문에 스트레스 엄청 받아.
B: 그 기분 이해해. 돈이란 늘 부족한거 같아.

I know the feeling
그 심정 내 알지

역시 같은 맥락으로 상대방의 감정을 이해한다는 문장이다.

A: I can't believe she lied to me.
B: Oh, I know the feeling.
A: 걔가 나한테 거짓말을 하다니 믿을 수가 없어.
B: 아, 그 심정 내 알지.

That's too bad
저런, 안됐네, 이를 어쩌나

뭔가 상대방에게 안좋은 일이 일어났을 때 위로하면서 하는 문장.

A: My best friend is in the hospital with cancer.
B: That's too bad.
A: 내 가장 친한 친구가 암으로 병원에 입원해 있어.
B: 정말 안됐다.

What a shame!
안됐구나!

shame은 「유감스럽고 딱한 상황」을 뜻함.

A: Shoot! I can't go to the beach with you guys. I have to work!
B: What a shame.
A: 제길! 나 너희랑 같이 해변에 못가. 일하러 가야 한다구!
B: 안됐구나.

Get out of here!
꺼져!, 나가봐!, 웃기지 마!

보통 험악한 장면에서는 더 이상 얘기하고 싶지 않으니 「여기서 나가」라는 말이지만, 말도 안되는 소리를 하는 사람에게 「웃기지마」(No kidding), 「내가 그 말을 믿을 것 같아?」(Don't expect me to believe that!) 라는 뜻으로도 쓰인다.

A: I used to schedule my classes so I could watch you.

B: Get out of here... really?

A: 널 볼 수 있도록 수업시간표를 짰었지.
B: 에이 말도 안돼… 정말이야?

Same here
나도 그래, 나도 똑같은 걸로

상대방의 말에 공감하거나 혹은 식당 등에서 나도 같은 걸로 달라고 주문할 때 쓰면 된다.

A: Spaghetti is one of my favorite foods to eat.

B: Same here. I eat at an Italian restaurant once a week.

A: 스파게티는 내가 가장 좋아하는 음식 중 하나야.
B: 나도 그래. 난 일주일에 한번씩 이탈리아 식당에서 식사를 하지.

Get lost!
(그만 좀 괴롭히고) 꺼져라!

Go away!나 Stop bothering me!와 같은 맥락의 표현이다.

A: Can I hang around with you today?

B: No, I don't want you here. Get lost!

A: 오늘 너랑 같이 놀아도 될까?
B: 아니, 난 너 여기 있는 거 싫어. 꺼져!

I'm outta here
나 갈게

여기(here)서부터 없어진다(be out of)는 의미로 「나 이제 갈게」,「나 이제 간다」라는 뜻을 전달하는 표현이다. outta는 out of를 뜻하는데, 이는 발음나는대로 표기하는 현상 중의 하나.

A: Would you like to try to do it again?

B: No way. I'm outta here.

A: 다시 한번 해볼래?
B: 아니, 난 갈래.

I'm not here
나 여기 없는거야

실은 있는데 없는 것처럼 해달라는 의미.

A: Charlie, your wife just called looking for you.
B: I'm not here. Tell her I left 15 minutes ago.
A: 찰리, 금방 부인이 전화해서 찾던데.
B: 나 여기 없는 거야. 15분 전에 나갔다고 해줘.

Me neither
나도 안그래, 나도 아냐

상대방의 부정적인 의견에 동의하는 표현. Neither + 동사 + 주어 형태를 이용하려면 상대방이 말한 문장의 동사 및 시제에 맞춰 써야 되는데 반해, Me neither는 모든 경우에 마음편히 사용할 수 있다는 편리한 장점이 있다.

A: I don't think that our team will be able to meet its deadline.
B: Me neither. There is not enough time.
A: 우리 팀이 마감시한을 맞출 수 없을 거라고 생각해.
B: 나도 그렇게 생각해. 시간이 부족하다구.

Neither will I
나도 안그럴거야

나도 그렇지 않을거라고 하는 말로 Neither가 앞으로 빠지면서 will이 I 앞으로 위치한 도치표현.

A: I won't be attending the meeting tomorrow afternoon.
B: Neither will I. I've got to go see a doctor.
A: 난 내일 오후 회의에 참석하지 못할 거야.
B: 나도 못가. 그 시간에 병원에 가봐야 해.

Neither did I
나도 안그랬어

이번에는 과거에 나도 안 그랬다고 말하는 표현.

A: I didn't break the copy machine.
B: Neither did I. Whoever did is going to be in trouble, though.
A: 이 복사기 내가 망가뜨린 거 아냐.
B: 나도 아냐. 하지만 누가 그랬건 그 사람은 이제 큰일났다.

He's really my type
그 사람 내 타입이네

남녀간에 쓸 수 있는 표현으로 자기에게 맞는 유형의 사람이라고 말하는 문장이다.

A: Have you seen that new guy in our French class?
B: Yes! He's exactly my type!
A: 프랑스어 수업 때 새로 들어온 그 남자애 봤니?
B: 그럼! 완전히 내 스타일이야!

Be cool
진정해라

여기서 cool은 「냉정한」, 「침착한」이라는 의미의 형용사. 무슨 일인지 안절부절 못하거나 열받아 씩씩거리고 있는 있는 사람에게 쓸 수 있는 표현이다. 한편 젊은이들 사이에서는 헤어질 때 인사로도 쓰인다.

A: Sometimes I feel like I could just kill Kevin.
B: Be cool. He's really not a bad guy.
A: 가끔 케빈이 죽이고 싶을 정도로 미울 때가 있어.
B: 진정해. 케빈이 그렇게 나쁜 놈은 아니야.

Cool it
진정해, 침착해

흥분한 상대방에게 흥분을 가라앉히고 진정하라고 할 때 사용하는 표현이다. Cool down이라고 해도 된다.

A: I really don't like her at all.
B: Cool it. You two need to be nice to each other.
A: 그 여잔 정말 좋아할래야 좋아할 수가 없다니까.
B: 진정해. 서로 좋게 대해야지.

A: Cool down. You're acting too upset.
B: But he just insulted me in front of everyone.

A: 진정해. 너 지금 너무 흥분했어.
B: 하지만 저놈이 모두 앞에서 날 모욕했잖아.

Calm down
진정해

상대방을 진정시킬 때 사용하는 대표적인 표현.

A: Those bastards! When I catch them, I'll break their legs!
B: Calm down.

A: 저 자식들! 잡기만 하면 다리를 분질러 놓을거야!
B: 진정해.

Watch out!
조심해!

Watch out!은 앞으로 일어날 일을 대비해서, Watch it!은 이미 저질러진 행동이 위험했을 수도 있다고 할 때 각각 사용한다.

A: I didn't know there was a silent battle going on in the office.
B: Well, some people are causing problems. Watch out.

A: 사무실 안에서 은밀한 전쟁이 벌어지고 있는 줄은 몰랐어.
B: 뭐, 문제를 일으키는 사람들이 있긴 하지. 조심하라구.

A: Hey, watch it! You almost hit me with that box you're carrying.
B: I'm sorry. Would you mind moving out of my way?

A: 이봐, 조심해! 나르고 있는 박스로 나를 칠 뻔했다구.
B: 미안해. 길 좀 비켜줄래?

Hang on (a minute)
잠깐만요, 끊지말고 기다려요

전화통화시 상대방에게 「끊지말고 잠시만 기다려 달라」고 할 때뿐만 아니라, 일반적으로 「기다려 달라」는 상황에서 자유롭게 사용해도 무방하다.

A: Come on. The bus is here.
B: Hang on a minute. I have to get my jacket.

A: 어서 가자. 버스 왔잖니.
B: 잠깐만. 재킷을 가져와야 해.

Wait a minute [second]
잠깐만요, 멈춰요, 기다려 주세요

전화에서나 일반 상황에서나 두루 쓸 수 있는 표현이다.

A: Dinner is ready. Come and get it.
B: Wait a minute. The TV show is almost finished.

A: 저녁식사 다 됐어요. 와서 드세요.
B: 잠시만. 이 프로가 거의 끝나 가.

That's not my cup of tea
내 취향이 아냐

사람, 사물 모두에게 쓸 수 있다.

A: Wow! That actor is very handsome. I wish I could date someone like him.
B: You do? Hmm... I think he's not my cup of tea.

A: 이야! 저 배우 진짜 잘생겼다. 저런 사람하고 사귀어봤으면.
B: 그래? 흠… 내 취향은 아닌 것 같다.

It isn't to my taste
내 취향이 아냐

이 표현 역시 사람, 사물 모두에게 쓸 수 있다.

A: What did you get for your birthday?
B: Well, I got this hat, but I'm going to exchange it. It isn't exactly to my taste.

A: 생일에 뭘 받았니?
B: 음, 이 모자를 받았는데 바꾸려고 해. 별로 내가 좋아하는 스타일이 아니거든.

All right
알았어, 알았어?, 좋아

「알았어」하고 상대방의 의견이나 제안에 동의하고자 할 때, 말끝에 「알았어?」(~, all right?)라며 자기가 한 말을 상대방에게 확인시켜줄 때, 그리고 「좋아 얘들아」하면서 다른 얘기로 넘어가고자 할 때 사용하는 표현이다. 붙여서 간략하게 Alright으로 표기하기도 한다.

A: Go to the car and get the equipment. All right?

B: Okey-dokey!
A: 차에 가서 장비 좀 가져와. 알았어?
B: 알겠사와요!

If anything happens
무슨 일이 생기면

「어떤 일이 벌어지다」(occur)라는 의미의 동사 happen을 이용하여 만약의 경우를 가정하는 표현으로, 「만약 무슨 일이라도 생기면」이란 의미.

A: Well, have a safe trip. If anything happens just call me on my cell phone.
B: Okay, I will.
A: 음, 조심해서 다녀와. 무슨 일 있으면 내 핸드폰으로 전화해 주고.
B: 알았어, 그럴게.

Not anymore
지금은 아니야, 이젠 됐어

전에는 그랬지만 「현재는 그렇지 않다」는 말로 부분 부정의 일종. 학창시절 연계하여 외운 no longer 역시 같은 의미이나 이는 not anymore 보다 딱딱한 표현이며 단독으로 쓰이지도 못한다.

A: Are you and Kent still dating?
B: Not anymore. We broke up a few months ago.
A: 너 켄트랑 아직도 사귀니?
B: 이제 안 사귀어. 우린 몇 달전에 헤어졌어.

Not always
항상 그런 건 아니다

항상 그렇지는 않다는 부분 부정의 대표적인 문장이다.

A: You go swimming here all the time, don't you?
B: Well, not always. Sometimes I go to a different pool.
A: 넌 항상 여기서 수영하잖아, 그렇지?
B: 글쎄, 항상 그런 건 아니지. 다른 수영장에 갈 때도 있거든.

I'm cool
잘 지내

How are you?, How's it going?, Are you okay? 등, 상대방의 안부나 상태를 묻는 말에 대한 답변으로 Good이나 I'm fine 대신에 쓸 수 있는 쿨한(?) 표현.

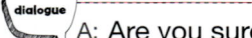
A: Are you sure you're okay?
B: Yeah, yeah... It's no big deal. I'm cool.
A: 너 정말 괜찮아?
B: 그럼, 그럼… 별일 아닌걸. 난 괜찮아.

I hope so
그랬으면 좋겠어

상대방이 미래의 일에 대해 「…할 것이다」라고 예측 또는 관망할 때 「그렇게 되었으면 좋겠다」라고 맞장구치는 표현.

A: Are you going to see her again?
B: I hope so. I really liked her.
A: 그 여자 다시 만날 거야?
B: 그랬으면 좋겠어. 그 여자가 맘에 쏙 들었거든.

I hope not!
그러지 말았으면 좋겠다!, 아니라면 좋을텐데!

I hope so의 반대표현으로 그러지 않았으면 좋겠다는 부정희망을 나타낸다.

A: It's supposed to rain tomorrow.
B: I hope not! I have a picnic planned.
A: 내일 비가 온다던데.
B: 안왔으면 좋겠는데! 피크닉 갈 거거든.

That's enough!
이제 그만!, 됐어 그만해!

충분하다는 얘기는 바꿔 말하면 지겹다는 뜻으로 해석이 될 수도 있다.

A: How could you do this to me?
B: That's enough! I said I'm sorry more than a thousand times!!
A: 어떻게 나한테 이럴 수가 있어?
B: 그만 좀 해! 수천번도 더 미안하다고 했잖아!!

Don't worry
걱정마, 미안해할 것 없어

모든 게 다 제대로 될 거라며 걱정 근심에 휩싸인 상대방을 안심시킬 때 쓰는 표현. 뒤에 about sth의 형태로 걱정거리를 언급해주기도 한다.

A: I'll see you later. Don't work too hard.

B: Don't worry, I never do.

A: 나중에 또 봐요. 너무 무리하지 마세요.
B: 걱정 말아요, 절대 무리 안해요.

Are you serious?
정말이야?, 농담 아냐?

상대방의 말이 의심스럽거나 믿기지 않을 때 쓰는 표현으로 Are you sure?, Is that true?와 같은 맥락의 표현이다.

A: Believe me! I didn't say anything about it to her.

B: Are you sure?

A: 믿어줘! 난 걔한테 그 문제에 대해서 입도 뻥긋 안했다구.
B: 확실해?

Not to worry
걱정 안해도 돼

상대방이 생각하는 것만큼 심각하거나 중대한 문제가 아니라며 위로하는 문장이다.

A: This elevator is out of service right now.

B: Not to worry. I can use the stairs.

A: 이 엘리베이터는 지금 운행이 안돼요.
B: 걱정 안해도 돼요. 전 계단으로 가면 되니까요.

If worse comes to worst
최악의 경우라 해도, 아무리 어려워도

좋지 않은 상황을 가정할 때 사용하는 표현이다.

A: What are we going to do if it rains during our picnic or something?

B: Well, if worse comes to worst, we'll just have the picnic inside.

A: 피크닉 가 있는 동안 비가 오기라도 하면 뭘 하지?
B: 음, 최악의 경우라 해도 실내에서 피크닉을 즐기지 뭐.

(Just) For fun
그냥 재미로

별 특정한 목적없이 그냥 재미로 뭔가 한다는 뉘앙스를 풍기는 표현이다.

A: So you have a date with Andrea?
B: It's not a date. It's just for fun.
   A: 그럼 너 앤드리아하고 데이트하는 거니?
   B: 데이트 아니라니까. 그냥 재미로 만나는 거야.

Let me ask you something
뭐 좀 물어볼게

상대방에게 뭔가 물어볼 때 쓰는 대표적인 표현법. Let me ask you one thing, Let me ask you a question이라고 해도 된다.

A: Let me ask you something. Would it be okay with you if I set Chris up on a date?
B: Oh, what? With who?
   A: 뭐 좀 물어볼게. 내가 크리스한테 소개팅을 시켜줘도 너 괜찮겠어?
   B: 어머, 뭐라구? 누굴 소개시켜 줄 건데?

Can I (just) ask you a question?
질문 하나 해도 될까?

역시 상대방에게 뭔가 물어보기 전에 꺼내는 말.

A: Can I just ask you a question?
B: Sure. Go ahead.
   A: 뭐 하나 물어봐도 돼?
   B: 그럼. 어서 말해봐.

I have[got, have got] a question for you
질문 있는데요

이번에는 직접적으로 내가 당신에게 할 질문이 있다고 말하는 문장이다.

A: I've got a question for you.

B: Shoot.

A: 물어보고 싶은 게 있어.
B: 물어봐.

I think I'm lost
길을 잃은 것 같아요

길을 잃었어요는 I got lost, 길을 잃었나요?라고 물어볼 때는 Are you lost?라고 하면 된다.

A: Could you tell me how to get to 5th Avenue? I think I'm lost.

B: Sure. Just go down that street and turn left.

A: 5번가로 가려면 어떻게 해야 하는지 알려주시겠어요? 길을 잃은 것 같아요.
B: 네, 저 길을 따라 죽 가다가 왼쪽으로 꺾어지면 돼요.

You can count on me
나한테 맡겨

믿다, 의지하다 대표 동사구인 count on을 이용한 표현. depend on, rely on, rest on 등도 같은 의미이다.

A: Honey, will you always love me and never leave me?

B: You can count on me.

A: 자기야, 언제나 나를 사랑하고 절대 떠나지 않을 거지?
B: 나만 믿어.

Let me take care of it
나한테 맡겨

take care of sb는 돌보다, 혹은 조폭들 사이에서 죽이다라는 뜻이지만 take care of sth은 …을 처리하다라는 의미.

A: I can't find the time to make a dentist appointment.

B: Let me take care of it for you. You're too busy.

A: 치과에 전화 예약할 짬이 안 나.
B: 나한테 맡겨. 넌 너무 바쁘잖아.

I can do that[it, this]
내가 할 수 있어요

내가 처리할 수 있다는 의미로 I got this, I can handle it 정도로 이해하면 된다.

A: Can you take this down to the post office?

B: Sure, I can do that.

A: 이걸 우체국에 갖다주겠어?
B: 그러지, 내게 맡겨.

Say it again?
뭐라구?, 다시 한번 말해줄래?

잘 못들었을 때 다시 말해달라고 하는 표현으로 What was that again? 혹은 Come again?이라고 하면 된다.

A: I can offer this apartment to you at the normal rental price.

B: Say it again? Yesterday you promised me a 20 percent discount.

A: 이 아파트를 정상적인 임대료로 드리겠습니다.
B: 뭐라구요? 어제 당신이 20% 깎아주겠다고 했잖아요.

Come on in
어서 들어와

아는 사람이 찾아와 문밖에 서있을 경우 집주인이 공통적으로 하게 되는 말로, 「어서 들어오라」는 표현. 스크린이나 미드에서 아주 많이 볼 수 있다.

A: Come on in. Can I get you a drink?

B: I'd like a beer if you have one.

A: 들어와. 마실 것 좀 갖다줄까?
B: 맥주 있으면 좀 줘.

Is that a yes or a no?
예스야, 노야?

상대방이 아직 결정을 내리지 못하고 망설일 때 다그치는 표현.

A: We're going to a movie tonight. Do you want to go?

B: Hmm... It would be fun.

A: Well, is that a yes or a no?

A: 우리 오늘 밤에 영화 볼 건데. 같이 갈래?
B: 음… 재미있겠다.
A: 그래서, 같이 간다는 거야 안간다는 거야?

Could [Will, Can] you hold?
잠시 기다리세요

전화를 끊지 않고 기다리겠냐고 물어보는 표현.

A: Is Mr. Kincaid in?
B: He's on the other line. Can you hold?

A: 킨케이드 씨 있나요?
B: 다른 전화를 받고 계십니다. 기다려 주시겠어요?

Can I get you something?
뭐 좀 사다줄까?, 뭐 좀 갖다줄까?

get sb sth은 …에게 그냥 있는 것을 갖다 주거나 혹은 사서 주는 것을 뜻한다.

A: Can I get you some coffee?
B: Yes. De-caff, please.

A: 커피 좀 갖다드릴까요?
B: 네. 카페인 없는 걸로요.

How may I help you?
어떻게 도와드릴까요?

What can I do for you?(뭘 도와드릴까요?)와 더불어 상대방에게 도움을 주려고 할 때 쓰는 전형적인 표현.

A: Is this the marketing department?
B: It sure is. What can I do for you?

A: 여기가 마케팅 부서인가요?
B: 그렇습니다. 무엇을 도와드릴까요?

I have no idea
몰라

I don't know의 훌륭한 대용표현. 단독으로 쓰거나 자신이 모르는 내용을 뒤에 구체적으로 이어 줄 수도 있다.

A: Do you know what I mean?
B: Actually, I have no idea what you are talking about.

A: 무슨 말인지 알겠어?
B: 실은 무슨 얘긴지 모르겠어.

I don't know about that
글쎄

상대의 의견에 명확한 의견이나 공감을 말하지 못할 때.

A: I'll bet the Rangers will make it to the World Series this year.
B: I don't know about that.
A: 올해 레인저스 팀은 틀림없이 월드 시리즈에 진출할 거야.
B: 글쎄.

Talk to you soon
또 걸게, 다음에 통화하자

전화를 끊을 때 하는 말로 「다음에 다시 전화하겠다」는 뜻. 이외에도 전화를 끊을 때 하는 인사말로는 (It's) Good talking to you 등이 있다.

A: I gotta go now, Brett. Let's try to keep in touch more.
B: Sounds good. I'll talk to you soon.
A: 이제 끊어야겠다, 브렛. 좀더 자주 연락하고 지내자.
B: 좋지. 다시 전화할게.

Give me a call
전화해

물론 동사 call로도 전화하다라는 의미가 되지만 동사구를 좋아하는 네이티브의 습성상 give sb a call이 아주 많이 쓰인다.

A: Give me a call if you want to do something this weekend.
B: Okay.
A: 이번 주말에 뭔가 하고 싶으면 나한테 전화해.
B: 알았어.

You look great!
너 멋져 보인다!

상대방이 멋져보인다고 할 때 쓰는 표현. You look good이라고 해도 된다.

A: Barry! You look great! How have you been all these years?
B: I've been great. How about you?
A: 배리! 좋아보이는구나! 요 몇년 동안 어떻게 지냈냐?
B: 잘 지냈어. 넌?

You're (very) welcome
천만에요

고맙다는 인사에 대한 가장 전형적인 대답. Not at all, Don't mention it 그리고 It's no trouble at all 등이 있다.

A: Thank you for inviting us to your Christmas party. It was fun.

B: **You're very welcome.** I hope you can come again next year.

A: 크리스마스 파티에 저희를 초대해주셔서 감사합니다. 즐거웠어요.
B: 별 말씀을요. 내년에 또 와주세요.

(It's) My pleasure
도움이 됐다니 내가 기쁘네요

상대방이 감사하다고 할 때 답하는 한 문장. 도움을 줘서 내가 기쁘다는 말로 The pleasure is mine이라고 해도 된다.

A: Thank you for the great birthday gift, Uncle Mike.

B: **My pleasure.**

A: 멋진 생일 선물 고맙습니다, 마이크 삼촌.
B: 천만에.

Listen to me
내 말 좀 들어봐

상대방에게 내가 앞으로 하는 이야기에 관심을 갖고 「잘 들어보라고」(emphasizing that you want people to give their attention to what you are saying) 주의를 환기시키는 표현이다.

A: **Listen to me.** Don't worry about that, okay? Nothing is gonna happen.

B: How can you be so sure?

A: 내 말 들어봐. 그 문제 걱정하지마, 알았어? 아무 일 없을거야.
B: 어떻게 그렇게 확신하는거지?

Sort of
어느 정도는, 다소

미드에서는 sorta라 표기도 하는 것으로 약간이라는 의미로 쓰인다. kind of도 같은 맥락.

A: Was Professor Roberts' test very difficult?

B: **Sort of.** Most students got C's or D's.

A: 로버츠 교수님 시험 아주 어려웠니?
B: 그런 편이지. 대부분 C나 D를 받았어.

I don't think so
그런 것 같지 않은데

상대방의 말에 동의할 수 없을 때「내 생각은 그렇지 않은데」라며 조심스럽게 그리고 부드럽게 동의하지 않는다는 의사를 표시하는 말.

A: Are we going to have to work on Christmas Day?
B: **I don't think so.** Last year we didn't have to.

A: 크리스마스에 일을 해야 하는 거야?
B: 아닐걸. 작년엔 그럴 필요 없었잖아.

Absolutely
물론이죠

한 단어로 만드는 문장. 상대방의 말에 전적으로 동의한다는 의미이다. 비슷한 표현으로는 Definitely, Certainly가 있고 반대문장으로 만들려면 뒤에 not만 붙이면 된다.

A: Are you sure you want to travel to Europe?
B: **Absolutely.** I want to learn more about European cultures.

A: 유럽으로 여행을 가고 싶은 거 맞아?
B: 그렇고 말고. 유럽문화에 대해 더 많은 걸 배우고 싶어.

I don't care (about it)
상관없어

상대방의 부탁, 제안에 대해 승낙하며 "상관없어"라고 말할 때 사용한다.

A: She said that she expects you to be fired soon.
B: **I don't care.** I never enjoyed working here anyhow.

A: 그 여자가 네가 곧 해고됐으면 한다고 말했어.
B: 신경안써. 어쨌든 나도 여기서 일하는 거 좋아한 적이 없으니까.

So what?
그래서 뭐가 어쨌다고?

자기는 아무런 상관이나 관련이 없다고 강조하는 표현으로 What of it?(그게 어쨌다는거야?)이라고 해도 된다.

A: Guess what? It's raining out.
B: So what?
A: So we can't go to the beach, that's what.

A: 그거 알아? 지금 밖에 비가 와.
B: 그게 뭐 어쨌다구?
A: 그럼 우리 바닷가에 못 가잖아. 그게 문제라니까.

Not likely
그럴 것같지 않은데

반대로 "아마도 그럴거야"라고 말하려면 Most likely라고 하면 된다.

A: I guess that you would like to have your own business someday.
B: Not likely. That would be very stressful.

A: 넌 언젠가 네 사업을 하고 싶어 할거야.
B: 그렇진 않을거야. 그게 얼마나 스트레스를 받는데.

Good luck to you
행운을 빌어, 다 잘 될거야

상대방에게 행운을 빌어줄 때 쓰는 아주 기본적인 표현이다.

A: Today I will be starting university for the first time.
B: Good luck to you. Remember to always do your best.

A: 나 오늘 대학생활 처음 시작해.
B: 행운을 빌어. 언제나 최선을 다하는 거 명심하구.

Excuse me
실례 좀 하겠습니다

상대방에게 실례를 사전에 구할 때 사용하는 것으로 끝을 올려 Excuse me?하면 상대방에게 다시 말해달라고 하는 요청의 문장이 된다.

A: Excuse me. I need to get past you.
B: Oh, I'm sorry. I didn't know I was in the way.

A: 실례합니다. 좀 지나갈게요.
B: 어, 죄송해요. 길을 막고 있는 줄은 몰랐어요.

Carry on
계속해

carry on하면 뭔가 계속하는 것을 뜻하는 동사구로 계속하는 것을 말하려면 carry on+명사 혹은 carry on ~ing의 형태로 써주면 된다.

A: Sir, would you like me to give you a tour of the factory?
B: No, just carry on working as usual.
A: 제가 공장을 구경시켜드릴까요?
B: 아뇨, 평소대로 계속 일이나 하세요.

Go on
그래, 어서 계속해

하던 일을 계속 하라는 표현이다. 구체적으로 하는 일까지 말하려면 go on with sth, 혹은 go on to+V의 형태로 쓰면 된다.

A: Hey come on, you haven't heard my reason yet.
B: Alright. Go on.
A: 야 그러지 마. 내 변명은 아직 듣지도 않았잖아.
B: 좋아, 어디 해봐.

Could[May] I take a message?
메시지를 전해드릴까요?

반대로 메시지를 남겨도 될까요라고 물어보려면 Can I leave a message?라고 한다.

A: Laura is busy at the moment. Could I take a message?
B: Yes, tell her to call Brenda when she gets a chance.
A: 로라가 지금 바빠서요. 제게 메시지를 남기실래요?
B: 네, 시간 되면 브렌다에게 전화해달라고 해주세요.

Hurry up!
서둘러!

상대방에게 서두르라고 재촉할 때 쓰는 기본적인 표현.

A: Hold on a minute. I have to go to the bathroom.
B: Hurry up! The train leaves in 20 minutes.
A: 잠깐만 기다려. 화장실 좀 가야겠어.
B: 서둘러! 기차가 20분 후에 출발한다구.

Are you (still) there?
듣고 있는 거니?, 여보세요?

전화영어로 상대방이 아직 전화기를 들고 통화중인지 확인이 필요할 때 사용하는 문장이다. 상대방이 한참동안 말이 없거나 혹은 전화연결상태가 좋지 않을 때 사용하면 된다.

A: Hello. Are you still there?
B: Yes. Sorry. I am in the subway so my phone isn't working well.
A: 여보세요. 듣고 있니?
B: 응. 미안해. 지하철 안이라 전화가 잘 안돼.

Have (much) fun
즐겁게 지내

상대방과 헤어지면서 즐건 시간을 보내라고 하는 것으로 강조하려면 fun 앞에 much를 집어넣으면 된다.

A: We're going to the Christmas party now. See you in a little while.
B: Okay. Have fun.
A: 우린 이제 크리스마스 파티에 가는 중야. 조금 후에 봐.
B: 알았어. 재미있게 보내.

I am glad to hear it
그것 참 잘됐다, 좋은 소식이라 기쁘다

뭔가 기쁜 소식을 듣고 좋아서 말하는 문장.

A: The landlord is going to put a new heater in the apartment.
B: I'm glad to hear it.
A: 집주인이 아파트에 새 히터를 설치할거야.
B: 듣던 중 반가운 소리네.

Lucky for you
너 다행이다

상대방에게 좋은 일이 생긴 것을 알고서 너 참 운좋다라고 할 때 사용하면 된다.

A: Did he give us homework? Oh, I didn't realize that!
B: Lucky for you, the teacher is absent today.
A: 숙제 내줬었니? 이런 몰랐네!
B: 너 운 좋다. 선생님 오늘 안나오셨어.

I don't feel like it
사양할래

뭔가 하기 싫을 때 그래서 상대방의 제안을 거절할 때 I don't feel like ~ing 혹은 간단히 I don't feel like it이라고 하면 된다.

A: Let's go out for pizza tonight.
B: No, I don't feel like it.
A: 오늘 저녁에 나가서 피자 먹자.
B: 아니, 난 사양할래.

I'd have to say no
안되겠는데

정중히 거절하는 표현법으로 I'd는 I would의 축약형이다.

A: Do you think you will be home for Christmas?
B: Unfortunately, I'd have to say no.
A: 크리스마스에 집에 올 거니?
B: 안타깝게도 안될 것 같아.

What should I do?
어떻게 해야 하지?

난감하고 당혹스러운 상황에서 「도대체 어떻게 해야 되는거지?」란 의미로, 그리고 좌절과 체념의 상황에서는 「아… 난 어쩌란 말인가!」란 의미로 쓰인다.

A: You look so depressed. What's wrong with you?
B: Samantha said she wanted to break up with me. What should I do?
A: 너 기분이 안좋아 보인다. 무슨 일 있어?
B: 사만다가 나하고 헤어지고 싶대. 어떻게 해야 하지?

I don't know what to do
어떻게 해야 할지 모르겠어

어떻게 해야 할지 몰라 난감한 상황에 처했을 때 사용하면 된다.

A: I don't know what to do. I borrowed $100 from my friend and now I can't pay her back.

B: That's too bad.
A: 어떻게 해야 할지 모르겠어. 친구한테 100달러를 빌렸는데 당장 돈을 갚을 수가 없거든.
B: 저런.

I'm doing OK
잘 지내고 있어

do okay는 잘 지내고 있다는 표현. OK 혹은 okay라고 표기해야 한다.

A: How are you doing?
B: I'm doing OK. What's new with you?
A: 어떻게 지내?
B: 잘 지내고 있지. 넌 뭐 좀 새로운 일 있냐?

Who do you work for?
어디서 일해?

Who do you work for?에서는 Who가 동사구 work for의 목적어로 사용되었고, 의미는 누구를 위해 일하냐, 즉 어디서 일하냐라는 문장이다.

A: Who do you work for?
B: I work for Gladstone, Inc.
A: 어디서 일하세요?
B: 글래드스톤 주식회사에서 일해요.

Here's to you!
당신을 위해 건배!, 너한테 주는 선물이야!

참고로 Here's to your marriage하면 "네 결혼을 위하여"라는 의미가 된다.

A: To my best friend, on her wedding day. Here's to you.
B: Thank you. I'm so happy you are all here.
A: 내 가장 친한 친구의 결혼을 축하하며. 건배.
B: 고맙습니다. 다들 와주셔서 정말 기뻐요.

Bottoms up!
위하여!

바닥(bottom)까지 들어올려서 마시자라는 말로 우리말화된 원샷과 의미가 동일하다.

A: Alright everyone, bottoms up!

B: Waitress! Can you get us another pitcher of beer?

A: 자 여러분, 건배!
B: 웨이트리스! 맥주 피쳐 하나 더 줄래요?

I have nothing to do with this
난 아무 관련이 없어, 난 상관없는 일이야

반대는 have something to do with~ 혹은 have to do with~라고 한다.

A: Sir, what's going on here? Why are you fighting?

B: I have nothing to do with this.

A: 손님, 무슨 일입니까? 왜들 싸우시는 거지요?
B: 저는 아무 상관 없어요.

What's the hurry?
왜 그렇게 서둘러?, 왜 이리 급해?

뭐 때문에 서두르냐고 물어보는 것으로 비슷한 표현으로는 Where's the fire?(어디 불났어?)가 있다.

A: You need to get married before you get too old.

B: What's the hurry? I'm still young.

A: 너무 나이들기 전에 결혼해야 돼.
B: 급할 거 뭐 있어. 난 아직 젊은데.

I'll give you a ride
태워다 줄게

give sb a ride는 누군가를 자동차 또는 다른 운송수단으로 태워다 줄(take someone somewhere in a car or on a motorcycle) 때 사용하는 표현이다.

A: I need to go to the library.

B: I'll give you a ride. I have to go near the library anyway.

A: 도서관에 가야 돼.
B: 내가 태워다줄게. 도서관 근처로 가야 하거든.

You'll see
곧 알게 될 거야, 두고 보면 알아

앞으로 일어날 일에 대한 자신의 말이 맞게 될거라는 확신 하에 할 수 있는 말이다.

A: You'll never get into Harvard. You just aren't smart enough.

B: You'll see. I'm going to go to Harvard some day.

A: 넌 절대 하버드 대학에 들어갈 수 없을걸. 별로 똑똑하지 않잖아.
B: 두고봐. 난 언젠가 하버드에 입학하고 말 거라구.

You (just) wait and see
두고보라고

역시 같은 맥락으로 앞으로 자신이 말한 것처럼 될거라는 자신감을 갖고 하는 문장이다.

A: Are you sure you can do it?

B: You just wait and see. I'm gonna be a big star!

A: 자네 정말로 할 수 있겠나?
B: 지켜봐주세요. 전 대스타가 될테니까요!

It was my mistake
내 잘못이에요

mistake 대신에 fault를 써도 된다. 구어체에서는 단순하게 My bad라고도 한다.

A: Who erased my files from the computer?

B: My mistake! I thought they were old files.

A: 이 컴퓨터에 있던 내 파일들을 지운 게 누구야?
B: 내 실수야! 옛날 파일들인 줄 알았지 뭐야.

A: You don't have to say you're sorry.

B: Sure I do. It was all my fault.

A: 미안하단 말은 할 필요 없어요.
B: 어떻게 그래요. 이게 다 제 잘못인데.

(Do you) Want some more?
더 들래요?

뭔가 상대방에게 더 권할 때 사용하는 표현으로 Do you는 생략되기도 한다.

A: That was great. Your cooking is always delicious.

B: That's nice of you to say. Do you want some more?

A: 맛있어. 당신 요리는 늘 끝내준다니까.
B: 그렇게 말해주니 고마워. 좀 더 먹을래?

Section 02 미드로 영어공부하기 **171**

That's enough!
이제 그만!, 됐어 그만해!

상대가 듣기 싫은 소리를 넌더리 날 정도로 계속할 때 더 이상 참지 못하고 내뱉는 말. 한편 음식을 권하는 문맥에서는 「배가 부르다」라는 뜻.

A: Dad, Kate keeps hitting me in the head!
B: That's enough! You children stop fighting while I'm driving!
A: 아빠, 케이트가 자꾸 내 머리 때려!
B: 그만 좀 해! 아빠가 운전하고 있을 땐 싸우지 말란 말야!

I've had enough of you
이제 너한테 질렸어

of 다음에 사람이 아니라 it을 써서 I've had enough of it하게 되면 "이제 그만 좀 해라," "그 정도면 충분하니 그만 해"라는 말이 된다.

A: This is the third time I've caught you lying. I've had enough of you!
B: Please Glenda, give me one more chance.
A: 거짓말하다 걸린 게 이번이 세번째야. 너한테 질려버렸어!
B: 글렌더, 제발 한번 더 기회를 줘.

I am sick of this
진절머리가 나

sick은 아프다, 토하다라는 기본의미 외에도 지겹다(be tired)라는 뜻으로도 쓰인다.

A: It's rained every day of our vacation. I'm sick of this.
B: Yeah, I wanted to spend some time lying on the beach.
A: 휴가인데 매일 비야. 지긋지긋해.
B: 맞아, 해변에 좀 누워있고 싶었는데.

I really appreciate this
정말 고마워

감사의 마음이 차고 흘러 넘쳐 Thank you나 Thanks로는 모자랄 때, 혹은 좀더 정중하게 말하고 싶을 때에 appreciate을 이용한다. appreciate은 「감사히 여기다」라는 타동사로 목적어를 필요로 한다는 것에 유의하자.

A: Thanks for the help. I really appreciate this.
B: It's no problem.
A: 도와줘서 고마워. 정말 고맙다.
B: 별일 아닌걸 뭐.

I have (got) to go
이제 가봐야겠어, 이제 끊어야겠어

have to, have got to 등의 표현을 사용하여 가야 되는 상황을 완곡하게 나타낸다. 전화를 끊으려고 할 때도 사용할 수 있는 말이다.

 A: I gotta go now. My wife is waiting for me.
B: Okay, I will see you tomorrow afternoon.
A: 이제 가야겠어. 아내가 날 기다리고 있어.
B: 그래. 내일 오후에 보자.

What's going on?
무슨 일이야?

여기서 go on의 뜻은 happen이다.

 A: Hey Scott, what's going on?
B: I'm just trying to add some programs to my computer.
A: 스캇, 무슨 일이야?
B: 그냥 내 컴퓨터에 프로그램 좀 깔려고 하고 있어.

I didn't know that
모르고 있었지 뭐야

상대방의 정보에 대해 관심과 흥미를 나타내는 표현이다.

 A: Well, you know, Julia and I used to go out.
B: Oh, I didn't know that.
A: 음, 있잖아, 줄리아하고 난 예전에 사귀었어.
B: 어, 몰랐어.

What do you think?
네 생각은 어때?, 무슨 말이야?, 그걸 말이라고 해?

단순히 상대방의 의견을 묻거나 혹은 상대방이 형광등이어서 질책할 때 사용된다.

A: Wow! Did you get your hair done?

B: Yeah. What do you think?

A: 이야! 너 머리 했구나?
B: 응. 어떤 것 같아?

How about you?
네 생각은 어때?

상대방의 생각이나 의견을 물어보는 가장 간단한 표현.

A: I think I'd rather go to the beach this weekend than go hiking. How about you?

B: Either one sounds good to me.

A: 이번 주말에 등산보다는 해변에 가는 게 나을 거 같아. 네 생각은 어때?
B: 난 둘 다 좋아.

What for?
왜요?

상대방에게 이유를 물어보는 것으로 For what?이라고 해도 된다.

A: Hey, gimme five!

B: What for?

A: We just won the lottery!

A: 이봐, 손뼉치자!
B: 뭣 땜에?
A: 우리 복권에 당첨됐어!

(Are) You all right?
괜찮아?

상대방이 좋지 않은 일을 당했거나 표정이 어둡고 근심 걱정이 있어 보일 때 상대방이 괜찮은지 (well and safe) 걱정하며 물어보는 표현.

A: You look a little weird. You all right?

B: I'm fine. I'm just a little sleepy.

A: 너 좀 이상해보인다. 괜찮은 거야?
B: 난 괜찮아. 조금 졸린 것 뿐이야.

Think nothing of it
마음쓰지 마요

상대방이 너무도 감사해하거나 미안해할 때 이렇게 말해주는 것이 아량있는 사람들의 예의. 「그것에 대해 아무 것도 생각하지 마세요」 즉, 그 정도 도와준 것 혹은 실수한 것은 아무것도 아니니 「마음쓰지 말라」는 의미의 표현이다.

A: Thank you for helping me.
B: **Think nothing of it.** That's what friends are for.
A: 도와줘서 고마워.
B: 별거 아닌 걸 뭐. 그래서 친구가 있는 거지.

I'm talking to you!
내가 하는 말 좀 잘 들어봐!

자신의 말에 집중을 하지 않는 상대에게 주의를 기울이라고 하는 말.

A: **I'm talking to you!** Answer me!
B: I'm not going to answer until you show me some respect.
A: 내 말 좀 잘 들어! 대답을 하라구!
B: 날 존중하고 있다는 걸 보여주기 전까진 대답 못해요.

That's a good point
좋은 지적이야, 맞는 말이야

point는 사물의 핵심, 말의 요지를 뜻하는 단어로 That's a good point라고 하면 상대방의 말이 일리가 있다고 맞장구치는 표현이 된다.

A: If you fail this class, you won't graduate.
B: **That's a good point.** I'd better study hard.
A: 너 이 과목을 통과하지 못하면 졸업못해.
B: 그 얘기 맞는 말이야. 열심히 해야 돼.

Let me tell you something
내가 하나 말할 게 있는데, 정말이지

뒤에 안좋은 이야기나 진지한 이야기를 꺼낼 때, 특히 화자가 「자기주장」이나 「자기입장」 그리고 「속마음」 등을 털어놓는 상황에서 말 첫머리에 사용한다.

A: **Let me tell you something,** I'm really tired of working for such a low salary.

B: So what? Are you planning to quit this job?

A: 말씀드릴 게 있는데요, 전 이렇게 낮은 봉급을 받고 일하는 게 정말 진저리가 납니다.

B: 그래서 뭐 어떻다는 건가? 그만 두겠다는 건가?

I have to tell you (something)
정말이지, 할 말이 있어

진지하게 상대방에게 뭔가 할 얘기가 있다고 말을 꺼낼 때 사용하는 표현.

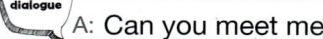

A: Can you meet me later?

B: No, it's very important. I have to tell you something.

A: 나중에 보면 안될까?

B: 안돼, 이거 아주 중요해. 꼭 할 말이 있단 말야.

You won't believe this
이거 믿지 못할 걸

뭔가 놀라운 소식을 상대방에게 전할 때 시작하는 문장이다.

A: You won't believe this, but I just saw Brad Pitt walking down the street.

B: Oh, come on. I think you must be mistaken about that.

A: 믿지 않겠지만, 길거리에서 브래드 피트 걸어가는 거 봤어.

B: 야, 왜이래. 너 뭔가 잘못봤겠지.

I was just wondering
그냥 물어봤어

상대방에게 어떤 질문을 하고 나서 그것이 별다른 의도없이 단순한 호기심에서 물은 질문이었다고 말하는 표현. 때로는 I was (just) wondering if you could ~의 형태로 「…를 해주시겠어요?」 하며 상대방에게 부탁하는 말이 되기도 한다.

A: What's your hometown? I was just wondering.

B: I was born in New York.

A: 고향이 어디예요? 그냥 궁금해서요.

B: 뉴욕에서 태어났어요.

I'm just saying (that)
내 말은 단지…라는 거야

자기가 한 말의 의도를 다시 말해주는 친절한 표현.

A: Do you mean to tell me that I need to work overtime this week?
B: I'm just saying that it's really busy, and you may have to stay late sometime.

A: 이번주에 제가 야근을 해야 한다는 말을 하시는 거죠?
B: 난 그냥 그게 아주 급하니까, 나중에 늦게까지 남아서 해야 할지도 모른다는 말을 하는거야.

You're just saying that
그냥 해보는 소리지?, 괜한 소리지?

상대방이 사실과 다르거나 맘에 없는 말을 한다고 생각할 때 찔러볼 수 있는 문장이다.

A: You look more beautiful than I've ever seen you.
B: You're just saying that, but thank you for the compliment.

A: 너 내가 봤던 중에서 가장 예쁜 거 같다.
B: 그냥 해보는 소리지? 그래도 칭찬 고마워.

You know what I mean?
무슨 말인지 알겠어?, (평서문) 너도 알겠지만

상대방이 내 말을 이해했는지 혹은 나와 같은 생각인지 물어볼 때 쓰는 표현. 한편 평서문으로 문두에 나올 때는 「너도 알겠지만」, 「너도 알잖아」의 의미로 자기가 앞으로 하는 말에 대해 상대방의 동의를 구하는 표현이다.

A: I think you and Bob argue too much.
B: Yeah, but we still like each other a lot. You know what I mean?

A: 너랑 밥하구 너무 많이 다투는 것 같다.
B: 응, 그래도 우린 서로 너무 좋아해. 무슨 말인지 알지?

What are you talking about?
무슨 소리야?

상대방 이야기가 무슨 말인지 정말 모를 때 혹은 상대방이 말도 안되는 어처구니 없는 말을 할 때 던질 수 있는 표현이다.

A: I can't believe you were flirting with that guy all night.
B: What are you talking about? We were just chatting about school.

A: 밤새 그 애와 시시덕거렸다는 걸 믿을 수가 없어.
B: 무슨 말을 하는 거야? 우린 학교에 대해 얘기하고 있었을 뿐인데.

I'm not sure what you mean
무슨 말인지 모르겠어

상대방 말의 진의를 파악하지 못했을 때.

A: We have to consider this experiment a failure.
B: **I'm not sure what you mean.** It seemed successful to me.

A: 이 실험은 실패했다고 봐야겠어.
B: 무슨 말인지 모르겠네. 내가 보기에는 성공적인 것 같은데.

I can see that
알겠어, 알고 있어요

상대방이 말을 하기 전에 분위기상 이미 예상하고 있는 상황 하에서 쓸 수 있는 표현. 네가 말하는 걸로 보나, 아님 상황상 그럴거라고 생각했다라는 뉘앙스를 풍긴다. I can see that S+V하게 되면 …이구나라는 뜻.

A: **I can see that** he really doesn't like you.
B: I don't know why he doesn't.

A : 보니까 그 사람 널 정말 싫어하는 것 같더라
B : 왜 그러는지 모르겠네.

A: How is your sister doing these days?
B: Just fine. **I can see that** she is excited about going to school.

A: 너희 누나 요즘 어떻게 지내?
B: 그냥 잘 지내. 누난 학교가는 게 기대가 되는 것 같아.

I get your point
무슨 말인지 알아들었어, 알겠어요

상대방이 말하는 포인트(point)를 이해했다(get)는 문장이다.

A: We need to clean this place up. It's a mess.
B: **I get your point.** Let's get started.

A: 여기 좀 치워야겠다. 아수라장이야.
B: 알겠어. 시작하자고.

I know what you're saying
무슨 말인지 알아

상대방이 말한 내용을 혹은 그 의도를 알겠다는 말.

A: Gosh, the girls here are really gorgeous.
B: I know what you are saying. It's a great place to come and look.
A: 와, 여기 여자들 정말 끝내준다.
B: 그러게나 말야. 와서 둘러 보기에는 좋은 곳이지.

How can you say that?
어떻게 그렇게 말할 수 있냐?

상대방이 어처구니 없는 혹은 이해가 안되는 말을 할 때 되던지는 표현이다.

A: I hate math and never want to study it again!
B: How can you say that? Studying math is essential to enter a good university.
A: 난 수학이 싫어. 다시는 수학공부 하고 싶지 않아.
B: 어떻게 그런 말을 할 수 있니? 좋은 대학에 들어가려면 수학공부는 필수라구.

What's your point?
요점이 뭔가?, 하고 싶은 말이 뭔가?

이번에는 포인트(point)가 무엇인지 물어볼 때 사용한다.

A: I really don't think you are reaching your true potential.
B: What's your point? Do you think I need to get a better job?
A: 난 네가 너의 진정한 잠재적 능력을 발휘하고 있다고 전혀 생각하지 않아.
B: 말의 요지가 뭐야? 내가 좀 더 괜찮은 일을 해야 한다고 보는 거니?

I feel the same way
나도 그렇게 생각해

상대방과 공감한다고 할 때 쓰면 좋은 표현이다.

A: I think it's time for lunch.
B: I feel the same way. I'm starved.
A: 점심을 먹으러 갈 시간이 된 것 같은데.
B: 나도 그렇게 생각해. 배고파 죽겠어.

I have no problem with that
난 괜찮아요

상대방이 말하는 내용에 다른 사람은 몰라도 「자신은 별 불만없다」는 것으로 동의 내지는 수락의 의미.

A: We would like to start the meeting at 10 am tomorrow.
B: I have no problem with that. I'll make sure my presentation is ready.
A: 내일 오전 10시에 회의를 시작하려고 합니다.
B: 전 괜찮아요. 제 프리젠테이션 준비를 확실히 해놓겠습니다.

It makes no difference to me
상관없어

"나에겐 아무 상관없다"(It doesn't change my situation)는 뜻으로 하는 말이다.

A: What do you want to do tonight?
B: It makes no difference to me. I am flexible.
A: 오늘밤엔 뭐할래?
B: 뭘 해도 상관없어. 나는 다 괜찮거든.

It doesn't matter to me
난 아무래도 상관없어

I don't care와 같은 문장으로 여기서 matter는 자동사로 중요하다, 상관있다라는 의미이다.

A: What restaurant would you like to go to?
B: It doesn't matter to me. I'm really hungry.
A: 어느 식당 가고 싶니?
B: 아무데나 괜찮아. 너무 배고파서 말야.

It's up to you
네가 결정할 일이야

여기서 be up to는 「…가 책임질 일이다」(be the responsibility of)라는 의미. 어떤 일에 대해 한발짝 물러나 「네 맘대로 해」(whatever you think)라고 책임이나 결정권을 상대방에게 떠넘기는 말이 된다.

A: What would you like to do tonight?

B: **It's up to you.** I don't have any special plan.

A: 오늘밤에 뭐 할거니?
B: 너한테 달렸어. 난 특별한 계획이 없거든.

Believe me
정말이야

강조하려면 Believe you me라고 하면 된다.

A: Are you sure that they will hire you for the job?
B: **Believe me,** I'm the best person that their company will be able to find.

A: 그 자리에 고용될 거라고 자신하는 거야?
B: 내 말을 믿으라구, 그 회사에서 아무리 찾아봐도 나 만큼 훌륭한 사람은 없지.

Is this some kind of joke?
장난하는거지?

상대방이 무리한 요구를 하거나 말도 안되는 말을 할 때 요긴한 표현이다.

A: I'm sorry to tell you this, but you must leave this apartment within 30 days.
B: **Is this some kind of joke?** I have a contract to rent here.

A: 이런 말 하게 돼서 미안한데요, 30일 안에 이 아파트를 비워줘야겠어요.
B: 농담하시는 거죠? 여기 임대 계약서가 있는데요.

Take my word for it
진짜야, 믿어줘

내가 하는 말을 거짓이 아니라 진심이니 믿어달라고 할 때.

A: **Take my word for it,** he's the best in the business.
B: Maybe I'll give him a try.

A: 진짜야. 그 사람이 그 업계에서는 제일이라니까.
B: 기회나 한번 줘보지.

You have my word
내 약속하지

여기서 word는 약속, 즉 promise와 같은 말이다. I give you my word(약속할게)도 같은 의미.

A: We'll deliver your supplies by noon tomorrow. You have my word.

B: Good. It's important that they arrive as soon as possible.

A: 내일 정오까지 물품을 배달해드리겠습니다. 약속합니다.
B: 좋아요. 가능한 한 빨리 도착하는 것이 중요해요.

You can trust me
믿어봐

그냥 단순히 Trust me라고 해도 된다.

A: Are you sure this car is in good condition?

B: You can trust me. I'd never sell a car that I thought had serious problems.

A: 이 차의 상태가 좋은 게 확실하죠?
B: 제 말을 믿으셔도 됩니다. 저는 문제가 심각한 차를 절대 팔지 않습니다.

How should I know?
내가 어떻게 알아?

도시 모르는, 도저히 알 턱이 없는 어떤 일에 대해 상대방이 물어보는 경우에 사용하면 된다. 물론 짜증섞인 말투로 나오는 경우가 빈번하다.

A: Where should I send this paperwork?

B: How should I know? I wasn't working on that project.

A: 이 서류를 어디로 보내야 하죠?
B: 내가 어떻게 알아요? 난 그 일을 하지도 않았는데.

Not that I know of
내가 알기로는 그렇지 않아

단순히 no하는 것보다는 겸손한 표현. 즉, 「아니긴 아닌데 정확히는 모르겠다」는 의미이다. 그자체로도 완벽한 문장이지만 뒤에 I'll go and check, I'll go make sure 등의 부연문장이 이어지기도 한다.

A: Did anyone call for me when I was out of the office.

B: Not that I know of. It's been quiet today.

A: 제가 나가있을 때 저한테 온 전화 있었나요?
B: 제가 알기로는 없는데요. 오늘은 조용했어요.

I am not sure about that
그건 잘 모르겠는데

모른다고 허구헌날 I don't know만 외치지 말자.

A: She was saying that Susan and Ed may be getting a divorce soon.
B: I'm not sure about that. I saw them yesterday and they looked very happy.

A: 그 여자가 그러는데 수잔과 에드가 곧 이혼을 할거래.
B: 난 잘 모르겠어. 어제 걔네들 봤는데 아주 행복해 보이던데.

What's the matter with you?
무슨 일이야?, 도대체 왜그래?

상대방에게 「안 좋은 일 있었냐」, 「어디 아프냐」고 물어보거나 혹은 상대방이 바보같거나 이해할 수 없는 행동을 할 경우에 「왜 그러냐」고 물어보는 표현.

A: You've made five simple mistakes this morning. What's the matter with you?
B: I don't know. I can't seem to concentrate.

A: 오늘 아침에 간단한 일을 다섯번이나 실수했어. 무슨 일이니?
B: 모르겠어. 집중을 할 수가 없어.

What's the problem?
무슨 일인데?

상대방에게 뭔가 문제가 있어 보일 때 혹은 병원에서 "어디 아프냐?"라고 할 때 사용하면 된다.

A: Waiter! Come here for a moment!
B: What's the problem ma'am? Is the food OK?

A: 웨이터! 잠깐 이리 와봐요!
B: 무슨 일이십니까? 음식이 이상합니까?

What's wrong (with you)?
무슨 일이야?, 뭐 잘못됐어?

상대방의 언행에 문제가 있을 때 넌 도대체 왜 그러냐라고 질책하는 표현이다.

A: When Sandy called, I told her she could just go to hell.

B: What's wrong with you? That's a terrible thing to say.

A: 샌디가 전화했을 때, 지옥에나 가라고 했어.
B: 왜 그랬어? 그런 끔찍한 말을 하는 게 아냐.

Let's get[keep] in touch!
연락하고 지내자!

get[keep] in touch는 「계속 연락하다」(contact constantly)라는 뜻으로 「제안」을 나타내는 let's와 함께 어울려 「서로 연락을 주고 받자」라는 표현으로 애용된다. 반대로 「연락을 끊다」는 lose touch라고 한다.

A: I hear you will be moving away soon. Let's keep in touch.
B: OK. Would you like me to give you my new address?

A: 이사할 거라면서. 계속 연락하고 지내자.
B: 좋아. 새 주소 줄까?

Let's get together (sometime)
(조만간) 한번 보자

놀려고 친구들끼리 아는 사람들끼리 만나는 것은 get together라 하며, 명사 get-together하면 캐주얼한 만남이라는 뜻이 된다.

A: If you're not too busy, let's get together sometime.
B: I don't know. My schedule is pretty full over the next month.

A: 많이 바쁘지 않으면 언제 한번 만납시다.
B: 글쎄요. 다음달까진 제 일정이 꽉 차 있어서요.

Can you give me a hand?
좀 도와줄래?

우리도 '손'이 도와주는 사람, 즉 「도움」을 뜻하듯 영어에서도 give me a hand하면 「도와달라」는 의미가 된다. 특히 hand는 어떤 추상적인 부탁보다는 구체적 혹은 현장에서 물리적인 힘을 이용한 도움이란 뜻으로 많이 사용된다.

A: Those books look like they're heavy.
B: Can you give me a hand with them?

A: 그 책들 무거울 것 같은데.
B: 같이 좀 들어줄래?

That's not the point
핵심은 그게 아니라고

열심히 설명을 했는데 상대방이 못알아듣거나 딴소리할 때, 「내가 말하려고 하는건 그게 아니라니까」(That's not what I mean)라고 사용하는 표현. 상대방 역시 point을 이용해서 「그럼, 무슨 말을 하고 싶은 건데?」라는 뜻으로 What's the point?라고 물어볼 수 있다.

A: You have a good job, a nice car, and a big apartment.

B: That's not the point. I'm still not very happy.

A: 넌 좋은 직장에, 좋은 차에, 그리고 큰 아파트까지 있잖아.
B: 문제는 그게 아니야. 난 아직도 행복하지가 않다구.

I can't take it anymore
더 이상 못 견디겠어

take는 「참다」, 「견디다」(endure), 「감내하다」란 의미로 I can't take it anymore는 견딜 수 없을 정도로 화가 나는 상황에 절대 필요한 표현.

A: That construction noise has been going on all night. I can't take it anymore.

B: Well, maybe they'll be finished soon.

A: 공사 소음이 밤새도록 계속이야. 더이상 못참아.
B: 저, 아마 곧 끝나겠지.

I just can't stand your friends
네 친구들은 정말 지겨워

can't stand+sb하게 되면 sb가 싫어서 참을 수가 없다고 짜증내는 표현이다. 다시 말해서 I hate sb라는 뜻.

A: I like being alone with you, but I just can't stand your friends.

B: Why not? They're very nice people.

A: 너랑 둘이만 있고 싶어. 네 친구들 지겨워.
B: 왜 그래? 아주 좋은 애들이야.

Don't waste your time
시간낭비하지마, 시간낭비야

가능성이 없거나 쓸모없는 일을 하려는 사람에게 「헛수고 말라」고 충고하는 표현. 또 You're wasting my time이라고 하면 상대방이 말하고자 하는 것에 관심없으니 「그만 이야기하라」는 의미이다.

A: I'd like to invite Vicky out on a date with me.
B: Don't waste your time. She's in love with Chris and not interested in you.
A: 비키한테 데이트 신청하고 싶어.
B: 시간 낭비마. 비키는 크리스랑 사랑에 빠져서 넌 안중에도 없어.

Behave yourself
버릇없이 굴면 안돼(아이들에게), 점잖게 행동해

주로 어른이 아이에게 하는 말로 버릇없이 굴지 말라는 말이다.

A: Hi sweetheart. How about giving me a kiss?
B: Behave yourself. People here are beginning to stare at us.
A: 안녕 자기. 키스해줄테야?
B: 점잖게 굴어. 여기 있는 사람들이 우릴 볼 거야.

We're done for the day
하루 일을 끝냈다, 그만 가자, 그만 하자

하루의 일과를 끝내고 그만 퇴근하자고 할 때 쓰는 표현으로 be gone for the day라고 해도 된다.

A: Is your store still open?
B: No, we're done for the day. Come back tomorrow.
A: 가게 아직 해요?
B: 아니요, 영업 끝났어요. 내일 다시 오세요.

A: It looks as if Jeff has gone for the day.
B: What makes you say that?
A: He shut down his computer and cleared his desk.
A: 제프가 퇴근한 것 같은데.
B: 어째서 그런 소리를 하는 거야?
A: 컴퓨터도 끄고 책상도 깨끗이 치워 놨거든.

Don't take it personally
기분 나쁘게 받아들이진마

상대방의 기분이 상할 만한 이야기를 꺼내면서 「기분 나쁘게 받아들이진 말아 달라」고 운을 떼는 말. 개인적인 감정이 있어서 하는 말은 아니니까, 나쁘게 받아들이지 말라는 의미이다.

A: What did Jesse say about me?

B: **Don't take it personally, but** he said you were incompetent.

A: 제시가 나에 대해서 뭐라고 그래?
B: 기분 나쁘게 받아들이진 마, 제시가 너더러 무능력하대.

(There're) No hard feelings (on my part)
악의는 아냐, 기분 나쁘게 생각하지마

자기가 하는 말에 악의가 없음을 어필하면서 불필요한 오해를 막는 표현이다.

A: I apologize. I didn't mean to insult you.
B: It's OK. **No hard feelings.**

A: 사과드릴게요. 당신을 모욕할 생각은 아니었어요.
B: 괜찮아요. 악의는 아닌데요 뭘.

Don't get me wrong
오해하지마

get sb wrong은 「…의 말을 잘못 이해하거나 그로 인해 기분 나빠하다」(understand someone's remarks in the wrong way)라는 의미로 Don't get me wrong이라고 말하면 「그런게 아니야」, 「날 오해하지마」(Don't misunderstand me)라는 이야기가 된다.

A: Why do you think I'm such a bad person?
B: **Don't get me wrong...** it wasn't you I was referring to.

A: 뭣 때문에 내가 그렇게 나쁜 사람이라고 생각하는 거지?
B: 내 말을 오해하지마… 널두고 한 말이 아니었어.

That's not what I mean
실은 그런 뜻이 아냐

자기의 말이 왜곡되어 오해를 불어 일으켰을 때 바로 잡을 수 있는 문장이다.

A: Are you saying that you're unhappy with my work?
B: No, **that's not what I mean.** But you need to try harder.

A: 제가 한 일이 맘에 안든다는 말씀이신가요?
B: 아니, 실은 그런 뜻이 아니야. 하지만 좀 더 열심히 해야겠어.

What do you mean by that?
그게 무슨 말이야?

상대가 한 말의 의도를 정확히 파악하지 못했을 경우, 혹은 상대의 말에 불만을 토로할 때 사용하면 된다.

A: Lisa seems like an odd type of girl.
B: **What do you mean by that?** We've been friends since elementary school.

A: 리사는 이상한 아이 같아.
B: 그게 무슨 말이야? 우린 초등학교때부터 친구였잖아.

Do you have a problem with that?
그게 뭐 문제있어?

have a problem with sth은 「…에 문제가 있다」, 「이의가 있다」라는 표현으로 특히 「뭐 문제라도있냐?」, 「왜 불만있냐?」라는 뉘앙스로 사용할 수 있다.

A: We want to accept their offer. **Do you have a problem with that?**
B: No, I guess it's OK.

A: 우린 그쪽의 제안을 받아들이고 싶습니다. 뭐 이의 있나요?
B: 아니요. 좋습니다.

What's the difference?
그게 무슨 상관이야?, 그렇다고 뭐가 달라져?

무엇인가를 선택해야 하는 상황이라든가 혹은 어떤 일이 자신에게 미치는 영향에 대해 얘기할 때 어느 쪽이든 「나에겐 아무 상관없다」(it doesn't change my situation)는 뜻으로 하는 표현이다.

A: This new heater is great. **It's gonna make a difference.**
B: Terrific! This apartment has been very cold.

A: 새 히터 좋다. 좀 달라졌겠는데.
B: 끝내주지! 아파트가 너무 추웠거든.

What do you take me for?
사람 어떻게 보고 이래?, 날 뭘로 보는거야?

take A for B는 A를 B로 보는데 주로 잘못보는 경우를 말한다.

A: I'll give you $100 if you come with me to my hotel room.
B: **What do you take me for?** Some sort of prostitute?

A: 나랑 호텔방까지 가면 100달러 주지.
B: 날 뭘로 보는 거예요? 창녀라도 되는 줄 아나보죠?

Mind your own business!
상관 말라구!

시도때도없이 간섭하는 사람에게 거리 유지하라고 따끔하게 던질 수 있는 말.

A: Divorcing your wife is a really stupid idea.
B: This is a private matter. Mind your own business.
A: 이혼하겠다는 건 정말 어리석은 생각이야.
B: 이건 개인적인 문제야. 신경꺼.

It's not that bad
괜찮은데

여기서 that은 지시형용사로 '그렇게,' '그럴 정도로'라는 의미이다.

A: I'm really worried about starting this new job.
B: It's not that bad. You'll do fine.
A: 이번에 시작하는 새로운 일때문에 정말 걱정돼.
B: 괜찮아. 넌 잘 해낼거야.

Everything's gonna be all right
다 잘 될거야

앞으로 상황이 호전되면서 결국에 「좋은 결과로 끝날거」라는, 혹은 「문제가 잘 해결되리라」는 좋은 뜻을 담고 있는 덕담성 표현.

A: I'm very worried about getting a job after I graduate.
B: Everything's gonna be all right. You'll find a company to work for.
A: 졸업 후에 취직 때문에 걱정이 많이 돼.
B: 다 괜찮을거야. 넌 일할 직장을 찾게 될거야.

You have to get used to it
적응해야지

형태상 used to + V(…하곤 했다)와 유사해 시험문제에 단골로 출제되는 get used to + N은 「…에 적응하다」(be accustomed to)라는 뜻. 새로운 환경이나 생활방식에 적응해야 될 거라고 충고하는 표현.

A: How's your new job going?

B: Oh, it was really tough at first but I'm getting used to it.

A: 새로 시작한 일은 어떻게 되어가?

B: 처음엔 정말 힘들었는데, 익숙해지고 있어.

You can't do this to me
이러면 안되지, 이러지마

받아들일 수 없는 언행을 하는 상대방에게 경고하는 혹은 억울한 일을 당하고 나서 하소연하는 문장이다.

A: I'm going to divorce you and take the children with me.

B: What? You can't do this to me! I can't live all alone.

A: 당신이랑 이혼하고 애들은 내가 맡겠어.

B: 뭐라구? 당신 나한테 이럴 순 없어! 난 혼자서는 못살아.

How could you do this[that]?
어쩜 그럴 수가 있니?

상대방이 상식밖의 행동을 했을 때 놀라면서 하는 말.

A: I heard that you started a fight in the bar. How could you do that?

B: I don't know. I guess I was a little drunk.

A: 술집에서 네가 싸움을 걸었다면서. 어떻게 그럴 수가 있니?

B: 몰라. 좀 취했었나봐.

I don't know what to say
뭐라고 말해야 할지

말로 이루 다 표현할 수 없을 정도로 너무나 고마울 때 「뭐라고 해야 할지 모르겠어요」라고 하는데, 여기에 딱 들어맞는 표현이 바로 I don't know what to say이다. 하지만 반드시 고마움의 표시로만 쓰이는 건 아니고 「딱히 뭐라 할 말이 없다」는 의미를 전달하고자 할 때도 두루 쓰는 표현이다.

A: This party is to show our appreciation for you.

B: Thank you. I don't know what to say.

A: 감사의 표시로 파티를 열었어요.

B: 고마워요. 뭐라고 해야 할지.

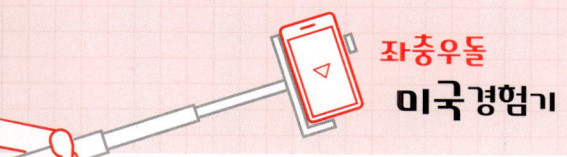

색깔있는 영어

한국어에서도 색으로 감정을 나타내듯이 영어에서도 색으로 감정을 표현할 때가 있다.

▶ 얼굴이 하얗다, 창백하다는

'white'이 아니라 'pale.' 'white'는 백인을 나타내는 단어이고 '얼굴이 하얗다, 창백하다'라고 표현할 때는 'pale'을 쓴다.
You look pale today. (오늘 창백해 보인다.)

▶ blue는 우울하다는 뜻

blue하면 뭔가 하늘을 떠올려 밝고 경쾌한 색이라고 생각할 수도 있지만 영어에서 'blue'는 '우울한'이라는 뜻을 가지고 있다.
"You look blue today"라고 하면 "너는 오늘 우울해 보인다"라는 표현이다.

▶ black은 전망이 어둡다, 비관적이다라는 뜻

'black'은 색에서도 유추해 낼 수 있듯이 전망이 어둡거나 비관적인 표현에 사용된다.
I know things look black right now, but I am sure that they will get better.
(나는 지금 전망이 어둡다는 것을 알지만 좋아질 거라고 생각한다.)

▶ red는 화가 났을 때 사용

He turned red with anger. (그는 화가 나서 빨개졌다)라는 표현이다.

▶ green은 질투를 상징한다.

'green eyed monster'는 질투, 시기를 의미한다.

그 외의 다양한 색을 나타내는 단어들은 무엇이 있을까? 우리는 일반적으로 파란색, 초록색, 빨간색 등 기본적인 색은 영어로 알고 있지만 그 외의 특이한 색은 잘 모른다. 다음 단어를 살펴 보고 한 번 알아두자.

▶ ~ish를 색 뒤에 붙이면 대략적인 색을 나타낸다

yellowish (노르스름한) greenish (초록빛을 띤) pinkish (연분홍색의) grayish (회색빛이 도는)

03
자주 쓰이는 미드패턴

물고기 한 마리를 잡는 것보다 물고기를 잡는 법을 익히는 것이 현명한 장사일 것이다. 이번에는 미드에 자주 나오는 패턴들을 모아본다. 이런 패턴들을 완벽하게 익히고 나면 미드를 볼 때 패턴부분은 먹고 가기 때문에 이점이 있다. 한 가지 주의할 점은 너무 고지식하게 A=B 라고 외우기만 하면 안된다는 것이다. 예로 Why don't you~?를 무조건 상대방에게 제안하는 것으로 알고 있으면 안된다는 것이다. 그냥 단순이 상대방이 왜 …하지 않는 것인지 이유를 물어볼 때도 사용된다는 점이다. 암기는 하되, 뇌에 유연함을 주어야 한다.

Let's start with ~
…부터 시작하자

뭔가 시작할 때 맨처음 언급할 내용을 꺼낼 때 사용하는 문장.

A: I am not very good at math equations.
B: Let's start with the easy stuff.
A: 수학방정식을 잘 풀지 못해.
B: 쉬운 것부터 시작하자.

I'd (just) like to say (that) ~
그러니까 내 말은

자신이 하고 싶은 말을 요약해서 점잖게 말하는 표현법이다.

A: I hope our date was interesting for you.
B: I'd just like to say that I enjoyed it.
A: 우리의 데이트가 너에게 흥미있었기를 바래.
B: 그러니까 내 말은 좋았다는거야.

I told you S + V
그것봐 내가 …라고 했잖아, 내가 …라고 했는데

잘난 척할 때 꼭 필요한 패턴. 내가 전에 미리 예견하고 …하라고 했잖아라는 의미이다.

A: I spoke to Tom about his cheating wife.
B: I told you not to go there. Now he's mad.
A: 탐에게 아내가 바람피고 있다고 말했어.
B: 그 얘기 하지 말라고 했잖아. 이게 걔 엄청 화나잖아.

How come S + V?
어째서 …인 거야?

How come~ 다음에 물어보고 싶은 내용을 S+V의 형태로 이어주면 된다.

A: How come you're late?
B: I got caught in traffic.
A: 어쩌다 이렇게 늦은거야?
B: 차가 밀려서.

I'm calling to + V
···하려고 전화했어

내가 전화한 이유를 댈 때 사용하는 패턴이다.

A: **I'm calling to** talk to Chris in the marketing department.
B: I'm sorry, but he isn't in the office right now.
- A: 마케팅부 크리스와 통화하려고요.
- B: 죄송하지만 사무실을 비우셨는데요.

Let me + V
내가 ···할게

내가 알아서 ···을 해보겠다고 자발적으로 나설 때 혹은 단순히 자기가 ···을 해보겠다고 할 때 사용하면 된다.

A: If it's okay with you I'll take tomorrow off.
B: **Let me** check the schedule.
- A: 괜찮으면 내일 쉬고 싶은데요.
- B: 일정 좀 보고.

Let's go get sth
···를 가지러 가자

Let's go to get ~ 혹은 Let's go and get ~에서 to나 and를 생략한 표현이다.

A: I'm gonna **go get** some chicken. Want some?
B: No thanks. No chicken, bye-bye then.
- A: 치킨먹으러 갈건데 먹을래?
- B: 아냐, 고마워. 치킨은 됐어. 그럼 잘가고.

Why don't you + V?
···하는 게 어때?, 그러지 않을래?

Why don't you+동사?는 문늬는 의문문이지만 실제로는 상대방에게 뭔가 제안을 하는 문장. I want you to+동사원형~과 의미가 비슷하다고나 할까. 또한 변형된 Why don't I ~ ?는 Let me~와, Why don't we~ ?는 Let's~와 각각 같은 뜻의 표현이다.

A: **Why don't you** ask her to join us?
B: I think I will.

A: 재도 함께 하자고 물어봐.
B: 그러려구.

Tell me why S + V
…한 이유를 말해봐

상대방에게 궁금한 점이나 정보를 물어볼 때 요긴하게 사용하는 표현으로 Can[Could] you tell[show] me 의문사 S+V? 혹은 간단히 의문사+to+V형태를 써서 Can[Could] you tell[show] me 의문사 to+V?라 해도 된다.

A: I had to visit my ex-girlfriend.
B: **Tell me why** you went there.
A: 내 여친에게로 가야 했어.
B: 왜 거기에 갔는지 이유를 말해봐.

What makes you think (that) S + V?
어째서 …라고 생각하는 거야?

What makes you + V ~?는 직역하면 무엇(What)이 너(you)로 하여금 …하게 만들었냐?로 결국 형식은 What으로 시작했지만 내용은 이유를 묻는 말로 Why do you+V?와 같은 의미가 된다. 같은 형식으로 What brings you to+장소?라는 표현이 자주 쓰이는데 이는 무엇이 너를 …에 오게 했느냐?, 즉 뭐 때문에 여기에 왔느냐라는 말.

A: Your lifestyle seems to be healthier than mine.
B: **What makes you think that?**
A: 나보다 생활방식이 더 건전한 것 같아.
B: 뭣 때문에 그렇게 생각하는데?

Do you happen to know + N[혹은 명사절] ?
혹시 …를 알아?

happen to+V는 우연히, 혹은 …하다라는 기본의미의 표현이다.

A: People say Harvard is a superior university.
B: **Do you happen to know** students who go there?
A: 하버드 대는 우수한 대학이라고들 해.
B: 거기 다니는 학생 혹 아는 사람있어?

There is only one way to + V
…하려면 딱 한가지 방법 밖에 없어

사면초가에 몰려서 to+V 이하를 할 수 있는 방법은 오로지 한가지 밖에 없다고 절박할 때 사용하면 된다.

A: The faucet has been leaking for weeks.
B: There's only one way to fix the problem.
A: 수도꼭지가 몇주째 계속 새고 있어.
B: 그 문제를 고치려면 한 가지 방법 밖에 없어.

I am afraid (that) ~
…이 걱정돼, …라서 유감이야

I'm afraid of+명사, I'm afraid to+동사의 형태로 …를 두려워하거나, 걱정한다는 의미로 쓰이지만 일상회화에서는 I'm afraid (that) 주어+동사의 형태가 압도적으로 많이 사용된다. 그 의미 또한 무서워한다는 것이 아니라 상대방과 반대되는 이야기를 하게 될 때 혹은 상대방에게 미안하거나 불행한 이야기를 할 때 "안됐지만 …이다/아니다"라는 뉘앙스를 풍기는 표현이다.

A: Could you please show me another jacket?
B: I'm afraid it's the only one that we have.
A: 다른 재킷으로 보여주시겠어요?
B: 죄송하지만 저희에게는 이게 전부인데요.

Have you (ever) + p.p.?
…해본 적 있니?

현재완료 구문으로 상대방에게 …을 해본 적이 있는지 경험을 물어보는 패턴이다.

A: Have you ever fractured your leg before?
B: No, this is my first time.
A: 전에 다리가 부러진 적 있습니까?
B: 아니요, 이번이 처음이에요.

I (don't) feel like ~ing
난 …하고 싶(지 않)다

feel like 다음에 동사의 ~ing을 취하면 …을 하고 싶어라는 의미가 된다. 뭔가 먹고 싶거나 뭔가 하고 싶다고 말하는 것으로 반대로 …을 하고 싶지 않다라고 말하려면 부정형 I don't feel like ~ing을 쓴다. 앞서 살펴본 바와 같이…한 것 같아라는 의미의 feel like 다음에는 명사나 절이 오는 구문과는 다른 의미이다.

A: You know what? I don't feel like going to work.
B: Why?!
A: 저 말야. 출근하기 싫어.
B: 왜?!

I am sorry to say (that) ~
…를 말씀드리게 되어 죄송해요

뭔가 미안한 얘기를 꺼낼 때 사용하면 좋은 패턴이다.

A: Did you enjoy attending the seminar?
B: I'm sorry to say that it was a waste of time.
A: 세미나 참석 즐거웠어?
B: 미안하지만 시간낭비였어.

You seem to + V
…하는 것처럼 보인다, …인 것 같다

상대방이 겉보기에 to+V하다고 말하는 표현이다.

A: You seem to be very close with Mindy.
B: Oh yeah, I'm all about her.
A: 너 민디와 매우 친한 것 같아.
B: 어 그래, 나 걔뿐이야.

Would you mind ~ing? …좀 해줄래요?
Do you mind if ~? …해도 괜찮을까?

mind는 ~ing을 목적어로 취하는 유명동사. Would(Do) you mind~ing?하면 …하기를 꺼려하느냐라는 것으로 의역하면 …해도 될까요?, …하면 안될까?로 상대의 양해를 구하는 표현이 된다. 중요한 건 이에 대한 대답인데 mind가 자체가 …하기를 꺼려하다라는 부정적이기 때문에 답변 또한 부정의문의 답변에 준한다. 그래서 Yes하면 그렇다(Yes I mind), 즉 꺼려한다는 의미로 부정의 답이 되고, No을 하게 되면 아니 꺼리지 않는다(No, I don't mind)라는 의미로 긍정의 답이 된다. 또한 ~ing 대신에 if절이 와 Would(Do) you mind if S + V?의 구문도 쓰인다는 것을 함께 알아둔다.

A: Do you mind if I sit here for a second?
B: Yeah, yeah sure! Yeah!

A: 여기 잠깐 앉아도 돼?
B: 그럼 그래 그렇게 해.

A: **Do you mind if** I take a look around here?
B: **Not at all, be my guest.**
A: 내가 여기 좀 둘러봐도 괜찮겠니?
B: 그럼, 물론이지.

What do you mean ~?
…가 무슨 말이야?

상대방이 말한 내용을 다시 한번 확인할 때 혹은 상대방 말의 진의를 파악하고자 할 때 쓰는 표현으로 다소 놀라운 상태에서 내뱉는 말. 그래서 실제 회화에서는 보통 What do you mean?이라고 간단히 말하거나 What do you mean~ 다음에 주어+동사의 문장형태, 혹은 아래 예문인 What do you mean, comforted her?처럼 납득이 안가는 어구만 받아서 쓰기도 한다.

A: You gained some weight?
B: **What do you mean by that?** Am I fat?
A: 너 살쪘어?
B: 그게 무슨 말이야? 내가 뚱뚱하다고?

I am not sure (if [that]) ~
…인지 아닌지 잘 모르겠어

부정의 표현으로 자신없는 이야기를 할 때나 확신이 없을 때 I'm not sure of[about]~ 혹은 I'm not sure S+V의 형태로 사용하면 된다. 특히 I'm not sure 의문사 to+V 구문과 I'm not sure if/what S+V 등 의문사절이 오는 구문도 함께 연습해보도록 한다.

A: **I am not sure if** I want to buy this.
B: Don't worry. I won't cheat you.
A: 내가 이걸 사야 할지 모르겠어요.
B: 걱정마세요. 손님한테 사기 안쳐요.

What if ~?
만일 …하면 어떻게 될까?

만약의 경우 if 이하의 내용이 사실이라면 어떡하지라고 자문하는 패턴이다.

A: He seems to be head over heels about her.
B: **What if** he's gay and he doesn't know it yet?

A: 걔는 그녀에게 홀딱 빠진 것 같아.
B: 걔가 게이이고 자신도 아직 모르는 경우라면 어쩌?

once S + V
일단 …하면, …하자마자

once가 접속사로 쓰인 경우

A: Honey, you look exhausted.
B: I'll go to sleep **once** you leave.
A: 자기야, 아주 피곤해보여.
B: 자기 나가면 잘려고.

It means~
그건 …을 뜻하는거야

It means, 단독으로 혹은 It means that S+V의 형태로 쓰인다.

A: What does this blue screen on the computer mean?
B: **It means** we've got trouble.
A: 컴퓨터의 블루스크린은 뭘 뜻하는거야?
B: 그건 우리에게 문제가 생겼다는거지.

I thought ~
…한 줄 알았는데

I thought 주어+동사 형태로 쓰면 …라고 생각했다라는 의미로 예를 들어 I thought last night was great라고 하면 지난밤은 정말 좋았다고 생각해라는 말이 된다. 하지만 그렇게 생각했지만 실제는 그렇지 않은 경우에도 많이 사용되는데 I thought you were a good kisser하면 네가 키스를 잘 하는 줄 알았는데 실제로는 그렇지 않다라는 뉘앙스를 갖는다.

A: Jessica, how come you never told me that?!
B: **I thought** that it isn't important to you.
A: 제시카, 어째서 내가 말하지 않은거야?!
B: 네게 중요하지 않다고 생각했어.

You have no idea~
넌 …을 몰라

You have no idea+의문사 S+V는 "너 모르지 않냐"라는 의미로 쓰이는 경우로 상대방이 뭔가 알고 있는지 모르는지 궁금해서 물어보거나 혹은 "알기나 하냐," "넌 몰라"라는 뉘앙스를 풍기면서 던질 수 있는 표현인 Do you have any idea+의문사(what/who…) S+V?와 일맥상통한다.

A: Here's a necklace for you.
B: Thank you! You have no idea what this means to me.

A: 여기 목걸이 당신꺼야.
B: 고마워! 얼마나 고마운지 모를거야.

I have been to~
…에 갔다 온적 있어

우리가 일상에서 많이 말하게 되는 …에 갔다 왔어 혹은 …에 가본 적이 있어라는 말도 현재완료로 해결이 가능하다. have been in/to + 장소의 형태로 쓰면 되는데 장소명사로는 잠깐 갔다 오는 bathroom, station, beauty salon이나 혹은 좀 오래 머무르는 New York 등의 단어가 올 수도 있다. 또한 have been in love처럼 추상명사가 와서 …상태에 있어 본 적이 있다라는 의미로도 쓰이기도 한다.

A: Hello Peter, where have you been?
B: Hi. I have been in the bathroom.

A: 야 피터, 어디 갔었어?
B: 어, 화장실에.

A: You've been in love before?
B: Well, just once, with you.

A: 전에 사랑 해본 적 있어?
B: 어, 한번, 너를.

I wonder if~
…인지 모르겠어

I guess는 확실하지는 않아도 대강 그럴 것 같다는 추측이지만 I wonder[was wondering] 주어+동사는 정말 몰라서 궁금한 내용을 말할 때 쓰는 표현이다. I wonder what/how/where/if~ 주어+동사의 형태로 쓰면 된다. 특히 I wonder[was wondering] if S+could/would~ 의 경우에는 궁금하다라기 보다는 상대방에게 공손하게 부탁하는 문장으로도 쓰인다는 점을 주의해야 한다.

A: I wonder if the boss is still angry with me.
B: He seems to be in a good mood today.

A: 사장이 아직도 내게 화나 있는지 모르겠어요.
B: 오늘 보니까 기분이 좋은 것 같던데요.

You said ~
너 …라고 했잖아

난 …라고 절대 말한 적이 없어라고 하려면 I never said that S+V라 하면 된다.

A: **You said** I'm such a jerk?
B: Don't be upset. I didn't mean that.
　A: 내가 아주 별난 놈이라고 했다며?
　B: 화내지마. 그럴려고 그런 게 아니야.

That's why S + V
그게 …한 이유야

That's why~와 That's because~는 서로 구분하기 피곤한 표현. 모든 행동에는 원인과 결과가 있게 마련이다. 이때 결과를 말할 때는 That's why~를 이용하면 되고 반대로 원인을 말하려면 That's because를 이용하면 된다. 예를 들어 음주운전을 해서[원인] 면허증을 빼앗겼다[결과]의 경우에서 That's why~ 다음에 결과인 면허증 빼앗긴 사실을 써서 "That's why he's lost his driver's license"라고 하면 되고 반대로 That's because~ 다음에는 원인인 음주운전을 했다는 사실을 써서 That's because he drove drunk"이라고 하면 된다.

A: You can't live off your parents your whole life.
B: I know that. **That's why** I was getting married.
　A: 평생 부모에게 의지해 살아갈 순 없어.
　B: 나도 알아. 그래서 내가 결혼하려고 했던 거야.

I can't believe~
…하다니 이게 말이 돼

I can't/don't believe (that) 주어+동사는 …을 믿을 수가 없다라는 의미로 절의 내용을 부정하는 것이 아니라 절의 내용에 놀라며 하는 말이다. 일상회화에서는 I don't believe ~ 보다는 I can't believe~을 더 많이 쓰는데 can't을 쓰면 말하는 사람의 놀람과 충격이 훨씬 잘 전달되기 때문이다.

A: **I can't believe** they didn't give us a raise.
B: I guess we'll all be on strike tomorrow.
　A: 급여를 안 올려주다니 기가 막혀.
　B: 내일 우리 모두 파업에 들어가야 할 것 같아.

All you need is ~
너한테 필요한 건 …뿐이야

All I want is ~ (내가 원하는 건 …뿐이야)이라고 해도 된다.

A: What should I bring on the hike?

B: All you need is a good backpack.

A: 하이킹에 난 뭘 가져가야 돼?
B: 너는 튼튼한 백팩만 가져오면 돼.

I was told (that) ~
…라고 들었는데

that 이하의 내용을 들었다는 패턴으로 that 다음에 들은 내용을 S+V 형태로 넣어주면 된다.

A: Bo, sorry, I haven't seen Bernie.

B: I was told that he was here.

A: 보, 미안하지만, 버니를 보지 못했어.
B: 여기 있다고 들었는데.

Can you tell me + N[혹은 명사절] ~?
…를 말해줄래요?

상대방에게 궁금한 점이나 정보를 물어볼 때 요긴하게 사용하는 표현으로 Can[Could] you tell[show] me 의문사 S+V? 혹은 간단히 의문사+to+V 형태를 써서 Can[Could] you tell[show] me 의문사 to+V?라 해도 된다.

A: Excuse me, can you tell me where the department store is?

B: Go straight for two blocks. You can't miss it.

A: 백화점이 어딘가요?
B: 2블록 곧장 가요. 쉽게 찾을 거예요.

You're not gonna believe~
넌 …가 믿어지지 않을거야

뭔가 믿기 어려운 이야기를 꺼낼 때 시작하는 말. 상대방의 호기심을 강하게 자극하는 패턴이다. You wouldn't believe~라고 해도 된다.

A: I was hit below the belt this morning at work.

B: I'm sorry to hear that! What happened?

A: **You're not going to believe this.** Someone spread rumors about me.
A: 오늘 아침 직장에서 뒤통수를 한 대 맞았거든.
B: 그거 안됐네! 무슨 일이었는데?
A: 믿을 수 없을거야. 누가 나에 대한 소문을 냈더라구.

A: **You wouldn't believe it anyway.**
B: **Try me, tough guy.**
A: 너 어쨌든 믿지 않을거야.
B: 내게 한번 말해봐, 터프가이.

I'd rather~
차라리 …할래

두 개중 선택할 때 쓰는 표현으로 …하는 게 낫지, 차라리 …할래라는 뜻이다. I'd(would) rather 다음에 바로 동사원형을 붙이면 되고 반대로 차라리 …하지 않을래라고 하려면 I'd rather not+ 동사원형을 쓰면 된다. 또한 비교대상을 넣어 I'd rather A than B(A하기 보다는 차라리 B하겠어) 라고 쓰기도 하며 I'd rather S+V(과거)의 형태로 …하지 않는 게 좋겠어라는 의미로도 쓰인다.

A: **I'd rather not** tell you everything.
B: Stop speaking like that. You have to be honest with me.
A: 네가 다 말하지 않는 게 낫겠어.
B: 그런 말마. 너 내게 솔직히 말해.

Isn't there any way S + V?
…할 방도는 없니?

방법을 찾지 못해 답답한 맘에서 하는 말이다. 긍정문으로 Is there any way S+V?하면 …할 방법이 있냐고 물어보는 단순 패턴이 된다.

A: There's no way for me to recover.
B: **Isn't there any way** I can help?
A: 나는 회복할 수 없을거야.
B: 내가 뭐 도와줄게 없을까?

Let's say (that) ~
…라고 가정해 보자

Let's say는 단독으로 자기 생각(I think~)이나 「…에 대한 나의 의견은(my idea about this is~) …이다」라는 뜻이며 뒤에 절이 붙은 Let's say~는 「…라고 치자」, 「…라고 하자」, 「…라고 가정해보자」라는 뜻.

A: Was Ralph planning to return?
B: **Let's say that** he won't be back.
A: 랄프는 돌아올 계획이었어?
B: 걔가 돌아오지 않는다고 가정해보자.

It's time to + V
…할 때가 되었다

It's time (for+사람) to do/(that) S+V~라는 표현으로, …할 시간이 되었다라는 의미. 하지만 시간의 순서상 …할 차례가 되었다는 것이 아니라 의당 벌써 했어야하는 일인데 좀 늦은 감이 있다라는 뉘앙스를 풍기는 표현. 일종의 현재사실과 반대가 되는 사실을 말하는 게 되어 뒤에 절이 올 때는 It's time you got a job(네가 직장을 가져야 할 때다)처럼 과거형을 쓰게 된다. 물론 It's time for dinner(저녁먹을 때다)처럼 바로 명사가 올 수도 있다.

A: **It's time to** leave for the party.
B: I'll meet you down in the lobby.
A: 파티에 가야 할 시간이야.
B: 아래 로비에서 보자.

I don't care about ~
…에 전혀 상관없어

I don't care은 무관심을 나타내는 표현으로 I don't care about + 명사하면 …가 알게 뭐야, 관심없어라는 뜻으로 쓰인다. I don't care 의문사 S+V의 형태로 …해도 난 상관없어, 개의치 않아라는 뜻이다.

A: **I don't care if** people recycle things.
B: It matters to me. We should try to conserve things.
A: 사람들이 재활용하는데 관심없어.
B: 내겐 중요해. 환경을 보존하도록 해야 돼.

I want to know ~
…을 알고 싶어

I want to know~ 다음에는 명사, about+명사, 혹은 S+V가 이어진다. 많이 쓰이는 형태로는 I just want to see if~(…인지 알고 싶어)가 있다.

A: What do you want from me?
B: **I want to know why** you're so angry.

A: 나한테 바라는게 뭔데?
B: 네가 왜 그렇게 화가 났는지 알고 싶어.

I don't think I can~
나 …못할 것 같아

I don't think~ 역시 자기가 말하려는 내용을 부드럽게 해주는 역할을 해주는데 다만 상대방과 반대되는 의견이나 자기가 말할 내용이 부정적일 경우에 사용하면 된다. 특이한 것은 I think 다음의 절을 부정으로 하기 보다는 주절, 즉 I think 부분을 부정으로 사용하는 것을 더 선호한다는 점이다. 다시 말해서 I think it's not a good idea하면 좀 딱딱하게 느껴지기 때문에 부드럽게 I don't think it's a good idea라고 한다.

A: **I don't think I can** get through the night.
B: Just take it easy and try to relax.
  A: 밤을 무사히 보낼 수 없을 것 같아.
  B: 걱정하지 말고 긴장을 풀어봐.

I didn't mean to ~
…하려던게 아니었어

상대방이 오해할 수도 있는 부분을 구체적으로 말하면서 오해를 푸는 표현. I didn't mean to 다음에 오해할 수도 있는 부분을 말하거나 간단히 I didn't mean that이라고 간단히 말할 수 있다. 내가 말하려는 의도가 잘못 전달되었을 경우 "내 말은 그게 아냐"라고 하는 의미의 문장이다. "널 기분나쁘게[모욕, 화나게] 하려는게 아니었어"라고 하려면 I didn't mean to offend[insult, upset] you라고 하면 된다.

A: You told me that you didn't like Jill.
B: **I didn't mean to** say that.
  A: 질을 싫어한다고 내게 말했잖아.
  B: 그렇게 말하려는 게 아니었어.

I wouldn't say ~
…라고 할 수는 없지

나는 그렇게 말하지 않는다가 아니라, (나라면) 나는 그렇게 말하지 않을거다라는 말로, 상대방이 앞서 말한 내용에 동의하지 않는다는 것으로 "그렇지는 않을 걸"이라고 조심스럽게 자기 생각은 다르다고 표현할 때 사용하면 된다. 조심스럽게 말한다는 측면에서 이 표현은 상대적으로 formal 하다고 볼 수 있다.

A: So you think Bert stole your gold ring?
B: **I wouldn't say that,** but he might have.

A: 그래 넌 버트가 네 금반지를 훔쳤다고 생각해?
B: 그렇지는 않겠지만 혹 그럴 수도 있지.

Why not~ ?
…하는게 어때?

Why not+V?가 오면 상대방에게 뭔가 하자고 제안하는(be often used as a way of suggesting something to do) 문장이 된다.

A: Come on, why not let me use it for a while?
B: It's brand new and I'm afraid you'll break it.
A: 그러지마, 잠깐 동안 사용하게 해줘.
B: 새 제품인데 네가 망가트릴까봐서.

Are you saying that ~?
…라는 말이야?

믿기지 않은 말을 들었을 때나 놀라운 이야기를 듣고서 반문하거나 혹은 상대방의 말을 확인해줄 때 쓰는 구문. Are you saying that S+V?라고 하면 되고 You mean ~?와 유사한 표현이다.

A: Are you saying you want me to lend you some money?
B: That's why I lost my job last week.
A: 나보고 돈 빌려달라는 말이지?
B: 지난 주에 실직해서 그래.

I doubt if[that]~
…인지 의심스러워, …을 모르겠어

I suspect~는 뭔가 사실일거라 의심이 드는 것이고, I doubt~은 뭔가 사실이 아닐거라는 의심이 드는 것이다.

A: Sorry, I accidentally burped.
B: I doubt that anyone heard it.
A: 미안하지만 실수로 트림을 했네.
B: 아무도 듣지 못했을거야.

What do you think ~?
…에 대해 어떻게 생각해?

상대방의 의견을 물어볼 때 쓰는 가장 전형적인 표현 중의 하나. 먼저 물어보고 싶은 내용을 먼저 말하고 나서 (앞에 말한 내용을) 어떻게 생각해?라는 의미로 What do you think? 혹은 What do you think of that?이라고 하거나 아니면 What do you think 다음에 전치사 of나 about을 써서 그 아래 물어보는 내용을 명사 혹은 ~ing형태를 갖다 붙여도 된다.

A: **What do you think about** this job?
B: It has its ups and downs.
A: 이 일은 어떠니?
B: 좋을 때도 있고 나쁠 때도 있어.

I don't know anything about~
···에 대해 아무것도 몰라

모르는데 전혀 모른다고 강조할 때의 패턴이다.

A: Does she really go out with a lot of men?
B: **I don't know anything about** her private life.
A: 걔는 정말 많은 남자들과 데이트를 해?
B: 걔 사생활은 아는게 없어.

How do you feel about ~?
···을 어떻게 생각해?

여기서 feel about~은 ···에 관해 ···하게 느끼다, 생각하다라는 의미이다.

A: A lot of politicians are corrupt.
B: **How do you feel about** the president?
A: 많은 정치가들은 타락했어.
B: 대통령에 대해서는 어떻게 생각해?

It's a known fact that S + V
···은 다들 아는 사실이잖아

사실인데 다 알려진(known) 사실이라는 점을 강조하는 패턴.

A: No one trusts Bob anymore.
B: **It's a known fact that** he steals money.
A: 더 이상 밥을 믿는 사람은 없어.
B: 걔가 돈을 훔친다는 것은 다 아는 사실이잖아.

Why can't we just + V?
그냥 …만하면 안되나?

Why don't' we~?하게 되면 Let's+V라는 뜻이 된다.

A: **Why can't we just** bring a gift?
B: She asked everyone to just bring a dish of food.
　A: 그냥 선물 가져가면 안돼?
　B: 걔는 모두에게 음식 한 접시씩 가져오라고 했어.

You don't know ~
넌 모를거야

자신이 말하는 내용이나 자신이 느끼는 감정 등을 강조하는 것으로 You don't know about+명사, You don't know what[how~] S+V의 형태로 쓰면 된다.

A: He looks like he is angry about something.
B: **You don't know what** he is thinking.
　A: 걔 뭔가에 화가 난 것처럼 보여.
　B: 걔가 뭘 생각하는지 넌 모를거야.

All I'm saying is (that) ~
내가 하고 싶은 얘기는 …뿐이야

자신이 말하는 내용을 다시 한번 요약 강조하는 패턴이다.

A: I am ready to marry my boyfriend.
B: **All I'm saying is** you should think about it.
　A: 남친과 결혼할 준비가 됐어.
　B: 내가 하고 싶은 얘기는 신중히 생각해보라는거야.

Don't tell me S + V
…라고는 하지마, 설마 …는 아니겠지

Don't tell me! 단독으로는 설마!라는 뜻으로 You don't say!와 같은 의미가 된다.

A: I told you! **Don't tell me** you don't remember!
B: I'm sorry but I really don't.
　A: 말했잖아! 기억안나다고는 하지마!
　B: 미안하지만 정말 기억이 안나.

Let's see if S + V
…인지 두고보자고

see if~ 이하의 내용이 사실인지 여부를 확인해보자는 말씀.

A: I told them to sit down and study tonight.
B: **Let's see if** they took your advice.

A: 걔들보고 앉아서 오늘밤 공부하라고 했어.
B: 네 충고를 따르는지 두고보자고.

Do you want[need] me to + V ~ ?
내가 …해줄까?

앞의 Do you want to~를 응용한 표현. want 다음에 me가 있어 좀 복잡한 느낌이 들지만 상대방의 의중을 확인하거나(Do you want me to quit?) 혹은 내가 상대방에 해주고 싶은 걸 제안할 때(Do you want me to teach you?) 쓸 수 있는 표현으로 …하라고요?, 내가 …해줄까?라는 의미. 좀 공손히 말하려면 Would you like me to + 동사?(내가 …할까요?)라고 하면 된다

A: **Do you want me to** give you a ride to the airport?
B: Yes, I would really appreciate it.

A: 내가 공항까지 태워다 줄까?
B: 그래주면 정말 고맙지.

I think I know how to~
어떻게 …하는지 알 것 같아

말하고 싶은 문장 앞에 I think~을 넣으면 뭔가 확실하지 않다는 것을 혹은 100% 확신이 없다는 것을 나타낸다.

A: This car's engine keeps breaking down.
B: **I think I know how to** fix it.

A: 이 차의 엔진이 자꾸 꺼져.
B: 내가 고치는 방법을 알 것 같아.

You don't want to + V
…하지 마

2인칭 그것도 부정문으로 You don't want to~하면 "너는 …하는 것을 원치 않는다"라는 괴상한 문장이 된다. 물론 의문문이라면 혹은 단순히 상대방의 의지를 확인하는 경우라면 아무 문제가 없다. You don't want to date me, right?하게 되면 "너 나랑 데이트하기 싫은거지?"라는 뜻이

되기 때문이다. 그럼 위 문장, You don't want to~는 너 …하기를 바라지 않잖아라는 뜻으로 의역하자면 "너 …하면 안돼"라는 표현이 된다. 상대방에 충고나 주의를 줄 때 사용하는 구문이다.

A: How'd you manage that?
B: You don't want to know.
A: 어떻게 그것을 한거야?
B: 모르는게 나아.

Given + N / Given (that) S + V
…라고 가정하면

Given이 접속사처럼 사용되는 경우로 뒤에는 명사나 절이 오면 된다.

A: Given the traffic, they might be a little late.
B: I'll try them on the cell phone and see how long they'll be.
A : 교통을 감안하면 그들이 좀 늦을 것 같아.
B : 핸드폰으로 연락해보고 얼마나 늦을지 알아볼게.

Now that S + V
이제는 …니까

Now that you mention it(말이 나왔으니 말인데)이 가장 유명하다.

A: Well, now that the project is finished, you can give me your real opinion. How did I do?
B: You did a good job! I was very impressed.
A: 저기, 프로젝트가 끝났으니까 말야, 네 솔직한 의견을 말해줄 수 있을 거야. 나 어땠어?
B: 정말 잘했어! 매우 인상적이었어.

How would you like + N[to + V] ~ ?
…할래요?

How would you like+명사?는 명사를 어떻게 해드릴까요? 혹은 …는 어때요?라고 상대방의 의사를 물어볼 때 사용하는 표현으로 식당에서 자주 들을 수 있다. 명사자리에 to 부정사가 와서 How would you like to+동사?가 되면 역시 상대방의 의사를 물어보는 것으로 How would you like to pay for this?처럼 어떻게 …할 것이냐라고 물어보거나 혹은 How would you like to get together처럼 상대방에게 …을 하자고 제안하는 의미가 되기도 한다.

A: How would you like to get together? Say next Friday?
B: Friday is fine for me.
A: 만나는 게 어때? 담주 금요일로?

B: 나도 금요일이 좋아.

That's like saying (that) ~
이를테면 …란 말이지

상대방이 한 말의 진의를 확인하고자 할 때 쓰는 말로 Do you mean ~ ?, Are you saying ~ ?의 뉘앙스를 담고 있다.

A: I am always so anxious to be with her.

B: That's like saying you are in love.

A: 난 계속 그녀와 함께 있기를 갈망해.
B: 너 사랑에 빠졌다는 말과 같네.

I can't tell you how much S + V
얼마나 …한지 모르겠어

자신이 말하는 내용을 강조하는 표현법으로 S+V에 하고 싶은 말을 넣으면 된다.

A: Why don't you speak to Donna anymore?

B: I can't tell you how much she hurt me.

A: 넌 왜 더 이상 도나와 얘기를 하지 않는거야?
B: 걔로 내가 얼마나 상처를 받았는지 넌 모를거야.

Who are you to tell me ~ ?
네가 뭔데 나한테 …라고 말하는거야?

상대방이 주제 넘게 말을 했을 때 따끔하게 따지면서 할 수 있는 패턴이다.

A: You made a major mistake doing that.

B: Who are you to tell me I'm wrong?

A: 넌 그 일을 하면서 아주 중요한 실수를 했어.
B: 네가 뭔데 내가 틀렸다고 말하는거야?

I (just) need to know that ~
…는 꼭 알아야겠어

want 대신 need를 쓴 이유는 알아야 되는 당위성을 강조하기 위함이다.

A: You want me to come to your apartment?

B: I need to know that you'll be there.

A: 나보고 네 아파트로 오라고?
B: 네가 올지 내가 꼭 알아야겠어.

It turns out S + V
결국 …인 것으로 드러났어

Sth turns out to be~ 역시 결국 …인 것으로 드러났어라는 말이다.

A: I thought we were going to a Vietnamese restaurant.
B: It turns out that it closed last month.
A: 우리는 베트남 식당에 가는 줄로 알았는데.
B: 지난달에 문닫았지 뭐야.

I'm[We're] talking about ~
지금 …얘길 하고 있는 거잖아

자신이 말하는 내용이 뭔지 단도직입적으로 말하거나 혹은 상대방에게 딴 얘기 하지 말라는 의미로 사용한다.

A: What are you talking about?
B: I'm talking about me having a baby.
A: 무슨 말이야?
B: 내가 임신했다는 이야기야.

Do you think you can[could]~ ?
네가 …할 수 있을 것 같아?

상대방이 …을 할 수 있는지 여부를 확인하기 위해서는 던지는 패턴이다.

A: This box is super heavy!
B: Do you think you can lift it?
A: 이 박스는 엄청나게 무겁네!
B: 네가 들어올릴 수 있을 것 같아?

You don't need to + V
…할 필요는 없어

You don't have to+V와 같은 의미이다.

A: Please tell me what happened.

B: **You don't need to** know.
A: 무슨 일인지 말해봐.
B: 알 필요없어.

It says ~
…라고 적혀있어

여기서 say는 말하다가 아니라 …라고 쓰여 있다라는 뜻이다.

A: What does your fortune cookie say?
B: **It says that** I should take risks today.
A: 포천 쿠키에 뭐라고 써있니?
B: 오늘 모험에 도전해보라는군.

There is no way for sb to + V
…할 방법이 없어

뭔가 도저히 가능성이 없거나 불가능하다고 말하는 표현법. There's no way S+V 혹은 There's no way to+동사의 형태로 …할 방법이 없다, …할 수 있는 길이 없다라는 의미로 쓰인다. 관용표현으로는 알 길이 없어라는 의미의 There's no way to tell 그리고 상대방의 말에 반대나 부정할 때 No way! 등이 있다.

A: I need you to get this done by tomorrow.
B: What?! **There's no way** I can do that.
A: 내일까지 이걸 끝내야 해.
B: 뭐라구요?! 그렇게 한다는 건 불가능해요.

What do you say (if) ~?
(…라면 그것에 대해) 어떻게 생각해?

상대방에게 뭔가 제안을 할 때 사용하는 것으로 What do you say 다음에 주어+동사 혹은 to ~ing/명사 형태로 제안내용을 말하면 된다. What do you say까지는 [와루유세이]라고 기계적으로 빨리 굴려 말하면서 다음에 자기가 제안하는 내용을 말해보는 연습을 많이 해본다.

A: **What do you say** we go take a walk?
B: Sorry, I need to get some rest.
A: 산책하러 가는게 어때?
B: 미안, 좀 쉬어야겠어.

I'm thinking about ~
…할까 생각중이야

I'm thinking of[about] ~ing는 현재 지속되는 일이나 가깝게 예정된 나의 일을 말할 때 사용하는 표현이다. 우리말을 할 때도 ~을 계획한다라는 현재시제보다는 ~을 계획하고 있어, ~을 계획중이야라고 현재진행형을 많이 쓰듯 영어의 경우도 현재보다는 현재진행을 쓰는 경우가 더 많다. I'm thinking of[about]~도 그 중 하나. I'm planning to ~ing도 같은 의미로 …할까 한다라는 의미.

A: What are you going to do with your bonus?
B: I'm thinking of going on vacation.
A: 당신 보너스로 뭘 할 거예요?
B: 휴가를 떠날까 하는데요.

Can you tell me about ~?
…에 대해 말해줄래?

상대방에게 궁금한 점이나 정보를 물어볼 때 요긴하게 사용하는 표현으로 Can[Could] you tell[show] me 의문사 S+V? 혹은 간단히 의문사+to+V형태를 써서 Can[Could] you tell[show] me 의문사 to+V?라 해도 된다.

A: Can you tell me where you're going to stay?
B: I'll be staying with my cousin.
A: 어디 머물건지 알려줄래요?
B: 사촌 집에 머물겁니다.

I just want you to know~
…을 알아줘

자신의 진심이나 의도를 상대방이 제대로 알아주기를 바라는 맘에서 나오는 표현이다.

A: This was the most romantic day of my life.
B: I just want you to know I'll remember it.
A: 오늘은 내 평생 가장 로맨틱한 날이었어.
B: 내가 그것을 잊지 않을거라는 것을 알아줘.

I just wanted to make sure ~
난 …을 확실히 하고 싶어

자신의 언행의 의도가 무엇인지 솔직하게 말할 때 사용한다.

A: Don't worry, Stacey is in her bedroom.

B: I just wanted to make sure she was safe.

A: 걱정마, 스테이시는 자기 침실에 있어.

B: 걔가 안전한지 확실히 하고 싶었을 뿐야.

I'd say
말하자면 …이죠, 아마 …일걸요

자신의 의견을 조심스럽게 말할 때 서두에 붙이는 표현.

A: I don't think much of Chris, he's such a sore loser.

B: I guess you could say that, but he is an OK guy.

A: Hey, let's call a spade a spade. Chris is an asshole!

A: 크리스는 별로야. 그 녀석은 남의 성질을 돋우는 왕재수야.

B: 그렇게 말할 수도 있지만 그래도 괜찮은 녀석이야.

A: 이봐, 말은 바로 하자구. 크리스는 정말이지 재수없어!

That's exactly what S + V
그게 바로 …라구

That's what S+V~는 S가 V하는 것이 바로 that이라는 의미로 "바로 그게 내가 …하는거야"라는 의미이다. 뭔가 강조할 때 쓰는 구문으로 더 강조하려면 That's exactly what~하면 되고 부정으로 하려면 That's not S+V라 하면 된다. 그래서 "그게 바로 내가 원하는거야"라고 하려면 That's exactly what I want, 그리고 "그게 바로 내가 하는 말이야"는 That's what I said, 반대로 "내 말은 그런게 아냐"는 That's not what I said라고 하면 된다.

A: I heard Jim was shot and killed in his home. Is it true?

B: Yes, that's what I heard.

A: 짐이 집에서 총맞아 죽었다며? 정말야?

B: 그래, 나도 그렇게 들었어.

I'd appreciate it if ~
…한다면 고맙겠어

감사하는 내용의 문장이 아니라 if~이하를 해주면 감사하겠다는 말로 엄밀히 말하면 부탁의 패턴이 된다.

A: I was sorry to hear about your illness.

B: I'd appreciate it if you kept this secret.

A: 너 아프다는 얘기 들었어, 안됐네.

B: 이거 비밀로 해주면 고맙겠어.

You never know ~
…할지 아무도 몰라

세상은 알 수 없는 노릇이니 좌절하지 말고 희망을 가지라고 할 때 쓸 수 있는 표현이다.

A: This is a very interesting TV show.
B: You never know what will happen.

A: 이건 매우 흥미있는 TV쇼야.
B: 어떤 일이 벌어질지 아무도 몰라.

How do I know~?
내가 …을 어떻게 알아?

황당한 맘에서 혹은 억울한 맘에서 내가 어떻게 know 이하의 내용을 알고 있겠냐고 항변하는 패턴이다.

A: Your advisor wants to invest your money.
B: How do I know I can trust him?

A: 네 조언자는 네 돈을 투자하고 싶어해.
B: 내가 그를 신뢰할 수 있을지 어떻게 알아?

Who would have thought~ ?
누가 상상이나 했겠어?

좀 어렵지만 thought 이하의 내용을 아무도 상상도 못했다라는 말로 뭔가 상상하기 놀라운 일이 벌어졌을 때 사용할 수 있는 패턴이다.

A: I was surprised when Dina and Chris became a couple.
B: Who would have thought they would get together?

A: 다이나와 크리스가 커플이 되어서 깜짝 놀랐어.
B: 걔네들이 사귈거라고 누가 상상이나 했겠어?

The worst part is~
가장 최악의 부분은…

참고로 I like the part where~ 하면 "난 …한 부분이 좋아"라는 뜻이 된다.

A: You have been working on this for weeks.
B: The worst part is that it's not finished.

A: 넌 수주일 동안 이 일에 전념해왔어.
B: 최악의 부분은 아직도 일이 끝나지 않았다는거야.

I'd be lying if I said~
…라고 말한다면 그건 거짓말일거야

우회적으로 어떤 사실이나 자신의 진실, 진심을 표현하는 방법이다.

A: So the manager of your department was fired?
B: I'd be lying if I said I was bothered by it.

A: 그래, 네 부서장이 잘렸어?
B: 그 때문에 내가 신경썼다고 말한다면 그건 거짓말일거야.

I know[understand] what it's like to~
…하는 것이 어떤 건지 알아

…하는 것인 어떤 것임을 자신이 잘 알고 있다고 말하는 표현으로 그 부정인 You don't know what it's like to~ 또한 많이 쓰인다.

A: My God, my stomach is sick and my head hurts.
B: Sure. I know what it's like to drink too much.

A: 맙소사, 배가 아프고 두통이 있네.
B: 그럼, 과음하는 것이 어떤 건지 알고 있어.

What did you do with ~ ?
…을 어떻게 했니?, …을 어디에 두었어?

with 이하를 어떻게 처리했는지 물어보는 패턴이다.

A: What did you do with the scissors?
B: I set them on the kitchen table.

A: 너 가위 어떻게 했어?
B: 식탁 위에 올려놨는데.

It'd be nice if~
…한다면 좋을텐데

It would be nice to+V나 It would be nice if S + V 또한 같은 의미이다.

A: It'd be nice if we got some snow today.
B: Yeah, I like to see the first winter snow.

A: 오늘 눈이 좀 왔으면 좋겠는데.
B: 그래, 첫눈을 보고 싶어.

The last thing I want to do is + V
내가 가장 하기 싫은 일은 …라구

여기서 the last thing은 가장 하기 싫은 일을 말한다.

A: If you do that, Terry will be very insulted.
B: **The last thing I want to do is** offend someone.

A: 너 그렇게 하면 테리가 모욕감을 많이 느낄거야.
B: 내가 가장 싫어하는 일은 사람들 기분 상하게 하는거야.

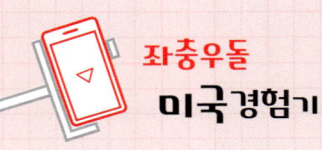

이름보다 성이 더 중요한 미국

내가 미국에 가서 참 놀랐던 것 중 하나는 매우 다양한 미국의 Last Name (성) 때문이었다. 우리나라는 보통 이름으로 사람을 구분한다. 그 이유는 성이 간단하고 다양하지 못하기 때문이다. 대부분의 사람들이 이씨, 김씨, 박씨, 최씨 등 흔한 성을 가지고 있기 때문에 성으로 누구를 구별한다는 것은 쉽지 않다. 그래서 그런지 우리나라는 이름을 지을 때도 공들여서 아기 이름을 짓는 경우가 많다.

하지만 미국은 다르다. 워낙 크고 다양한 나라의 다양한 문화가 함께 피어나고 있는 곳이어서 그런지 성 또한 매우 다양하다. 그래서 학교에서 출석 체크를 할 때에도 사람을 구분할 때에도 누구를 정중하게 높여 부를 때에도 성을 사용한다. 오히려 first name은 너무 흔하게 짓는다는 느낌을 받을 정도로 개성이 없어 보인다. 미국에 처음 갔을 때 나는 한국에서의 버릇처럼 last name을 외우려고 하기 보다는 first name을 외우려고 노력했다. 하지만 워낙 같은 이름이 많아서 혼란스러웠던 적이 많았다. 주변에 Elizabeth라는 이름을 가진 애가 3명이나 되고 David도 최소 2명은 되니 쉽게 애들 이름이 외워질 턱이 없었다. 애들과 대화하던 중에 똑같은 이름을 가진 애들이 나오면 Which one?이라고 물어 볼 때도 많았다. 그럴 때마다 내 친구들은 last name이 뭐냐고 물어봤다.

학교에서는 다 last name을 사용했다. 그렇게 last name을 많이 쓴다는 것을 깨닫고 나는 last name도 함께 외우려고 노력했다. 하지만 last name은 생각보다 외우기가 너무 어려웠다. 미국사람들이야 워낙 그렇게 말하면서 지내와서 쉽게 외워질지도 모르지만 평생 한

글 이름만 외우다 영어 이름을 그것도 흔하지 않는 last name을 외우려고 하니까 잘 되지 않았다. 전혀 읽기도 힘든 last name은 내게 큰 곤욕이었다. 그러다가 외우기 쉬운 Smith나 Lee같은 last name이 나오면 너무 반가웠다. 간혹 가다 매우 우스운 last name을 가진 친구들도 있었다. 그 중 기억에 남는 것은 처음에 Christmas라고 잘 못 읽은 Chrisman, 금붕어라는 뜻의 Goldfish, 한국말로 비었다는 뜻인 Blank, 먹는 음식인 Bacon, 금요일이라는 뜻의 Friday 등이 있다. 아직도 나랑 정말 친했던 친구나 선생님들 외에는 last name을 잘 모른다.

아! 마지막으로 우리가 그들의 다양한 last name을 보며 신기해하는 것처럼 미국사람들도 우리의 last name을 보며 신기해 한다. 내가 다니던 학교에 한국인이 8명 정도 있었는데 그 중 반 이상이 성이 Lee였기 때문이다. 따라서 몇몇 미국인들은 나한테 우리가 다 가족이냐고 물어본 적도 있다.

<미국 First Name과 Nickname>

미국에서는 이름을 부를 때 애칭으로 부르는 경우가 많이 있다. 사람들마다 자기 이름을 줄여서 각자 선호하는 이름으로 불러 달라고 한다.

남자이름

Arthur - Arty, Art Edward - Ed, Eddie
James - Jay, Jake, Jimmy, Jim, Jamie Richard - Ricky, Rickie, Rick, Dick, Dicky
William - Bill, Will, Billy, Willy Albert - Al
Andrew - Andy Robert - Rob, Robbie, Bobby, Bob, Bert
Nicolas - Nick Stephan - Steve
Christoper - Chris Joseph - Joe
Thomas - Tom, Tommy, Thom Timothy - Tim, Timmy
Nathan - Nate, Nat Stephan - Steve

여자이름

Samantha - Sam, Samy Elizabeth - Liz, Lizzy, Bess, Beth, Betty
Amanda - Mandy, Mandi Cynthia - Cindy, Cynth
Christine - Chris, Chrissy Catherine - Cathy, Cath
Katherine - Kate, Katy, Katie Susan - Sue, Suzie
Pamela - Pam Deborah - Deb, Debbie
Teresa - Terry, Tess Patricia - Pat
Bridget - Brie Dorothy - Dora
Frances - Fran, Francie Janet - Jan

04
상황별로 외우면 일석십조

패턴영어처럼 상황영어 또한 인기있는 분야이다. 왜냐하면 비슷한 의미의 표현들을 상황별로 외우게 되면 서로의 차이점도 고려해가면서 쉽게 많은 표현을 암기할 수 있기 때문이다. 현실세계의 복잡함을 그대로 투영하는 미드에서는 하도 많은 표현이 나와서 어느 정도 상황별로 정리해서 학습하면 미드세계에 접근하는데 훨씬 수월할 것이다. 여기서는 대표적인 상황인, 인사, 의사소통, 범죄수사, 의학 등의 분야에서 쓰이는 표현들 몇 개씩 정리해보기로 한다.

01 만남과 헤어짐(인사)

How're you doing?
안녕?

대표적인 인사표현. 빨리 발음하면 are를 생략하고 How you doing?이라고도 한다.

A: How're you doing?
B: I'm pretty good. How about you?
A: 안녕?
B: 난 좋아. 넌 어때?

How are you?
안녕?, 괜찮아?

How're you doing?과 더불어 가장 많이 쓰이는 인사표현. 만났을 때 인사뿐만 아니라 얘기하다가, 같이 있다가도 상대방이 괜찮은지 물어볼 수 있는 표현이다.

A: How are you?
B: I've been feeling a little ill.
A: 안녕?
B: 좀 몸이 안좋아.

How's the family?
가족은 잘 지내?

가족의 안부를 물어보는 표현.

A: How's the family?
B: Everyone is doing just fine.
A: 가족들은 잘 지내?
B: 다들 잘 지내.

How was your day?
오늘 어땠어?

하루가 지나갈 무렵에 쓸 수 있는 문장으로 How is your day?로 잘못 쓰지 않아야 한다.

A: How was your day?
B: Stressful. Everyone was arguing.

A: 오늘 어땠어?
B: 스트레스 많이 받았어. 다들 다투었거든.

What's up?
안녕?, 무슨 일이야?

별 의미없이 안녕이라는 뜻으로도 쓰이지만 상대방에게 무슨 특정한 일이 있는지 물어볼 때도 쓴다.

A: Do you have a minute?
B: Well yeah, sure, what's up?
A: 시간 좀 있어?
B: 어 그럼, 뭔데?

How are you holding up?
어떻게 견디고 있어?, 어떻게 지내?

상대방이 힘든 시기를 보내고 있을 때 친구들이 염려를 하면서 "어떻게 지내?"라고 할 때 쓰는 표현이다.

A: So you heard about my money problems.
B: I did. How are you holding up?
A: 그래 너 내 돈 문제에 대해 얘기들었어?
B: 어. 어떻게 버티고 있어?

What've you been up to?
별일 있어?

현재완료를 써서 그간 어떻게 지냈는지 물어보는 표현이다.

A: What've you been up to?
B: I spent the last year living abroad.
A: 어떻게 지냈어?
B: 작년에 외국에서 지냈어.

What're you doing here?
여긴 어쩐 일이야?

예상치 못한 곳에서 아는 사람을 만났을 때 반가워하면 할 수 있는 문장이다.

A: What're you doing here?

B: I was invited to attend the conference.

A: 여긴 어쩐 일이야?
B: 회의에 참석하라고 초대받았어.

Not much
별일 없어(Nothing special)

상대방의 인사에 답하는 대표적인 것으로 Not much 대신에 Nothing much라고 해도 된다.

A: What did you do last night?

B: Not much. I watched a few TV programs.

A: 지난 밤에 뭐했어?
B: 별로 없어. TV프로 몇 개 봤어.

Can't complain
아주 좋아

불평할 수 없다는 말은 아주 상황이 좋다는 말이다.

A: Do you like working at a hotel?

B: Can't complain. I'm making good money.

A: 호텔에서 일하는게 좋아?
B: 아주 좋아. 돈도 많이 벌거든.

Couldn't be better
아주 좋아

부정어+비교급=최상급에 딱 맞는 문장. 역시 아주 좋다는 말이다.

A: Hey Bob, how do you like your new car?

B: It couldn't be better. It's comfortable and it runs great.

A: 이봐 밥, 새로 뽑은 차 어때?
B: 더 이상 좋을 수가 없어. 안락하고 잘 나가.

Could be better
별로야

틀리게 이해하기 쉬운 표현. 더 좋을 수도 있는데 실은 그렇지 않다는, 즉 별로라는 문장이다.

A: How is your health these days?

B: Could be better. I've been in and out of the hospital.
A: 요즘 건강이 어때?
B: 별로야. 병원을 드나들고 있어.

Could be worse
잘 지내

Could be better의 반대말로 더 나쁠 수도 있는데 실은 그렇지 않다는, 즉 괜찮아, 잘 지내라는 표현이다.

A: I heard the stock market was down.
B: Could be worse. It's still pretty profitable.
A: 주식이 떨어졌다며.
B: 실은 괜찮아. 아직 꽤 수익을 내거든.

Same as usual
여전해

하루하루 별 다를 것이 없이 똑같이 지내고 있을 때 사용하는 표현이다.

A: Got any plans for the holidays?
B: Same as usual. I'm going to visit my family.
A: 휴일에 무슨 계획있어?
B: 늘상 그렇지. 가족을 방문할거야.

Take care!
잘 가!

take care of~는 돌보다, 처리하다이지만 단독으로 Take care!라고 쓰면 헤어질 때 쓰는 인사가 된다.

A: I've got to go. Take care.
B: OK, see you later, nice meeting you.
A: 나 가야돼. 조심해.
B: 그래, 나중에 봐. 만나서 반가웠어.

Take it easy!
잘 지내!

살살 다뤄, 진정해라는 의미로도 쓰이지만 헤어질 때 잘 지내라는 의미로도 쓰인다.

A: I'm looking forward to getting to know you.

B: Take it easy. We have a lot of time.

A: 널 빨리 알게 되고 싶어.
B: 진정하라고. 우리 시간이 많잖아.

Catch you later!
나중에 보자!

Catch you later는 헤어지면서 하는 인사말로 "Goodbye"나 "I'll see you later"와 같은 의미.

A: You're gonna leave without seeing Jun?

B: Well, she's busy. I'll catch up with her later.

A: 준을 보지도 않고 갈거야?
B: 저기, 걔 바쁘니까 나중에 볼게요.

See you again
다시 보자

비록 동사가 먼저 나와 명령문처럼 보이지만 See you~ 의 경우는 앞에 I'll~이 생략된 표현이다. 예를 들어 See you again의 경우 I'll see you again의 축약된 표현인 것이다. 그냥 See you 만해도 완벽한 인사표현이며 그 뒤에 구체적으로 시간을 다양하게 넣어서 See you tomorrow, See you next weekend[week], See you Friday라고 말하면 된다.

A: Let's get together at 9 o'clock in my office.

B: That'll be fine. See you then.

A: 그럼 9시에 내 사무실에서 만납시다.
B: 그게 좋겠군요. 그때 봐요.

② 의사소통

I couldn't get in touch with her all day
종일 걔와 연락이 안됐어

get in touch with~는 '…와 연락하다'라는 동작을 뜻하면 반면 be[keep] in touch with~는 …와 연락을 주고 받는 상태임을 뜻한다.

A: Did you get in touch with your dad?

B: Yeah. He said he just charged his cell phone.

A: 네 아빠와 연락됐어?
B: 어. 핸드폰을 충전하고 계셨대.

I lost touch with him
난 걔와 연락이 끊겼어

get in touch with sb와 반대말로 be out of touch with라고 해도 된다.

A: Has Kelly contacted you recently?
B: I've been out of touch with her for years.
A: 켈리로부터 최근 연락받은 적 있어?
B: 오랫동안 연락이 끊겼어.

get (a)hold of~
연락이 닿다

get a hold of에서 hold는 명사로 「잡기」라는 의미. get a hold of sth하게 되면 「…을 잡다[얻다]」 get a hold of sb하게 되면 「(전화나 대면에서)…와 겨우 얘기를 나누다」라는 뜻이 된다.

A: How can I get a hold of you tomorrow?
B: Just call my office and talk to my secretary.
A: 내일 내가 어떻게 연락을 할까?
B: 사무실에 전화해서 비서와 얘기해.

Keep me posted
계속 연락 줘

CSI 단골표현으로 수사관들이 헤어지면서 계속 후속 소식이나 정보를 알려달라고 할 때 쓰는 전형적인 표현이다.

A: Listen, we might have to postpone this.
B: OK, just keep me posted.
A: 이봐, 우리는 이걸 연기해야 될지도 몰라.
B: 알았어, 계속 연락 줘.

Can't argue with you there
그 점에 대해 찬성이야

일단 맨 앞에 주어 'I'가 생략된 것으로 'I'를 넣어서 I can't argue with that이라고 써도 된다. 직역하면 난 그것과 다투거나 반대할 수 없다, 즉 상대방의 제안이나 의견이 동의하는 것으로 우리말로는 "물론이지," "당연하지," "두말하면 잔소리지"라는 문장이 된다. 즉, Can't argue with~는 …에 찬성이다라는 패턴이다.

A: That is the ugliest dress I've ever seen.
B: I can't argue with that. Wonder where she bought it.
A: 이런 보기 흉한 드레스는 처음 봐.
B: 정말 그래. 걔가 어디서 샀는지 궁금하네.

That makes two of us
나도 그래

상대방의 말에 찬성한다는 말로 "나도 그렇게 생각해"라는 의미.

A: She said she found the speech boring.
B: Yeah, that makes two of us.
A: 걔는 연설이 지겹다고 말했어.
B: 그래, 나도 그래.

You're right on
찬성이야

먼저 You're right은 상대방 말에 맞다고 동의할 때 쓰면 되고, 여기에 on를 붙여서 You're right on하게 되면 상대방이 한 말이 정확히 맞다(to agree with what someone has said or done)고 맞장구칠 때 사용하면 된다. 참고로 You're on!하면 내기 하자는 상대방의 제안에 "그래 해보자!"라고 하는 말이다.

A: I bet I figure out how they're connected before you do.
B: All right. You're on.
A: 네가 그러기 전에 어떻게 걔네들이 연결됐는지 내가 알아내는데 확신해.
B: 좋아. 그렇게 하자.

It suits me fine
난 좋아

상대방의 제안이나 의견에 찬성한다는 말로 "내 생각에 좋은 것 같아" 정도로 이해하면 된다.

A: You like living in Seoul?
B: Sure. It suits me fine.
A: 서울에서 사는게 좋아?
B: 물론. 난 좋아.

You got it?
알았어?

You got it하면 알겠어, 끝을 올려 You got it?하게 되면 "알겠어?"라는 문장이 된다.

dialogue

A: You seem really anxious to get out of here.

B: I want to leave in 5 minutes. You got it?

A: 여기서 나가고 싶어 안달난 것 같아.

B: 5분 후에 나가고 싶어. 알았어?

You know what I mean?
무슨 말인지 알겠어?

앞에 Do가 생략된 것으로 생각하면 된다. 자기의 말을 상대방이 이해했는지 확인하는 표현이다.

dialogue

A: Do you know what I mean?

B: Yeah! You're saying you need to take a day off.

A: 무슨 말인지 알겠어?

B: 어! 하룻 쉬고 싶다는거지.

I get the point
무슨 말인지 알겠어

상대방 말의 요지(point)를 이해했다(get = understand)는 말씀.

dialogue

A: We need to find a way to make money.

B: I get the point. We need to be profitable.

A: 우리는 돈을 벌 방법을 찾아야 돼.

B: 무슨 말인지 알겠어. 우리는 수익을 내야 돼.

Do I make myself clear?
내 말 알아들었지?

make oneself clear는 '…의 말을 이해시키다'라는 것으로 Do I make myself clear?는 상대방에게 자기 말을 제대로 알아들었는지 물어보는 표현이다.

dialogue

A: Do I make myself clear?

B: Of course. I understand what you mean.

A: 내 말 알아들었지?

B: 물론. 무슨 말인지 이해했어.

I don't know what you mean
그게 무슨 말이야

상대방의 말을 이해하지 못했을 때 사용하면 된다. 반대로는 I know what you mean이라고 하면 된다.

A: These winter days make me feel sad.
B: Sure, I know what you mean.
A: 겨울날에 기분이 울적해져.
B: 그래, 무슨 말인지 알겠어.

What are you getting at?
무슨 말을 하려는거야?

get at은 직접적으로 말하지 않고 암시한다는 뜻으로 What are you getting at?하면 알듯말듯 아리송하게 말하는 상대방에게 무슨 말을 하려는거냐고 직접적으로 묻는 문장이다.

A: I need to talk to you about something personal.
B: What are you getting at?
A: 뭔가 사적인 얘기를 너와 해야 돼.
B: 무슨 말을 하려는거야?

What're you saying?
그게 무슨 말이야?

상대방의 말을 이해하지 못할 때 그게 지금 무슨 말이냐라고 물어보는 문장이다.

A: People are very upset about this.
B: What're you saying?
A: 사람들이 이 때문에 매우 화가 났어.
B: 그게 무슨 말이야?

What're you trying to say?
무슨 말을 하려는거야?

상대방이 무슨 말을 하려는 건지 아리송할 때 대체 무슨 말을 하려는거야라고 단도직입적으로 묻는 문장이다.

A: It's not easy to tell you about it.
B: What're you trying to say?

A: 그 얘기를 너한테 하는게 쉽지 않네.
B: 무슨 말을 하려는거야?

I can see that
알겠어

여기서 see는 understand로 이해하여야 한다.

A: We need to improve our relationship.

B: You're right. I can see that.

A: 우리는 우리 관계를 발전시켜야 돼.
B: 네 말이 맞아. 알겠어.

I don't know a thing
난 아무 것도 몰라

모르는 것을 강조하는 것으로 "난 하나도 몰라"라고 강변하는 문장.

A: Did you see who broke this?

B: Not me. I don't know a thing.

A: 누가 이걸 깨트렸는지 알아?
B: 난 아냐. 난 아무 것도 몰라.

You've got it all wrong
잘못 알고 있는거야

상대방이 뭔가 오해하거나 잘못 알고 있을 때 사용할 수 있는 표현이다.

A: I am sure Brad took the money.

B: No way. You've got it all wrong.

A: 브래드가 돈을 가져간게 확실해.
B: 말도 안돼. 네가 잘못 알고 있는거야.

I'm not buying your story
네 얘기는 못 믿겠어, 네 거짓말에 안 속아

여기서 buy는 accept의 뜻으로 주로 I don't buy it이란 형태로 많이 쓰인다.

A: I was late because the subway train broke down.

B: Bullshit. I'm not buying your story.

A: 지하철이 고장나서 늦었어.
B: 말도 안돼. 네 얘기는 못 믿겠어.

You're lying to me
거짓말하지마

…에게 거짓말하다는 lie to sb이다.

A: I always loved you. I never loved him.
B: You're lying to me.
A: 난 언제나 널 사랑했어. 걔를 사랑한 적은 없어.
B: 거짓말하지마.

(Do) You mean to tell me ~?
그 말 진심야?

상대방에게 어떤 사실을 확인하기 위해서 던지는 표현으로 여기서 mean to는 intend to(…할 셈이다)로 이해하면 된다.

A: You mean to tell me it was cancelled?
B: Yeah, they just announced the cancelation.
A: 그게 취소되었다는 말을 하려는거야?
B: 어, 그냥 취소를 발표했어.

❸ 범죄와 처벌

You committed a murder
넌 살인을 저질렀어

범죄를 저질렀다고 할 때는 commit a crime이라고 하면 된다.

A: Will the judge really find me guilty?
B: You're going to jail. You committed a murder.
A: 판사가 나를 유죄로 판결할까?
B: 넌 감방에 갈거야. 살인을 저질렀잖아.

Are you packing?
총 가지고 다녀?, 짐 다 쌌어?

문맥에 따라 Are you carrying a gun?이라는 의미로 쓰인다.

A: I think guns are important for self defense.

B: Do you really? Are you packing right now?

A: 총은 자기 방어를 하는데 중요하다고 생각해.
B: 정말 그렇게 생각해? 지금 총 갖고 있어?

be shot dead
총맞아 죽다

죽기는 죽었는데 총을 맞아 죽었다고 할 때 사용한다.

A: How did the gangster die?

B: He was shot dead in a parking lot.

A: 그 갱은 어떻게 죽었대?
B: 주차장에서 총맞아 죽었어.

attempted murder
살인미수

attempt는 시도하다, 기도하다라는 뜻으로 attempted하면 성공하지 못한, 미수에 그친이라는 뜻이 된다.

A: I heard Mr. Johnson was arrested.

B: The police charged him with attempted murder.

A: 존슨 씨가 체포되었다며.
B: 경찰은 그를 살인미수 혐의로 잡았어.

perp
범인

수사관들이 찾는 범인을 말하며, 크리미널 마인드에 많이 나왔던 unsub은 unknown subject의 약어로 미확인용의자라는 의미이다.

A: I need to talk to my client.

B: The perp was taken to his jail cell.

A: 내 의뢰인과 얘기를 해야 돼요.
B: 범인은 감방으로 이송됐어요.

A: What do the cops know about the killer?

B: **They are still searching for an unsub.**
A: 경찰이 살인자에 대해 알고 있는게 뭐야?
B: 아직 미확인용의자를 찾고 있어.

What (do) you got?
무슨 일이야?, 뭐 나왔어?

CSI의 수사관들이 무슨 사건이 벌어졌는지, 무슨 조사결과가 나왔는지 물어볼 때 자주 쓰는 표현이다. 원래는 What have you got?이 맞는 문장이다.

A: **What you got? Tell us.**
B: **Some people are saying Sara did it.**
A: 무슨 일이야? 우리한테 말해봐.
B: 새라가 그랬다고 말하는 사람들이 있어.

forensics
과학수사팀

법의학적 증거를 찾는 과학수사팀을 말한다.

A: **What is a popular subject of study?**
B: **Many of the students are studying forensics.**
A: 인기있는 학습과목이 뭐야?
B: 많은 학생들이 과학수사를 공부하고 있어.

Clear!
(수색하면서) 이상없음!

경찰이 어떤 장소를 급습할 때 많이 들리는 표현이다. 이방 저방 확인하면서 안전이 확보되었다는 의미로 Clear!라고 외친다.

A: **Clear! There's nobody inside.**
B: **OK, let's go in and search the building.**
A: 이상없음! 안에는 아무도 없어.
B: 알았어, 들어가서 건물을 수색하자.

put[get] one's hands up
두 손을 들다

수사관이 용의자에게 하는 단골 표현이다.

A: I'm here! Don't shoot me!

B: Get your hands up in the air!

A: 나 여기 있어요! 총쏘지 말아요!

B: 두 손을 머리위로 들어!

get down
(총격전에서) 머리숙이다

몸을 낮추라(down)는 의미로 총격적이 벌어질 때 주위 사람들에게 던지는 경고.

A: What are those loud noises?

B: Get down! Someone is shooting at us.

A: 이 커다란 소리가 뭐야?

B: 몸을 낮춰! 누가 우리를 향해 총을 쏘고 있어.

hit the street
탐문수사하다

증거를 더 확보하기 위해 발품팔아 거리의 이집저집 돌아다니면서 정보를 수집하는 것을 말한다.

A: It's almost time to go on patrol.

B: Let's get some coffee before we hit the street.

A: 순찰갈 시간이 거의 되었네.

B: 커피 좀 마시고 순찰하러 가자고.

put a tap on
도청하다

도청당하다는 be tapped, 전화기를 도청하다는 tap one's phone이라고 한다.

A: How did they know where he was going?

B: The FBI decided to put a tap on his phone.

A: 그가 가는 곳을 그들이 어떻게 알았대?

B: FBI가 그의 전화에 도청을 하기로 했대.

stake out
잠복근무하다

경찰들이 용의자 확보를 위해 또는 범죄현장을 잡기 위해 잠복근무하는 것을 말한다. 혹은 …을 감시하다라는 의미로 stake out sth이라고 쓴다.

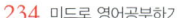

A: It will be hard to locate the bank robber.
B: We'll stake out his house to see if he comes home.
A: 은행강도가 어디에 있는지 알아내기가 어려울거야.
B: 집에 오는지 잠복수사를 할거야.

be under arrest
체포되다

"…로 당신을 체포합니다"는 You're under arrest for+범죄명이라고 하면 된다.

 A: Have you heard from your cousin?
B: She is currently under arrest.
A: 네 사촌 소식 들었어?
B: 걘 현재 구금중이야.

dust for prints
지문을 찾기 위해 먼지를 털어내다

CSI 등의 수사물을 봤으면 쉽게 이해되는 표현이다. 솔로 물건의 먼지를 털어내서 지문을 찾아내는 과정을 말하는 표현이다.

 A: We need to find evidence to catch the killer.
B: The detectives are going to dust for prints.
A: 우리는 살인자를 체포하기 위해 증거를 찾아야 돼.
B: 형사들이 지문을 찾기 위해 먼지를 털어낼거야.

run a rap sheet
전과기록을 찾아보다

rap sheet은 범죄자의 전과기록을 말한다.

 A: We found this man walking near the crime scene.
B: Run his rap sheet and see if he's a criminal.
A: 이 남자가 범죄현장 근처를 배회하는 것을 알아냈어.
B: 전과기록을 뒤져서 범죄자인지 알아봐.

set sb up
모함하다

"네가 날 모함했어!"라고 하려면 You set me up!이라고 하면 된다.

A: How come her husband was caught?
B: She set him up to get arrested.
A: 걔 남편은 어떻게 잡힌거야?
B: 그녀가 모함해서 체포된거야.

be framed
함정에 빠지다

set up와 비슷한 표현으로 frame sb for~하면 …에게 …혐의를 뒤집어 씌우다라는 뜻이 된다.

A: We found you with stolen property.
B: It's not my fault. I was framed.
A: 당신에게 도난당한 자산이 있는 것을 발견했어요.
B: 내 잘못이 아녜요. 함정에 빠진거예요.

pin it on sb
죄를 전가하다

"내 탓으로 돌리지마!"라고 하면 Don't try to pin it on me!라고 하면 된다.

A: You were the one that smashed the window.
B: Don't try to pin it on me!
A: 네가 바로 창문을 박살낸 놈이지.
B: 나한테 뒤집어 씌우려고 하지마요!

turn sb in
밀고하다

turn in은 제출하다, 잠들다 등 다양한 의미가 있지만, 수사물에서 나오면 밀고하다, 찌르다라는 말이 된다. 그래서 스스로를 밀고하는 turn oneself in은 '자수하다'라는 의미가 된다.

A: We have the perp in custody now.
B: His family turned him in.
A: 지금 범인을 구금 중에 있어.
B: 범인 가족이 찔렀어.

be charged with
기소되다

폭행죄로 기소되다는 be charged with assault라 하면 된다.

A: You got taken away by the cops?
B: I was charged with assault.
A: 너 경찰에 연행됐어?
B: 폭행혐의로 잡혔어.

be off the case
소송사건에서 손떼다

case는 수사물에서는 소송, 사건, 의학물에서는 환자라는 뜻으로 쓰인다.

A: I thought you were working with a detective.
B: No, he's off the case now.
A: 난 네가 형사와 함께 일하는 줄 알았어.
B: 아냐, 그는 이제 사건에서 손을 뗐어.

want[hire] a lawyer
변호사를 선임하다

경찰의 조사를 받게 되면 용의자들이 한결같이 하는 말이 I want a lawyer이다.

A: They say that I committed a crime.
B: You're going to want to hire a lawyer.
A: 내가 범죄를 저질렀다고들 해.
B: 변호사를 고용해라.

be on trial
재판중이다

try의 명사형인 trial이 수사물에서 쓰이면 재판이라는 뜻이 된다.

A: Marsha is in serious trouble.
B: She is on trial for killing her husband.
A: 마샤는 아주 큰 곤경에 빠졌어.
B: 그녀는 남편살해범으로 재판을 받고 있어.

plead not guilty
무죄라고 답하다

무죄를 주장하다라는 의미이고 반대로 유죄를 인정하다라고 하려면 plead guilty라면 된다.

A: What is going to happen in the trial?
B: The defendant is expected to plead not guilty.
A: 재판 어떻게 될 것 같아?
B: 피고는 무죄를 주장할 것으로 예상돼.

What's the verdict?
판결이 나왔습니까?

verdict은 판결이라는 뜻으로 배심원제를 하고 있는 미국에서 이 문장은 주로 판사가 배심원장에게 하는 말이다.

 A: The jury is in? What's the verdict?
B: I think they will find him innocent.
A: 배심원이 들어왔어? 판결이 나왔어?
B: 무죄선고를 할 것 같아.

get convicted
유죄판결을 받다

convict가 명사로 쓰이면 범법자라는 말.

 A: How did your dad get into trouble?
B: He got convicted for not paying taxes.
A: 너희 아빠는 왜 곤경에 처하게 된거야?
B: 탈세로 유죄판결을 받았어.

take sb in custody
구류하다

중한 폭행이나 살인 등의 범죄를 저질렀을 때는 일단 구류하는게 원칙이다.

 A: What will happen when Gary shows up?
B: The cops will try to take him into custody.
A: 게리가 오면 어떻게 될까?
B: 경찰은 그를 구금하려고 할거야.

on parole
보호감찰중인

가석방되어 보호감찰관이 계속 지켜보는 상황을 말한다. 자유이기 하지만 완전한 자유가 되지 않은 상태를 생각하면 된다.

A: So he's not in prison anymore?
B: He was released on parole a few years ago.
A: 그래, 그는 이제 감옥에 있지 않아?
B: 몇 년 전에 보호감찰로 석방됐어.

04 의학

What are his symptoms?
걔 증상이 어때?

대신 What's the problem?이라고 해도 된다.

A: Kevin is sick? What are his symptoms?
B: He's been coughing and sneezing.
A: 케빈이 아프다고? 증상이 어때?
B: 기침을 하고 재채기를 해.

I'm not feeling good
몸상태가 좋지 않아

몸상태가 건강 상태가 좋지 않다고 말할 때.

A: I'm not feeling good right now.
B: I'm sorry. Is there anything I can do?
A: 지금 몸 상태가 좋지 않네.
B: 안됐네. 내가 뭐 해줄 것 없어?

He has taken ill
그는 병에 걸렸어

병에 걸렸을 때 하는 말로 be taken ill이라고 해도 된다.

A: Why wasn't he at work today?
B: He has taken ill.
A: 걔 왜 오늘 결근한거야?
B: 병에 걸렸대.

come down with
병에 걸리다

주로 감기 등 가벼운 병에 걸렸을 때 쓰는 빈출 표현이다.

A: Your wife looked very sick.
B: She came down with the flu a few days ago.
A: 네 아내 많이 아파보였어.
B: 며칠 전에 독감에 걸렸어.

have a history of~
병력이 있다

여기서 history는 병력을 말한다. 과거에 아팠던 이력을 말할 때 요긴하게 사용된다.

A: Brian is worried that he'll get lung cancer.
B: His family has a history of cancer.
A: 브라이언은 자기가 폐암에 걸릴까봐 걱정해.
B: 걔 가족은 암병력이 있거든.

get hurt
다치다

상처를 받다라는 말로 Nobody needs to get hurt는 상처받고 싶은 사람은 아무도 없어라는 의미.

A: So he has been in the hospital?
B: He got hurt in a car crash.
A: 그럼 걔는 병원에 있는거야?
B: 자동차 충돌사고로 부상을 당했어.

have a stroke
뇌졸증을 앓다

stroke는 뇌졸증을 뜻한다.

A: I'm sorry that your grandma isn't well.
B: She's been in a wheelchair since she had a stroke.
A: 네 할머니 건강이 안좋으셔서 안됐어.
B: 뇌졸증을 앓으신 후로 휠체어에 타고 계셔.

run a fever
열이 나다

run 대신에 have를 써서 have a fever라 할 수도 있다.

A: Carol is running a fever. What can we do?

B: She should drink fluids and take some aspirin.

A: 캐롤이 열이 나. 어떻게 하지?
B: 수분을 섭취하고 아스피린을 먹어야 돼.

have a sore throat
목이 아프다

sore throat는 인후염으로 have a sore throat하면 목이 아프다라고 할 때 쓴다.

A: Why do you keep rubbing your throat?

B: I've had a sore throat since yesterday.

A: 왜 계속 목을 문지르는거야?
B: 어제부터 목이 아파.

break one's arm
팔이 부러지다

다리가 부러졌을 때는 break one's leg라고 하면 된다.

A: I broke my arm after falling down.

B: You've really got to be more careful.

A: 넘어지고 나서 팔이 부러졌어.
B: 정말이지 너 더 주의해야겠다.

get bruised
멍들다

심하게 멍이 들었을 때는 get really badly bruised라고 하면 된다.

A: Look at my leg. The skin is purple.

B: It's easy to get bruised playing sports.

A: 내 다리를 봐봐. 피부색이 보라색이야.
B: 운동을 하다 멍들기 쉽지.

gunshot wounds
총상

범죄물 미드에서 자주 등장하는 표현으로 총으로 맞은 상처를 말한다.

A: The shooting victims will be transported there.
B: That hospital is good at treating gunshot wounds.
A: 총격전 피해자는 그곳으로 이송될거야.
B: 그 병원은 총상치료에 일가견이 있어.

heart attack
심장마비

심장마비가 왔을 때는 have a heart attack이라고 한다.

A: Louie had a heart attack at his house.
B: I heard they sent an ambulance for him.
A: 루이는 자기 집에서 심장마비가 왔어.
B: 앰뷸런스가 실으러 왔다고 들었어.

go to the doctor
병원에 가다

의사에게 간다는 말씀은 병원에 간다는 말에 다름아니다.

A: I feel much worse than I did yesterday.
B: You'd better hurry and go to the doctor.
A: 어제보다 더 상태가 훨씬 안좋아.
B: 서둘러 병원에 가봐야겠다.

be hospitalized
입원하다

입원한 이유는 뒤에 for~를 붙여 써주면 된다.

A: Does anyone know what happened to Brett?
B: He was hospitalized with serious symptoms.
A: 브렛에게 무슨 일이 일어났는지 아는 사람 있어?
B: 중병으로 병원에 입원했어.

code blue
병원의 긴급상황

병원의 긴급상황으로 심장이 멈춰 심폐소생술을 해야 하는 상황을 긴박하게 전달하는 용어.

A: Why was everyone running down the hall?

B: The nurses were responding to a code blue.

A: 왜 다들 복도로 뛰어가는거였어?

B: 간호사들이 코드블루에 응답하는 것이었어.

do (one's) rounds
회진하다

의사가 입원한 환자들을 회진하는 것을 말한다. do rounds 혹은 do one's rounds라고 하면 된다.

A: Could I speak to a physician?

B: The doctors are out doing their rounds.

A: 의사선생님과 얘기할 수 있을까요?

B: 의사선생님들이 지금 나가서 회진 중이십니다.

do the autopsy
부검하다

원인이 불분명하게 죽은 사람을 부검을 하여 사인(cause of death)을 밝히게 되어 있다.

A: We need to know the cause of death.

B: They will do the autopsy on Monday.

A: 우리는 사인을 알아야 돼.

B: 월요일에 부검이 있을거야.

surgeon
외과의사

외과 수술을 하는 의사. 성형수술의사는 plastic surgeon이라고 한다.

A: Why didn't they operate when she arrived?

B: No surgeons were available last night.

A: 그녀가 도착했을 때 왜 수술을 하지 않은거야?

B: 지난밤에 외과의가 한 명도 없었어.

paramedics
응급구조대원

911 등 응급대원을 말한다.

A: We need help with this injury!
B: The paramedics are on their way.
A: 이 부상자들 도와야 돼!
B: 응급구조대원들이 오고 있는 중이야.

take one's medicine
약을 복용하다

약을 먹다라고 할 때는 take를 쓴다.

A: I hate the taste of this stuff.
B: Take your medicine or you won't get better.
A: 난 이거 맛이 싫어.
B: 약을 먹지 않으면 낫지 않을거야.

get[do] a physical
건강검진을 받다

'a'를 빼면 전혀 다른 뜻이 되니 조심해야 한다. get physical하면 완력을 쓰다, 혹은 섹스하다라는 뜻이 된다.

A: How do you know you're in good health?
B: I get a physical every year.
A: 네 건강이 좋다는 것을 어떻게 알아?
B: 난 매년 건강검진을 받아.

be sorry for your loss
고인의 명복을 빌다

사망한 사람의 가족에게 건네는 가장 대표적인 표현이다.

A: My dad died last night.
B: I am very sorry for your loss.
A: 지난밤에 아버지가 돌아가셨어.
B: 고인의 명복을 빌어.

05 남과 여

have[get] a crush on ~
일시적으로 반하다

일시적으로 홀딱 반한 것을 말할 때는 crush를 쓰고 반한 대상은 on sb로 이어주면 된다.

A: Was Dave attracted to his co-worker?
B: He had a crush on her for a while.
A: 데이브가 동료 직원에게 반했어?
B: 한동안 그녀에게 반했었지.

fall for ~
사랑에 빠지다

fall for+sb하면 사랑에 빠지는 것이고 fall for+sth하게 되면 …에 속아 넘어가다라는 말이 된다.

A: Dale and Cathy seem very much in love.
B: They fell for each other on their first date.
A: 데일과 케이시는 서로 무척 사랑하는 것 같아.
B: 걔네들 첫데이트 때에 사랑에 빠졌어.

have (got) a thing for ~
관심있다

특정 이성에게 관심이 있거나 맘에 두고 있을 때 사용하면 좋은 표현이다.

A: I heard Brian was in love with Julie.
B: He had a thing for her years ago.
A: 브라이언이 줄리를 사랑했다며.
B: 수년 전에 줄리를 좋아했지.

have feelings for ~
좋아하다

feelings가 복수로 쓰인다는 점에 주목한다.

A: We only dated a few times.
B: You still have feelings for him?
A: 우리는 데이트를 몇 번 밖에 못해봤어.
B: 넌 그래도 그 남자를 좋아해?

be crazy for[about]~
…에 빠져 있다

이성에 폭 빠져서 이성을 차리지 못할 때 사용한다.

A: All he talked about was his new girlfriend.
B: Sure, he's crazy about her.
A: 걔는 오로지 새로 생긴 자기 여친 얘기뿐이야.
B: 맞아, 걘 그녀에게 빠져 있어.

be made for each other
천생연분이다

a match made in heaven, mate for life로 써도 된다.

A: They both like staying home and cooking.
B: I think they were made for each other.
A: 걔네들은 둘다 집에서 요리하는 것을 좋아해.
B: 걔네들 천생연분인 것 같아.

hit it off
죽이 잘 맞다

만나자마자 바로 친해져서 죽이 잘 맞는 경우에 쓰면 된다.

A: Why didn't they go on a second date?
B: They just didn't hit it off.
A: 왜 걔네들 두번 째 데이트를 하지 않은거야?
B: 걔네들은 서로 죽이 잘 맞지 않았어.

have good chemistry
잘 통하다

거의 우리말화 된 chemistry. 케미가 좋다라는 말이다.

A: I need to find a girl who makes me passionate.
B: It's important to have good chemistry.
A: 날 열정적으로 만들어줄 여친을 찾아야 돼.
B: 케미가 잘 맞는게 중요해.

ask sb out
데이트 신청하다

데이트 신청하다의 대표적인 표현. 뒤에 on a date라고 특정해주어도 된다.

A: You think she'd go on a date?
B: Go ahead and ask her out.

A: 걔가 데이트에 나올 것 같아?
B: 어서 데이트신청해봐.

fix sb up with
소개시켜주다

소개팅을 해줄 때 쓰는 표현으로 fix 대신에 set을 써도 된다.

A: Brittany is a nice girl, and she's single.
B: I'm going to fix her up with my cousin.

A: 브리터니는 착한 애이고 미혼이야.
B: 내가 그녀를 내 사촌에게 소개시켜줘야지.

play hard to get
튕기다

이성교제시 서로 비싸게 굴면서 튕기는 경우가 있는데 이에 딱 맞는 표현이다.

A: Why doesn't Emma pay attention to me?
B: She is just playing hard to get.

A: 엠마는 왜 내게 관심을 보이지 않는거야?
B: 걔는 튕기고 있는 중이야.

go out with
데이트하다(have a date with)

date는 데이트라는 추상명사도 되지만 데이트하는 상대를 말하기도 한다.

A: I thought you had a thing with Michael.
B: I never went out with him!

A: 넌 마이클을 좋아했던 것으로 생각했는데.
B: 난 절대로 걔하고 데이트한 적이 없어!

go steady with
진지하게 사귀다

serious하게 사귀는 것을 말한다.

A: Did you go steady with anyone in high school?
B: No, I didn't have a girlfriend till college.
A: 고등학교 때 누구하고 진지하게 사귄 적이 있어?
B: 아니, 대학 때까지 여친이 없었어.

break up (with)
헤어지다

헤어질 때의 대표표현으로 break it off라고 해도 된다.

A: I think I'm going to break up with Julie.
B: Why? Are you two having problems?
A: 나 줄리하고 헤어질 것 같아.
B: 왜? 둘에게 문제가 있어?

split up with
갈라서다

헤어지거나 기혼자들이 이혼해서 갈라서는 것을 말한다.

A: I thought Erica was married.
B: She split up with her husband last year.
A: 에리카는 유부녀인 줄 알았어.
B: 작년에 남편과 헤어졌어.

be over sb
헤어져 있다

sb와 헤어져 감정적으로도 다 잊었다라고 말할 때. be 대신에 get을 써도 된다.

A: You keep thinking of your ex-wife.
B: I'll never be over her.
A: 넌 계속해서 네 전 아내를 생각하지.
B: 난 절대로 그녀를 잊지 못할거야.

come on to
추근대다(hit on)

이성에게 집적대는 것을 말한다. 그래서 come-on하게 되면 유혹이란 명사가 된다. 또한 비슷한 표현으로는 hit on sb가 있다.

A: You seduced that young woman.
B: No, she came on to me.
A: 넌 저 젊은 여성을 유혹했어.
B: 아냐, 그녀가 내게 추근댔어.

flirt with
작업걸다

역시 이성에게 추근대거나 작업들어갈 때는 flirt라는 동사를 사용한다.

A: You attend the club meetings a lot.
B: I just go to flirt with the girls.
A: 넌 클럽 모임에 많이 참석하더라.
B: 난 여자들에게 추근대기 위해서 갈뿐이야.

turn sb on
흥분시키다

이성에게 흥분되는 것으로 turn-on하면 '흥분'이라는 명사로 쓰인다.

A: Didn't you notice her beauty?
B: Of course, she turned me on.
A: 걔의 미모를 몰라봤단 말야?
B: 물론 알지, 걔 때문에 흥분했는걸.

make out (with)
애무하다

키스, 애무 등을 뜻하며 경우에 따라서는 섹스하다라는 의미도 갖는다.

A: So you two didn't have sex?
B: I just made out with her for a while.
A: 그래 너희 둘 섹스를 하지 않았어?
B: 단지 잠시 걔와 애무를 했을 뿐이야.

make love to [with]
사랑을 나누다

have sex보다 좀 더 우아한 표현.

A: Did you make love with Tina?
B: Yeah. We did it all night long.
A: 너 티나와 사랑을 나누었어?
B: 어. 밤새 그랬어.

hook up with
성적인 관계를 갖다

미국에서 hook up with하면 거의 성적인 의미를 갖는다.

A: Why do you pay so much attention to Jill?
B: I'd like to hook up with her.
A: 너 왜 그렇게 질에게 많은 관심을 보이는거야?
B: 걔하고 하고 싶어서.

have a fling
스트레스를 날리기 위해 섹스하다

fling은 지속적인 관계없이 그냥 섹스를 위한 섹스를 말한다.

A: We spent the whole day in our French hotel room.
B: Paris is a great place to have a fling.
A: 우리는 프랑스 호텔 방에서 하루 온종일을 보냈어.
B: 파리는 가볍게 섹스하는데 아주 좋은 장소이지.

get married to sb
결혼하다

get를 쓰면 언제 결혼한다는 말이 된다. 결혼한지 10년 됐다고 하려면 be married for 10 years 라고 해야 된다.

A: How long has Patty had a husband?
B: She got married to him years ago.
A: 패티가 현 남편과 결혼한지 얼마나 됐어?
B: 걘 결혼한지 오래됐어.

move in with [together]
동거하다

서로 마음에 들면 헤어지기 싫은 법. 결혼전에 미리 함께 사는 것을 말한다.

A: Helen moved in with her boyfriend?

B: Oh yeah. They plan to get married.

A: 헬렌이 남친과 동거를 시작했어?
B: 그럼. 걔네들은 결혼할 생각이야.

cheat on sb with
바람피다

cheat하면 두가지 의미를 기억해두어야 한다. 하나는 시험시간에 컨닝하다, 사기치다, 그리고 다른 하나는 이성관계에서 배신때리고 바람피는 것을 뜻한다. sb에는 기존 이성을 with~ 이하에는 새로 생긴 연인을 적으면 된다.

A: What caused the trouble in their relationship?

B: He cheated on her with a co-worker.

A: 걔네들 관계에 뭐가 문제가 된거야?
B: 그가 애인을 속이고 동료직원과 바람을 폈어.

be pregnant with~
임신하다

be 대신에 get을 써도 된다.

A: People say George and Mindy have been having sex.

B: She is pregnant with his baby.

A: 사람들이 그러는데, 조지와 민디가 섹스를 한대.
B: 걔 지금 조지의 아이를 임신하고 있어.

take some time apart
잠시 떨어져 있다

헤어지기 전에 잠시 떨어져 시간을 갖는 냉각기를 말한다.

A: It seems like all we do is fight.

B: Might be good to take some time apart.

A: 우리는 싸우는거 외에는 하는게 없는 것 같아.
B: 잠시 떨어져 있는 것이 좋을 수도 있어.

get a divorce
이혼하다

be divorced라고 해도 된다.

A: This country has a fifty percent divorce rate.

B: It's too easy to get a divorce.

A: 이 나라의 이혼율은 50%야.

B: 이혼하는게 너무나 쉬워서 그래.

foster home
위탁가정

보호자가 없어 성인이 될 때까지 다른 집에 들어가 사는 경우의 가정을 말한다.

A: What happened when their parents died?

B: The orphans ended up in a foster home.

A: 그들의 부모가 돌아가셨을 때 어떻게 됐어?

B: 고아들은 위탁가정으로 가게 됐어.

06 이런저런 감정

be not one's thing
…가 좋아하는 것은 아니다

one's thing하게 되면 '…가 좋아하는 것'을 뜻한다.

A: You don't like to go skiing?

B: No, it's really not my thing.

A: 넌 스키타러 가는 것을 좋아하지 않아?

B: 어, 내가 좋아하는 것은 아냐.

be in a good mood
기분이 좋다

반대로 기분이 나쁘다라고 하려면 be in a bad mood라고 하면 된다.

A: He made out with Alicia last night.

B: That is why he is in a good mood.

A: 걘 지난밤에 앨리시아와 사랑을 나누었어.
B: 그래서 걔가 기분이 좋은거구만.

feel so bad about~
속상하다

안타깝고 기분이 안좋은 일이 발생했을 때 쓰는 표현으로 'so'가 들어있기 때문이 기분이 무척 안 좋은 경우이다.

A: It made me angry when you embarrassed me.
B: I feel so bad about upsetting you.
A: 네가 날 당황하게 만들었을 때 화가 났어.
B: 너를 화나게 해서 너무 속상해.

make an impression
강한 인상을 남기다

인상적이라고 할 때는 be very impressive, 강한 인상을 받았다고 할 때는 be impressed라고 한다.

A: Didn't the boss remember Don?
B: He failed to make an impression.
A: 사장이 돈을 기억못했었지?
B: 돈은 강한 인상을 남기지 못했어.

get oneself worked up
열받다

oneself를 빼고 get worked up이라고 해도 되며, 강조하려면 'all'을 넣어서 get all worked up이라고 한다.

A: If he comes here again, I'll punch him.
B: Don't get yourself worked up.
A: 걔가 여기 다시 오면, 주먹으로 칠거야.
B: 너무 열받지 말라고.

This can't be happening
말도 안돼

말도 안되는 일이 벌어졌을 때 입을 벌리고 "이럴 수가"라고 하면서 할 수 있는 표현이다.

A: The letter says all your money is gone.
B: I can't believe it. This can't be happening.
A: 편지를 보니 네 돈이 다 없어졌다고 하네.
B: 그럴 수가. 말도 안돼.

blow one's mind
놀라게 하다

'…을 놀라게 하다' 혹은 문맥에 따라 '몹시 화나게 하다'라고 쓰이는 표현이다.

A: How did you feel when he told you the news?
B: It really blew my mind.
A: 걔가 그 소식을 전할 때 기분이 어땠어?
B: 정말이지 엄청 놀랐어.

That's a shame
유감이다, 실망스럽다

That's 대신에 It's를 써도 된다. 뭔가 안타까운 일이 발생했을 때 사용하면 된다.

A: Our favorite restaurant went out of business.
B: That's a shame. I'm sorry to hear it.
A: 우리가 좋아하는 식당이 문을 닫았어.
B: 유감이네. 안됐어.

let sb down
실망시키다

상대방보고 나를 실망시키지말라고 할 때는 Don' let me down, 그런데도 실망을 시켰다면 You let me down이라고 하면 된다.

A: Why do you keep working for them?
B: I don't want to let them down.
A: 넌 왜 계속해서 그들 밑에서 일을 하는거야?
B: 그들을 실망시키고 싶지 않아서.

take[have] pity on~
불쌍하게 생각하다

on 뒤에 나오는 사람을 불쌍하게 여기거나 가엾게 보는 것을 말한다.

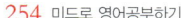

A: That old bum bothers everyone.

B: I took pity on him and gave him some money.

A: 저 늙은 부랑아가 사람들 모두를 힘들게 하네.
B: 난 불쌍하다는 생각이 들어서 돈을 좀 줬어.

be a disgrace to
불명예이다

grace의 반대어인 disgrace는 불명예, 치욕을 뜻한다.

A: Stan showed up to work drunk again.

B: He is a disgrace to this office.

A: 스탠은 또 술취한 채 직장에 나타났어.
B: 걔는 사무실의 수치야.

be[feel, get] depressed
우울증에 걸리다

기분이 가라앉고 있거나 우울할 때 쓰는 표현으로 be 대신에 feel, get을 써도 된다.

A: I just feel depressed these days.

B: Maybe you need some new hobbies.

A: 나 요즘 좀 우울해.
B: 새로운 취미생활이 필요한 것 같으네.

be frustrated with
낙담하다

with 이하의 사람에게 낙담하거나 좌절했을 때 사용한다.

A: She stormed off after you talked?

B: She got frustrated with me.

A: 네가 얘기한 후에 그녀가 화나 자리를 박차고 나갔다고?
B: 그녀는 나한테 낙담한 것 같아.

take sb by surprise
깜짝 놀라게 하다

수동태로 be taken by surprise하면 깜짝 놀랐다라는 말이 된다.

A: I'm sorry, I didn't mean to scare you.
B: It's okay, you just took us by surprise.
A: 미안하지만 널 겁주려던 것은 아니었어.
B: 괜찮아, 단지 우리를 놀라게 했을 뿐이야.

drive sb crazy
…을 미치게 하다

drive는 sb를 어떤 상태로 몰고 가는 것을 말한다. drive sb up the wall이라고 해도 된다.

A: That construction noise is loud.
B: Those sounds drive me crazy.
A: 저 건설현장의 소음은 정말 커.
B: 저 소리 때문에 내가 미칠 것 같아.

go mad
미치다

정신적으로 미치거나, 이상한 행동을 하거나 혹은 너무 좋아서 미쳐 날뛰는 것을 뜻한다.

A: How does he feel when he's insulted?
B: He goes mad when that happens.
A: 걔가 모욕을 당했을 때 걔 기분이 어땠어?
B: 걔는 그랬을 때 미쳐 날뛰었지.

be out of one's mind
돌다, 제 정신이 아니다

be 대신에 go를 써도 된다.

A: It was sad to hear your marriage failed.
B: I was out of my mind for weeks.
A: 네 결혼이 실패로 끝나서 안됐어.
B: 내가 몇주간 제 정신이 아니었어.

be annoyed at[with]
짜증나다

짜증나면 annoyed가 제격이다. 짜증나는 사실을 좀 자세히 말하려면 be annoyed that S+V라고 하면 된다.

A: Has Anna gotten in touch?
B: No. She is still annoyed with me.
A: 애나가 연락을 했어?
B: 아니. 걘 아직도 나한테 화나 있어.

get on one's nerves
신경을 거슬리게 하다

이 표현 역시 신경을 거슬리게 하다라는 것으로 결국 짜증나게 한다는 말이 된다.

A: Why didn't you invite Joe to come along?
B: That guy gets on my nerves.
A: 넌 왜 조한테 같이 가자고 하지 않았어?
B: 저 자식은 신경이 거슬려서.

be[feel] left out
소외감을 느끼다

참고로 너무 지루하다라고 하려면 bored out of one's mind라고 한다.

A: No one invited me to the party.
B: It's not nice to feel left out.
A: 아무도 날 파티에 초대한 사람이 없어.
B: 소외감을 느끼는 것은 별로 좋은 일이 아닌데.

A: Why do you all look so sad?
B: Everyone is bored out of their minds.
A: 너희들 다 왜 그렇게 슬퍼보여?
B: 다들 너무 지루해서 죽으려고 해.

07 성공과 실패

get ready for~
…할 준비가 되다

…할 준비가 되어 있다라는 말로 get 대신에 be, for~ 대신에 to+V라고 써도 된다.

A: The manager is introducing a new schedule.
B: It's time to get ready for some changes.

A: 매니저가 새로운 일정을 도입하려고 해.
B: 새로운 변화를 맞을 준비를 할 때이다.

cover (all) the bases
모든 준비를 하다

모든 베이스를 커버한다는 말로 모든 준비를 하다라는 뜻이다. have all the bases covered라고 해도 된다.

A: I asked several people to help us.
B: That should **cover all the bases.**
A: 여러 명에게 우리를 도와달라고 부탁했어.
B: 그러면 모든 준비가 다 될거야.

go as planned
계획대로 되다

as planned는 계획대로라는 뜻으로 go as planned하면 사전에 계획했던대로 되다라는 뜻이 된다.

A: Was your blind date enjoyable?
B: It did not **go as planned.**
A: 소개팅 재미있었어?
B: 계획대로 되지 않았어.

work one's ass
뼈빠지게 일하다

죽어라 일한다는 속어로 ass 대신에 butt를 써도 된다.

A: Your dad is never home on the weekends.
B: **He's been working his ass off.**
A: 너희 아버지는 주말마다 집에 안 계시더라.
B: 아버지는 뼈빠지게 일하고 계셔.

work around the clock
열심히 일하다

시계의 주위를 다 돌면서 일한다고 생각하면 된다. 결국 쉬지 않고 열심히 일한다는 뜻이다.

A: Al looks completely exhausted.
B: He works around the clock these days.
A: 알은 완전히 지친 것처럼 보여.
B: 그는 요즘 아주 열심히 일해.

go all out for~
최선을 다하다

for~ 대신에 to+V를 이어 써도 된다.

A: Can you get everything ready for the ceremony?
B: We'll go all out to get it done.
A: 모든 기념식 준비를 할 수 있어?
B: 우리는 최선을 다해서 마칠거야.

be gunning for sth
…을 잡기 위해 노력하다

for sth 대신에 for sb가 와서 be gunning for sb하게 되면 '…을 비난하다'라는 뜻이 된다.

A: Mr. Bailey is always working at his computer.
B: He's gunning for a promotion at work.
A: 베일리 씨는 항상 컴퓨터에서 일을 하고 계셔.
B: 그는 직장에서 승진을 노리고 있어.

do everything in one's power
힘껏 다하다

everything 대신에 간단히 'all'이라고 써도 된다.

A: This has caused a lot of problems.
B: I'll do everything in my power to fix it.
A: 이것은 많은 문제를 야기시켰어.
B: 내 힘껏 다해서 고쳐놓을거야.

make the best of~
힘든 상황에서도 최선을 다하다

최선을 다해서 of~ 이하를 이용하거나 최선을 다하는 것을 뜻한다.

A: My girlfriend is nice, but we argue a lot.
B: You need to make the best of it.
A: 내 여친은 착하지만, 우리는 많이 다퉈.
B: 넌 그런 상황에서도 최선을 다해야 돼.

call in sick
아파서 결근한다고 전화하다

전화해서 아프다고 결근처리를 하는 것을 말한다.

A: I just felt like staying home today.
B: That's no reason to call in sick.
A: 난 그냥 오늘 집에 머물고 싶어.
B: 그게 아파서 결근하겠다는 전화할 이유는 안되잖아.

land a job
직장을 잡다

land는 땅, 착륙하다라는 의미 외에도 동사로 뭔가 어렵게 획득하다라는 의미로도 쓰인다.

A: I've always wanted to work at Samsung.
B: It's not easy to land a job there.
A: 난 항상 삼성에서 일하고 싶어했어.
B: 그곳에 직장을 잡는 것은 쉬운 일이 아니야.

get fired
해고당하다

get 대신에 be를 써도 된다. 참고로 get the ax, put sb out of work 등의 표현이 있다.

A: Tammy is lazy and doesn't listen well.
B: She got fired after just one day.
A: 태미는 게으르고 얘기를 잘 듣지 않아.
B: 걔는 겨우 하루 일하고 잘렸어.

quit one's job
직장을 그만두다

잘리기 전에 스스로 직장을 그만두는 것을 말하는 것으로 뒤의 one's job 없이 그냥 quit이라고만 써도 된다.

A: You will need to study all the time.
B: I'll have to quit my job.
A: 넌 항상 학습을 해야 될거야.
B: 난 직장을 그만둘거야.

work on
처리하다

뭔가 일을 처리하거나 뭔가 먹고 있거나 자기가 하고 있는 일을 말하는 표현이다.

 A: Can Fred repair my motorcycle?
B: He'll work on getting it fixed.
A: 프레드가 내 오토바이를 수리할 수 있을까?
B: 걘 오토바이 수리를 할거야.

be working 24/7
열심히 일하다

하루 24시간씩 7일간 일하다라는 말로 역시 열심히 쉬지 않고 일하다라는 뜻이 된다.

 A: I've been working 24/7 for the past month.
B: How do you do it? You must need rest.
A: 난 지난달 쉬지 않고 일했어.
B: 어떻게 그렇게 한거야? 넌 좀 쉬어야겠다.

do business with
일하다, 거래하다

business는 사업이나 회사를 뜻할 뿐만 아니라, 업무, 거래 등을 뜻한다.

 A: I don't know anyone in that company.
B: You'll have to do business with them.
A: 난 그 회사에 아는 사람 하나도 없어.
B: 넌 그들과 거래를 해야 될거야.

have what it takes
소질이 뛰어나다

필요한 것을 갖고 있다는 말로 비유적으로 소질이나 재능이 있다라는 의미로 쓰인다. have 대신에 got을 써도 된다.

A: I've always wanted to be a surgeon.
B: Do you think you have what it takes?
A: 난 항상 외과의가 되고 싶어 했어.
B: 너한테 소질이 있다고 생각해?

have[get] a way with
잘 다루다

with~ 다음에는 사람이나 사물이 온다. 사람이 오면 '잘 다루다,' 사물이 오면 '솜씨가 있다'라는 의미가 된다.

A: Your brother writes beautifully.
B: He has a way with words.
A: 네 형은 글을 아름답게 쓰더라.
B: 형은 글쓰는데 솜씨가 있어.

do it wrong
일을 그르치다

잘못하다, 그릇치다라는 말.

A: Would you like me to cook something?
B: No, no. You always do it wrong.
A: 내가 뭐 요리해줄까?
B: 아니. 넌 항상 망치잖아.

be burned out
피곤해 지치다

우리말화 되어가려는 단어 번아웃의 영어표현. 번아웃은 burn out으로 동사구를 명사로 쓴 경우이다.

A: You should work as a salesman with me.
B: I'm sorry, but I'm kind of burned out.
A: 넌 나와 함께 영업사원으로 일을 해야 돼.
B: 미안하지만 난 좀 방전되었다고.

be stressed out
스트레스에 지치다

역시 스트레스를 많이 받아서 지쳤다라는 말이 된다.

A: Beth can be such a bitch. I don't like her.
B: She's unpleasant because she is stressed out.

A: 베스는 정말 못된 년이야. 난 걔 싫어해.
B: 걔가 스트레스에 지쳐서 기분이 안좋았겠지.

be done with
끝내다, 마치다

어떤 일을 끝내거나, 먹고 있는 것을 끝내거나, 혹은 상대방과의 대화를 끝내거나 등등 다양하게 쓰이는 동사구로 한 단어로 하자면 finish이다.

A: Are we still studying for the math exam?
B: No. We are done with that part of it.

A: 우리 아직도 수학시험 공부를 하는거야?
B: 아니. 그 부분은 다 끝냈어.

take the chance
기회를 잡다

take a chance하게 되면 아직 실현된 기회가 아니어서 운에 맡기고 한번 해보다라는 뜻이 된다.

A: Why didn't you ask your dad for a loan?
B: I didn't want to take the chance we'd upset him.

A: 아버지에게 돈을 좀 빌려달라고 하지 않았어?
B: 아버지를 화나게 하고 싶지 않았어.

pass up a chance
기회를 놓치다

miss the chance한다는 말씀. a 대신에 one's를 쓰기도 한다.

A: Should I apply for a promotion?
B: Never pass up a chance to do better.

A: 승진하는데 지원해야 될까?
B: 더 나아질 수 있는 기회를 놓치지마.

blow one's chance
기회를 날리다

우리말에도 기회를 날리다라고 하듯이 영어에서도 blow를 써서 기회를 날리는 것을 말한다.

A: Bonnie is going out with a new guy.
B: I blew my chance at dating her.

A: 보니는 새로운 남자와 데이트를 해.
B: 난 걔랑 데이트할 기회를 날렸네.

Chances are that~
…할 가능성이 있다

…할 가능성이 있거나, 혹은 아마 …일거야라는 의미.

A: That woman was very angry at me.
B: Chances are that you'll never see her again.

A: 저 여자는 나한테 무척 화가 나 있었어.
B: 넌 아마 그녀를 절대로 다시 볼 수 없을거야.

What are the odds of that?
그 가능성은 어때?

참 다양한 의미로 유명한 odd이지만 여기서는 odds의 복수형으로 가능성을 의미한다.

A: So you saw one of your high school friends?
B: What are the odds that I'd see him here in the airport?

A: 고등학교 친구 한 명을 봤다는거지?
B: 내가 여기 공항에서 걔를 볼 가능성은 얼마나 될까?

pull it off
성공하다

잘 해내다, 성공적으로 뭔가 해내다라는 뜻으로 get there과 같은 의미이다.

A: It's very difficult to get into law school.
B: You'll have to work hard to pull it off.

A: 로스쿨에 들어가는 것은 매우 어려워.
B: 성공하기 위해서는 열심히 공부를 해야 돼.

make it
성공하다

크게 성공하다라고 하려면 make it big이라고 한다.

A: I really want to **make it big** in business.
B: You'd better get your MBA before starting.
A: 난 정말 사업에서 큰 성공을 거두고 싶어.
B: 시작하기 전에 MBA를 따는게 좋아.

I did it
내가 해냈어

내가 뭔가 어려운 일을 성공적으로 해냈을 때.

A: Have you ever climbed that mountain?
B: **I did it,** and it's not easy.
A: 저 산을 등정한 적이 있어?
B: 해냈지만 쉽지 않아.

lose the game
지다

승부가 걸린 게임에서 진 경우.

A: I usually root for the LA Lakers.
B: They **lost the game** last night.
A: 난 주로 LA 레이커스를 응원을 해.
B: 어젯밤에 경기 졌잖아.

be fucked up
엉망이 되다

be fucked up하면 망했다, 엉망이 됐다라는 속어이다.

A: The fight started over a silly joke.
B: The situation **is all fucked up.**
A: 그 싸움은 어처구니 없는 농담으로 시작됐어.
B: 상황에 완전히 엉망이 됐지.

be messed up
엉망이 되다

뭔가 어지럽게 엉망이 되었다라는 의미로 be 대신에 got을 써도 된다.

A: How did this package get damaged?
B: It got messed up during shipping.
　A: 어쩌다 이 소포가 훼손되었나요?
　B: 배송중에 엉망이 되었어요.

get screwed up
망쳤다

screw는 미드필수어로 get screwed up하면 be messed up처럼 망쳤다, 망했다라는 의미이다.

A: Wasn't Mr. Garrison in charge of the project?
B: It got screwed up because of his mistakes.
　A: 개리슨 씨는 그 프로젝트를 책임지지 않았어?
　B: 그의 실수들 때문에 완전히 망쳤어.

be mistaken
틀리다

주어가 잘못 생각하다, 틀렸다라고 할 때 사용하면 된다.

A: She didn't know how to use the program.
B: I was mistaken about her ability.
　A: 걔는 그 프로그램 사용법을 알지 못했어.
　B: 난 걔 능력에 대해 잘못 알고 있었군.

get[be] in trouble
곤경에 처하다, 큰 일나다

어려움에 빠트리다는 get sb in trouble이라고 하면 된다.

A: I dented my parent's new car.
B: You'll get in trouble for that.
　A: 아버지의 새 차를 찌그러트렸어.
　B: 너 큰일 났다.

go down the drain
수포로 돌아가다

배수구로 빠져간다는 뜻으로 뭔가 노력한 것이 헛수고가 되다, 수포로 돌아가다라는 의미가 된다.

A: So the airline cancelled your flight?
B: Our plans went down the drain.
A: 항공사가 비행편을 취소했다고?
B: 우리의 계획은 수포로 돌아갔네.

fall through
실패로 끝나다

끝까지 못 가고 꼬꾸라진 상태를 말한다. 목표를 실현하지 못하고 실패로 돌아갔다라는 뜻이 된다.

A: We couldn't find any hotels with rooms.
B: The reservations fell through.
A: 방이 남아 있는 호텔을 찾을 수가 없었어.
B: 예약을 하지 못했어.

08 술과 마약

What're you drinking?
뭐 마실래?

상대방에게 뭘 마시고 있냐고 물어볼 수도 있고 뭘 마실거냐고 물어볼 때도 쓸 수 있다.

A: What're you drinking?
B: It's a combination of soda and juice.
A: 뭐 마시고 있어?
B: 탄산음료와 주스를 섞은거야.

Here's to~!
…을 위하여 건배!

to 다음에 축하해주고 싶은 것을 넣으면 된다.

A: Here's to the start of the weekend!
B: Hurray! No work until Monday!

A: 주말의 시작을 위해 건배!
B: 만세! 월요일까지 쉬는거야!

Hit me
한잔 더

속어로 바텐더에게 한 잔 더 따라 달라고 할 때 사용하는 표현이다.

A: I'm thirsty. Bartender, hit me!
B: Sure, buddy. What can I get you?
A: 목이 말라요. 바텐더, 한 잔 따라줘요.
B: 넵, 손님. 뭘 드릴까요?

freshen up one's drink
술잔을 다시 채우다

빈 술잔을 다시 채우는 것을 말한다.

A: I finished the whole glass of wine.
B: Would you like me to freshen up your drink?
A: 와인 한 잔을 다 마셨어.
B: 술잔을 다시 채워줄까?

get drunk
취하다

가볍게 취했을 때는 get tipsy라고 하면 된다.

A: Where is your husband tonight?
B: He got drunk with some of his friends.
A: 오늘밤 네 남편은 어디에 있어?
B: 친구들 몇몇과 술에 취해 있어.

This is my round
이번에는 내가 낼게

It's on me와 같은 맥락으로 1, 2, 3차 등 여러 라운드 중 이번 건은 자기가 내겠다고 하는 호연지기가 있는 표현이다.

A: It's time for some more drinks.

B: I'll get it. This is my round.

A: 술을 좀 더 마셔야겠어.

B: 알았어. 이번에는 내가 낼게.

take drugs
마약을 하다

해서는 안되는 마약을 하다라는 뜻으로 take 대신에 use나 do를 써도 된다.

A: What ruined Jason's life?

B: It was caused by using drugs.

A: 제이슨의 삶을 망친게 뭐야?

B: 마약먹다가 그렇게 됐지.

drug overdose
약물 과다복용

보통 약어로 DO라고도 쓰는 것으로 마약 등의 약물을 과다 복용하는 것을 말한다.

A: I'm shocked the famous actor died.

B: He died because of a drug overdose.

A: 유명배우가 죽어서 충격을 받았어.

B: 그 배우는 약물과다복용으로 사망했어.

deal drugs
마약을 거래하다

불법적인 마약을 암암리에 거래하는 것을 뜻한다.

A: Why is Oliver in jail?

B: The cops arrested him for dealing drugs.

A: 올리버가 왜 유치장에 있는거야?   B: 경찰은 마약거래죄로 그를 체포했어.

get hooked on
마약에 중독되다

hooked는 고리에 잡힌 상태를 연상하면 된다. 주로 마약에 중독된 상태를 말한다.

A: Many doctors prescribe painkillers.

B: There's a serious problem with people getting hooked on them.

A: 많은 의사들은 진통제를 처방해.
B: 진통제에 중독된 사람들에게 심각한 문제가 있어.

Come and get it
밥먹게 와라

집에서 밥먹을 때 가끔 들을 수 있는 표현으로 "어서 와서 밥먹어라"라는 모든 마미의 외침이다.

A: I'm starving. When can we eat?
B: Dinner is ready. Come and get it!
A: 배고파요. 언제 먹을 수 있어요?
B: 저녁 준비됐어. 밥먹게 와라!

have[get] no appetite
식욕이 없다

have 대신에 get을 써도 된다.

A: Are you ready to get some dinner?
B: Sorry, I still have no appetite.
A: 저녁 먹을 준비됐어?
B: 미안, 아직 식욕이 없어.

be stuffed
배가 고프지 않다

속이 찼다는 말로 I'm full과 같은 의미이다.

A: You should have ordered some ice cream.
B: We were stuffed after finishing lunch.
A: 넌 아이스크림을 좀 주문했어야 했는데.
B: 점심을 먹은 뒤 배가 불렀어.

09 수에 관한 표현들

숫자+proof
술의 알코올도수

술의 알코올 도수를 말할 때 proof를 쓴다.

A: Wow, how strong is this drink?
B: The whisky is eighty proof.
A: 와, 이 술 도수가 어떻게 돼?
B: 위스키는 80도야.

숫자+give or take
대강, …가량

숫자 다음에 give or take하면 대강 그 정도라는 의미이다.

A: How expensive are the concert tickets?
B: They should be around fifty dollars, give or take.
A: 콘서트 표의 가격은 얼마야?
B: 대략 50달러 정도 될거야.

six-figures
여섯자릿수, 많은

figure는 자릿수를 말한다. 그래서 six-figures하게 되면 여섯자릿수를 말하거나 혹은 비유적으로 '많은'이라는 의미로 쓰인다.

A: Your sister makes a ton of money.
B: Her annual salary is six figures.
A: 네 누이는 돈을 엄청 벌어들여.
B: 연봉이 6자릿수야.

make it double
두배로 하다

뭔가 두배로 만들다라고 말할 때.

A: They offered me $20 for the necklace.
B: Is that all? We'll make it double.
A: 목걸이를 20달러에 팔겠다고 했어.
B: 겨우 그게 다야? 우리는 그거 두배로 팔자.

be going on for+숫자
…동안 계속되다

'for+숫자' 동안 계속되는 것을 의미한다.

A: I didn't know Jan and Evan were in a relationship.
B: Oh yeah, it's been going of for 3 years.
A: 잰하고 에벤이 사귀는지 몰랐어.
B: 그래, 3년되었는데.

turn+숫자
나이가 …가 되다

turn 다음에 숫자가 오면 나이가 …로 접어든다라는 의미.

A: Your grandma looks great for her age.
B: She's turning 79 this year.
A: 네 할머니는 연세에 비해서 건강해 보이신다.
B: 금년에 79세가 되셔.

be pushing+숫자
나이가 …가 되어가다

역시 같은 맥락으로 be pushing~ 다음에 숫자가 오면 나이가 …가 되어가다라는 뜻이 된다.

A: Jill is still very sexy.
B: She acts young, but she's pushing 40.
A: 질은 아직 매우 섹시해.
B: 젊은 척하지만 나이가 40이 되어가.

⑩ 전화영어

give sb a call
전화하다

call sb보다는 give sb a call이라는 동사구를 좋아한다.

A: Raymond never comes around anymore.
B: Give him a call and see how he's doing.
A: 레이몬드는 절대로 더 이상 오지 않아.
B: 전화해서 어떻게 지내는지 알아보자.

get another call
다른 전화를 받다

전화를 받아야 할 사람이 이미 걸려온 다른 전화를 받고 있을 때.

A: Excuse me, I've got another call to answer.
B: Sure. Go ahead and take it.
A: 미안하지만 다른 전화 받아야 돼.
B: 그래. 어서 받아.

call back
답신전화를 하다

전화가 왔는데 받지 못했거나 다른 사람이 받았을 경우, 전화를 건 사람에게 전화를 하는 것을 말한다. call again은 다시 전화하다이지만 별 구분없이 사용한다.

A: I have no time to talk to you.
B: I'll call back in an hour.
A: 너와 얘기할 시간이 없네.
B: 한 시간 후에 다시 전화할게.

You got Chris
크리스입니다

영어식 표현. 저는 크리스입니다라는 의미이다.

A: Hello, you got Chris on the line.
B: Hi, Chris. Can you answer a question?
A: 안녕하세요, 크리스입니다.
B: 안녕, 크리스. 질문 하나 해도 돼?

Give me Jane
제인 부탁합니다

전화를 걸어서 제인을 찾을 때. 오직 전화영어에서만 쓰인다.

A: Hello, this is the main office.
B: Hi there. Could you give me Jane?
A: 여보세요, 여기는 본사입니다.
B: 안녕하세요. 제인 좀 통화할 수 있을까요?

I've been meaning to call you
전화하려던 참이었어

전화를 걸려고 했지만 막상 못하고 있을 때 상대방이 전화를 걸어오면 써야 되는 표현.

A: I thought I should drop you a line.
B: Great. I've been meaning to call you.
A: 네게 소식을 전해야겠다고 생각했어.
B: 좋지. 나도 네게 전화를 하려던 참이었어.

I'm losing you
전화가 끊어지려고 해

통화감이 좋지 않아 전화가 끊어지려고 할 때 사용하면 된다.

A: Can you still hear what I'm saying?
B: I'm losing you. I may have to call back.
A: 아직 내 말 들려?
B: 전화가 끊어지려고 해. 내가 다시 전화를 해야 될까 봐.

break up
전화가 끊어져서 들리다

산속이나 밧데리 부족으로 전화가 끊기면서 들리는 경우.

A: We're in the mountains and you're breaking up.
B: Okay, call me back later.
A: 우리는 산에 있고 전화가 끊겨서 들려.
B: 좋아, 나중에 내게 전화해.

I gotta go
그만 끊어야겠어

직접 대면에서 헤어질 때도 쓰이지만 전화에서 그만 끊을게라고 할 때 쓰는 전형적인 표현이다.

A: I gotta go. My parents are here.
B: No problem. I'll talk to you tomorrow.
A: 그만 끊어야겠어. 부모님이 오셔서.
B: 그럼, 내일 얘기하자.

Hang on
잠깐만

상대방에게 잠깐 기다리라는 뜻으로 Hold on이라고 해도 된다.

A: Do you have any extra napkins?

B: Hang on, let me check on that.

A: 냅킨 여분 있어요?
B: 잠시만요, 확인해볼게요.

text (message)
문자 메시지를 보내다

text 단독으로 혹은 text message가 동사로 쓰이는 경우이다.

A: Arnold is waiting for you to come over.

B: Could you text me his address?

A: 아놀드는 네가 들르기를 기다리고 있어.
B: 문자로 걔 주소를 알려줄래?

send sb a text message
문자메시지를 보내다

여기서는 text message가 명사로 쓰인 경우이다.

A: Sharon needs someone to fix her door.

B: She sent me a text message about it.

A: 샤론은 문을 고쳐줄 사람이 필요해.
B: 걔가 그에 대해 문자를 보냈어.

send sb an IM(instant message)
메신저를 보내다

메신저 등에서 메시지를 보내는 것을 말한다. DM이라고도 한다.

A: Can you see if Mindy is home?

B: Sure, I'll send her an IM.

A: 민디가 집에 있는지 알아볼 수 있어?
B: 물론, 메신저로 메시지를 보낼게.

Facebook sb
…에게 페이스북으로 연락하다

Facebook이 동사로 쓰인 경우로 페이스북의 메신저로 연락을 취하다라는 의미이다.

A: I want to stay in contact with my aunt.
B: Why don't you Facebook her and try to be her friend?

A: 난 내 숙모와 연락을 계속 주고 받고 싶어.
B: 페이스북 해서 숙모를 친구로 해.

미국의 Special Day

한국의 설날, 추석처럼 미국에도 다양한 Special Day가 있다. 한국과 비슷한 면도 있지만 일반적으로 성향이 다르다. 주로 종교와 관련된 Special Day가 많은 것 같다. 알아두면 좋을 것 같다.

New Year's Day 설날. 하지만 한국과는 달리 미국의 설날은 큰 명절이 아니다. 12월 31일에 가족이나 친구들이 모여 새해 축하를 위해 자리를 마련해 새해 전날 밤을 조촐하게 보낸다. 주로 햄이나 칠면조요리를 해먹거나 가벼운 식사를 한다.

Martin Luther King, Jr. Day 흑인 인권운동가로 활동했던 마틴 루터 킹 목사의 생일을 기념하기 위해 만들어졌다. 매년 1월의 세 번째 월요일을 공휴일로 정해 그를 기념하고 인권운동을 되새기는 날이다.

President's Day 매년 2월 세 번째 월요일로 대통령의 날이다. 조지 워싱턴 대통령의 생일을 기념하기 위해 처음으로 만들어졌다가 이제는 대통령의 날로 그 이름이 바뀌었다.

Ash Wednesday 한국말로는 성회일이며 사순절의 첫날이다. 기독교에서 부활절이 오기 전 46일전 날을 (일요일을 제외하면 40일) 일컫는다.

Saint Patrick Day 아일랜드의 수호 성인 성패트릭 기념일로 3월 17일이다. 이날 많은 카톨릭 신자들이나 아일랜드 혈통의 사람들은 아일랜드의 국화인 shamrock(토끼풀)이 그려진 옷을 입고 초록색으로 많이 치장을 한다.

Good Friday 부활절 전의 성금요일로 그리스도의 수난 기념일이다.

Easter 부활절. 대부분 미국인들은 그리스도의 부활을 기념하며 교회에서 예배를 드리고 가족들이 모여 시간을 보낸다. 달걀(egg)에 다양하게 그림을 그려서 선물하기도 하고 달걀 찾기(egg hunting) 등의 행사를 한다.

Mother's Day 미국은 한국과 달리 어버이날이 없고 어머니의 날과 아버지의 날로 따로 분리되어 있다. 매년 5월의 둘째 주 일요일이다.

Father's Day 아버지의 날이다. 매년 6월의 셋째 주 일요일이다.

Memorial Day 한국말로 전몰 장병 기념일이다. 한국의 현충일과 비슷하다. 전사한 미군을 애도하는 날이다. 매년 5월 마지막 월요일이다.

Independence Day 독립 기념일이다. 7월 4일이다. 가족들끼리 모여 주로 바베큐를 하거나 소그룹으로 혹은 대규모로 모여서 음악회, 폭죽놀이 등을 즐기며 시간을 보낸다.

Labor Day 9월의 첫 월요일로 노동절이다.

Halloween 너무나 유명한 할로윈. 10월 31일로 아이들이 주로 기괴한 분장을 하고 의상을 입고 집집마다 돌아다니며 사탕을 얻으며 trick-or-treating을 즐기는 날이다.

Veterans Day 재향 군인의 날로 퇴역 군인들을 기념하는 날이다. 11월 11일이다.

Thanksgiving Day 추수감사절이다. 한국의 추석과 비슷한 날인데 크리스마스 다음으로 큰 명절이다. 많은 가족들이 모여 칠면조요리와 다양한 음식들을 먹으며 함께 시간을 보낸다. 11월의 4번째 목요일이다. 캐나다는 10월 두번째 월요일이다.

Black Friday 추수감사절이 끝나고 난 후의 금요일이다. 추수감사절이 끝나면 사람들은 크리스마스 선물을 준비하는데 이 날 많은 사람들이 쇼핑을 하러 간다. 따라서 많은 가게들과 백화점들은 크게 세일을 하고 또한 많은 사람들로 붐벼 흑자가 난다고 해서 Black Friday 라는 이름을 붙였다.

Christmas 아기 예수가 태어난 날이다. 미국에서 가장 큰 명절이다. 크리스마스 시즌에 사람들은 집을 꾸미고 1년 동안 모아둔 돈으로 가족과 친척들을 위한 선물을 산다. 크리스마스 이브에 가족이 모여 함께 푸짐한 식사를 하며 시간을 보내고 기독교인들은 교회에 간다. 아이들은 산타할아버지가 선물을 가져다 주기를 기다리면서 예쁜 크리스마스용 양말을 벽난로앞에 걸어놓으며 어른들은 이런 아이들을 위해 선물을 준비한다.

05

알쏭달쏭 헷갈리는 표현들

전투에서 계속 정면공격만 하면 효과가 없다. 미드학습도 이와 다르지 않아서 여기서는 각도를 달리하여 측면 공격을 해보려고 한다. 미드공부를 해본 사람은 아는 사항. 약간의 차이로 의미가 전혀 달라지는 경우, 거의 같은 의미이지만 조금씩 용례가 다른 경우 등을 많이 접하면서 혼란스러운 때가 한 두 번이 아니었을 것이다. 여기서는 Here's a deal/ Here's the deal, get a physical/get physical 등을 모아모아서 비교해 의미파악과 용법의 차이를 정리하였다.

Here's a deal 이 싼 가격 봐, 이게 할인가야
Here's the deal 자 이렇게 된거야, 그게 이런거야

Here's a deal은 물건을 사고 팔 때 그리고 Here's the deal은 뭔가 핵심적인 얘기를 꺼낼 때 사용한다.

A: **Here's a deal** on your favorite cereal.
B: Great! I'll buy two boxes of it.
A: 네가 좋아하는 씨리얼 할인하네.
B: 좋아라! 두 박스 사야지.

get physical 물리적인 힘을 쓰다, 섹스하다
get a physical 검진하다

부정관사 a가 없으면 물리적인 힘을 쓰는 것이고 있으면 건강검진을 받다가 된다.

A: Lately I've been feeling quite sick.
B: I think it's time for you to **get a physical.**
A: 최근에, 좀 심하게 몸이 아팠어.
B: 더 늦기 전에 건강검진을 받아 봐야 될 것 같아.

You're right 네 말이 맞아
You're right on 네 말이 딱 맞아 You're right on with~
You're on (내기나 제안을 받아들이며) 그래 좋았어, 그래 그렇게 하자
You're right on the money[button, nose]
바로 그거야, 그래 맞아

You're right on은 상대방이 맞다고 할 때 right을 빼고 You're on하면 내기할 때 쓰는 표현.

A: No, **you're right.** It's ridiculous to worry about you all the time.
B: It's sweet that you worry.
A: 아냐, 네 말이 맞아. 널 온종일 걱정한다는 것은 말이 안돼.
B: 걱정해줘서 고마워.

What's the deal? 도대체 무슨 일이야?, 어떻게 된거야?
What's your deal? 너 왜 그래?, 너 무슨 일이야?
What's the big deal? 별일 아니네, 그게 어째서?

deal 앞에 big이 붙으면 반어적인 의미로 뜻이 달라진다.

A: Hey, so, I spoke with Danny this morning.
B: Oh, yeah. What's the deal with him?

A: 야, 그래서 내가 오늘 아침에 대니와 얘기나누었어.
B: 어 그래. 걔 무슨 일이래?

I'm all right 괜찮아
That's all right 괜찮아
All right 맞아, 그래

That's right은 상대방의 말에 동의할 때 주로 쓰인다.

A: Call me if you need me.
B: All right.

A: 나 필요하면 전화해.
B: 알았어.

What do you say? 어때?
What would you say? 넌 어떻게 할거야?

What do you say?는 상대방 의견을 물어보는 것이고 What would you say?는 (…한다면) 넌 어떻게 혹은 뭐라고 할거야?라는 의미이다.

A: What do you say we call it a night?
B: What? No. Let's keep playing.

A: 오늘은 그만 하는게 어때?
B: 뭐라고? 안돼. 계속 놀자고.

Do your job 네 일이나 잘해
Do your job right 일에 차질 없도록 해
do the job(= do the trick) 효과가 있다

280 미드로 영어공부하기

do one's job은 자기가 맡은 일을 하다라는 표현이다.

A: **I mean it. Jessica can't handle it.**
B: **You're supposed to help the victims.** Do your job.

A: 정말이야, 제시카는 그걸 감당못해.
B: 넌 피해자들을 도와야 돼. 네 일이나 잘해.

It's all or nothing 이판사판야
It's now or never 기회는 두번다시 오지 않을거야
It was all for nothing 모든 일이 수포로 돌아갔어

It's all or nothing은 전부(all) 아니면 아무것도 없는 것(nothing)이라는 말로, 즉 결연한 의지로 뭔가 결정하고 선택할 때 모 아니면 도다라는 뜻이다. 그리고 It's now and never는 지금 아니면 절대없다라는 말. 반편 It was all for nothing은 뭔가 힘들여 열심히 했는데 아무런 결과도 얻지 못하는 상황, 즉 모든 일이 수포로 돌아갔다라고 말하는 셈이다.

A: **I want all of you.** All or nothing.
B: **Then it's nothing.**

A: 난 너희 모두를 원해. 전부 아니면 아무도 필요없어.
B: 그럼 아무도 없어.

get hung up on 매달리다, 집착하다, 옛 애인을 못잊다
hang up on sb 전화를 도중에 끊어버리다(hang up on the phone)
get hung up 늦어지다(be delayed)

hang up on sb하면 상대방이 아직 통화중인데「일방적으로 끊어버리다」, hang up call하게 되면「전화받으면 끊어지는 전화」를 말한다. 또한 get hung up하게 되면 어디에 매달리거나 지체되어 결국 늦어지다라는 평이한 표현이 되는데 뒤에 on이 붙어서 get hung up on sb[sth]하면「…에 매달리다」,「집착하다」, 특히 이성이 오는 경우「헤어진 애인이나 배우자를 아직 못잊고」있다는 뜻이 된다.

A: **I think you're still hung up on me.**
B: **No, I'm not.**

A: 아직도 너는 내게 집착하는 것 같아.
B: 아냐, 나 안 그래.

A: **Please try not to be so late.**
B: **Sorry, I** got hung up **at the office.**

A: 너무 늦지 않도록 해.
B: 미안, 사무실에서 늦어졌어.

Where am I? 여기가 어디야?(Where are we?)
Where are we with[in]~? …의 어느 상황까지 왔어?
Where was I?(Where were we?) 어디까지 했었지?

길을 잃어 여기가 어디지?라고 할 때는 Where is it?(그게 어디 있어?)이 아니라 Where am I? 라고 해야 된다. 복수형 Where are we?는 특히 연인들 사이에서 자신들의 관계가 어느 정도까지 왔는지 물어볼 때, 혹은 어떤 사건에서 어디까지 진척이 되었는지 등, 즉 추상적인 관계나 상황의 위치를 물어볼 때 많이 사용된다. 한편 Where was I?하면 얘기를 나누다가 혹은 선생님이 수업을 하다 잠깐 끊긴 다음 다시 시작할 때 혹은 수업을 시작하면서 지난주에 어디까지 했는지 기억이 나지 않아 "내가 무슨 이야기를 하고 있었지?," "내가 어디까지 했지?"라고 물어볼 때 사용하는 전형적인 표현이다.

A: Okay, baby, where were we?
B: I told you to leave it.
A: 좋아, 자기야, 어디까지 얘기했지?
B: 내가 그만 두라고 했잖아.

A: Where are we with our sales department, Charlie?
B: Abundant turnover. We have to start paying more.
A: 찰리, 우리 영업부 상황은 어때?
B: 매출 많이 했습니다. 더 지급하기 시작해야 됩니다.

What're you up to? 뭐해?, 무슨 꿍꿍이야?
What have you been up to? 어떻게 지냈어?

What're you up to?는 단순히 인사말로 "뭐해?"라는 의미 혹은 그냥 지금 "뭐하냐?"고 물어볼 수도 있다. 또한 문맥에 따라서는 상대방이 뭔가 나쁜 일을 꾸미고 있는지 물어볼 때 사용하기도 한다. 여기서 시제를 좀 바꿔 What have you been up to?라고 쓰면 오래간만에 본 사람에게 하는 인사말로 "어떻게 지냈어?"라고 생각하면 된다.

A: What have you been up to?
B: Oh, just a quiet night with the girls.
A: 그간 어떻게 지냈어?
B: 어, 여자애들하고 조용한 밤을 보냈지.

make it out[make out sth] 이해하다, 알아보다
make out (with sb) 애무하다

먼저 make out sth, 혹은 make it out의 형태로 의미는 뭔가 "명확히 이해할 수 있다, "알아보다" 라는 뜻이다. 그리고 남녀사이에 쓰이는 make out은 성적인 의미를 담고 있다. 주로 보통 애인과 kissing, touching의 범위까지를 make out이라고 하지만 일부 사람들은 끝까지 갈데까지 가다, 즉 섹스까지 포함시키는 경우도 종종 있다.

A: When you were in college, you made out with a thirty-year-old woman?

B: She didn't look thirty!

A: 너 대학교 다닐 때 30대 여자랑 했대며?
B: 30대로 보이지 않았다고!

Tell me another (one) 말도 안되는 소리마, 헛소리마
Tell me about it 그러게나 말야, 그렇고 말고

Tell me another (one)은 하나 더 달라는 부탁표현으로 쓰이기도 하지만, 상대방 말을 못믿겠을 때 하는 말로 "말도 안되는 소리마," "헛소리마"에 해당하는 문장이다. 반면 Tell me about it 또한 글자 그대로 해석하면 안되는 것으로 상대방의 말에 강하게 동의하는 표현으로 "그러게나 말야," "그렇고 말고" 정도로 이해하면 된다.

A: Sally says she wants to date me.

B: Tell me another one. She's not interested in you.

A: 샐리가 나와 데이트하고 싶어한대.
B: 말되는 소리를 해라. 걘 너한테 관심없어.

I'm on it 지금 할게, 지금하고 있어
I'll get on it 곧 할게
I'm in on it 난 알고 있어, 난 관련되어 있어

누가 지시하거나 일을 줬을 때 I'm on it 혹은 줄여서 On it하게 되면 일을 끝마치겠다는 의지로, "지금 할게," "지금하고 있어"라는 뜻이 된다. 또한 I'll get on it이란 표현도 있는데, 이는 I'm on it 과 매우 유사한 표현으로 "뭔가 곧 하겠다"라는 표현이 된다. 마지막으로 I'm on it에 'in'을 하나 추가해서 I'm in on it하게 되면 어떤 일에 "관련되어 있거나" "이미 알고 있다"라는 의미의 좀 다른 표현이 되니 구분을 잘 해야 한다.

A: Find out when she checked out.

B: I'm on it.

A: 걔가 언제 체크아웃했는지 알아봐.
B: 알아볼게요.

Beats me 몰라
You got me beat 네가 낫다
I can't beat that 난 못당해내겠어
You can't beat that 더 이상 좋은 것은 없어, 최고야

Beats me는 뭔가 확실하지 않거나 모를 때 사용하는 표현으로 잘 모르겠어라 생각하면 된다. 비슷한 표현으로 Search me, I'll bite 등이 있다. 특히 Beats me는 답이 뭐든 「난 신경쓰지 않는다」라는 뉘앙스가 담겨져 있다. 다음 You got me beat은 "네가 나보다 낫다"라는 뜻이다. 마지막으로 I can't beat that은 'that'을 물리칠 수 없다, 즉 'that'보다 더 훌륭할 수 없다라는 뜻이 된다. 그래서 I can't beat that은 "난 못당하겠어," You can't beat that하면 너는 그것을 이길 수 없다, 즉 의역하면 "그게 완벽하다," "최고다" 혹은 "더 이상 좋은 것은 없다," 그리고 Nothing beats that하면 "최고야"라는 뜻이 된다.

A: I only paid $100 for this new cell phone.
B: Really? You can't beat that!
A: 이 새 핸드폰 단 100달러에 샀어.
B: 정말? 대박이네!

It is a thought 좋은 생각이야
It was a thought 그냥 한번 해본 말이야

It is a thought하면 뭔가 고려할 만한 가치가 있다는 것으로 "좋은 생각이다"라는 뜻이고, 과거형인 It was a thought하면 자기가 말한 것이 별로 중요한 것이 아니다, 즉 "그냥 한번 얘기해본 것이다"라는 의미가 된다.

A: You could always take a few days off.
B: It's a thought. I do need some rest.
A: 넌 언제든 며칠 좀 휴가를 낼 수 있어.
B: 그거 좋은 생각이야. 난 좀 휴식이 필요해.

What was he thinking? 걘 도대체 무슨 생각을 한거야?
What is he thinking? 걘 무슨 생각을 하고 있는 걸까?
What are you thinking? 네 생각은 어때?

What was he thinking?은 상대방의 행동이 도저히 이상해서 이해가 가지 않을 때 사용하는 표현으로 "대체 걘 왜 그런 짓을 한거야?," "걘 무슨 생각을 한거야?"라는 뜻이다. 반면 이것의 현재형인 What is he thinking?은 단순히 걔는 무슨 생각을 하는 걸까?라는 의미.

A: I can't believe Sarah did this. I mean, what was she thinking?
B: I don't know.
A: 새라 이것을 했다니 믿기지 않아. 내말은, 걔 무슨 생각으로 그런거지?
B: 몰라.

Why not? 왜 안돼?, 안될게 뭐있어?
Why not+V? …해봐

Why not?은 두 가지의 의미가 있다. 먼저 글자 그대로 해석하는 것으로, "왜 안되는거야?"라는 것으로 상대방이 거절하거나 반대했을 때 그 이유를 묻거나 따지는 경우이고, 또 하나는 "안될 게 뭐 있나?"라는 의미로 상대방의 제안에 적극적으로 동의, 찬성하는 경우이다.

A: Maybe there's something wrong with me loving her.
B: Then why not just stop loving her?
A: 내가 걜 사랑하는데 뭔가 잘못된 것 같아.
B: 그럼 사랑을 그냥 끝내버려.

God only knows what[where, if~] …는 아무도 모른다
God knows that~ 정말이지 …하다

두 부분에서 차이점을 알아채야 한다. 먼저 첫번째 표현에서는 only가 들어간다는 점이고, 두번째는 God only knows는 단독으로 쓰이거나 God only knows what[where, if]~ 처럼 의문사절이 이어서 오는데 반해 God knows 다음에는 that S+V절이 온다는 점이다. 먼저 God only knows(~)는 오직 신만이 안다, 즉 아무도 모른다라는 말이다. 그리고 God knows that S+V는 that 절 이하의 내용이 사실임을 강조할 때 사용하는 표현으로 "정말이지 …하다"라는 뜻이다.

A: You want to go out to a bar?
B: Sure. God knows that we could use a few drinks.
A: 나가서 바에 가려고?
B: 응. 정말이지 술 몇 잔 마셨으면 좋겠어.

It's a wonder~ 놀랍다, 이상하다
(It's) No wonder~ 당연하다

It's a wonder S+V하게 되면 「…한 것이 놀랍다」 혹은 「이상하다」라는 표현으로 뭔가 상황이 좋지 않은데도 불구하고 좋은 결과가 나온 것이 믿기지 않을 정도로 놀랍거나 이상하다는 뜻으로 꽤 많이 쓰이는 표현이다. No wonder~는 It's가 생략된 경우로 No wonder S+V하게 되면 「…하는 것이 놀랍지 않다」는 말로 「…하는 것이 당연하다」라고 의역해서 이해하면 된다.

A: That car was destroyed in the accident.
B: It's a wonder anyone inside survived.

A: 저 차는 사고로 완전히 망가졌어.
B: 안에 누군가 생존한 것이 정말 놀라워.

I've got it(I got it) 알았어, 내가 할게
I'll get it 내가 받을게, 내가 나갈게
I got it right 내가 제대로 했어
You got it 맞아, 알았어, 네가 얻었어
You got it? 알았어?

get에는 「이해하다」라는 의미가 있어 I've got it 혹은 I got it하면 "알았어"라는 말이 되고 반대로 I don't get it하면 "모르겠다"가 된다. 또한 I got it 혹은 시제를 바꿔 I'll get it(that)하면 전화벨이 울릴 때 혹은 노크를 하거나 초인종소리가 났을 때 "내가 (전화) 받을게," "내가 문열어줄게"라는 뜻으로도 쓰인다. 한편 I got it right하게 되면 내가 실수없이 제대로 했어라는 뜻. 그리고 인칭을 바꿔 You got it하면 "맞았어" 혹은 "알았어"라는 의미이고 끝을 올려 You got it(that)?하면 상대방에게 "알았어?," "알아들었어?"라는 의미로 사용된다.

A: Do you want some help with that?
B: No, no, no, I got it.

A: 그거 좀 도와줄까?
B: 아니, 됐어. 내가 할게.

재채기할 때는 잽싸게 Bless you!(신의 축복이 있기를!)

미국에 처음 갔을 때 참 이상하다고 생각했던 것이 하나 있었다. 바로 재치기를 한 사람에게 사람들이 'Bless you'라고 하는 것이었다. 처음에는 'Bless you'라고 하는지도 모르고 '저게 뭐지?'라고 속으로 생각했었다. 그때는 'Bless you'라고 할거라고는 상상도 못했을 뿐만 아니라 잘 들리지도 않았다. 나중에 'Bless you'라는 것을 알게 되었을 때 참 의아하게 생각했다. 다른 것도 아니고 재치기를 했는데 '신의 축복이 있기를'이라고 말할까 싶었다. 'Bless you'라고 하면 재채기한 사람은 'thank you'라고 답한다. 평소 미국인들이 'Excuse me'나 'thank you'를 입에 달고 살듯이 'Bless you'도 약간 그런 느낌이 들었다. 하지만 내가 사람들에게 왜 'Bless you'라고 하는지 물어보았을 때 아무도 그 이유를 아는 이는 없었다. 습관처럼 그냥 그런 상황에 사용한다는 말뿐이었다.

나중에 안 사실이지만 중세시대에는 입을 통해 악마가 영혼을 빼내간다고 믿었다고 했다. 따라서 재채기를 할 때 '영혼이 나간다'고 믿어 'Bless you'라는 말을 해오기 시작했다고 했다. 재채기를 하면 영혼이 나가기 때문에 '신의 축복이 있기를'이라는 말을 상대방에게 해준다는 설명은 그럴 듯했다. 또한 그 이유 때문에 재채기를 할 때 입을 막고 한다는 것이었다. 요즘에는 병균이 옮기 때문에 입을 막으라고 하지만 원래 빠져나가는 영혼을 막기 위해 입을 막았다는 이유 또한 재미있었다. 내가 이 설명을 나처럼 그 이유를 모른 채 습관적으로 사용했던 미국인들에게 말해주니까 그들도 흥미로와 했다.

우리나라에서 빨간색으로 사람 이름을 쓰지 않는다든가 동짓날 귀신을 내쫓기 위해 팥죽을 먹는 것처럼 미국에도 살다 보면 이러한 것들이 많다. 예를 들어 'horseshoe(말굽)'의 끝이 위로 달리면 행운, 반대로 달리면 불운이라고 생각한다. 몇가지 예를 더 들어보자면, 'Carrying the Bride Across the Threshold'는 신랑이 신부를 번쩍 들어 안고 신방으로 들어가는 것으로, 신랑의 힘을 한번 시험해보자는 게 아니라, 신부가 신랑 집의 문지방을 넘지 못하도록 방해공작을 펼친다는 '악령의 심술'로부터 신부를 보호하려던 것이었다. 또한 'Tie A String Around A Finger'하면 옛날 서양에서는 통증을 느끼는 부위에 실이나 천을 묶어두면 아픈 것이 가라앉는다고 믿었던 데서 유래한 미신. 자식들이 속을 썩일라치면 '머리 싸매고'자리에 눕는 우리네 집안 어른들의 모습이 떠오르는 미신인데, 서양에서는 이 미신을 「기억력」의 부문으로 확장시켜, 손가락 주위에 (around a finger) 실을 묶어두면(tie a string) 중요한 일을 잊어버리지 않는다고 믿었던 것이다. 우리도 가끔 왜 그렇게 사용되는지 모르듯이 미국인들도 왜 그런지 모르고 사용한다. 다르지만 이러한 비슷한 점을 찾아보면서 영어를 배우다 보면 영어뿐만 아니라 미국문화도 자연스레 많이 배울 수 있다.

06

주옥 같은 미드 동사구

미드영어를 접근하는데 빠질 수 없는게 동사구이다. 여기서는 전치사를 중심으로 특히 미드에서 많이 쓰이는 동사구를 정리해보기로 한다. 일부는 익숙한 것도 있지만 좀 낯설고 어려운 표현들도 있을 것이다. 일상 영어에서 벗어나 미드세계를 맛보기 위해서는 한두단계 자신의 실력을 업그레이드시켜야 한다. move on이 잊고 담단계로 넘어가다이고, look up이 인터넷이나 사전에서 원하는 정보를 찾는다라는 의미 외에도 근처에 왔을 때 방문한다는 뜻으로도 쓰인다는 것까지 알고 있어야 한다.

01 in ···안에, ···후에, ···의 상태에

turn in
제출하다, 잠자리에 들다

책임자에게 제출하거나 잠자리에 들다(go to bed)라는 표현이다.

A: Want to go out for some drinks?
B: We're tired, and are going to turn in.
A: 나가서 술 좀 마실래?
B: 피곤해, 잠자리에 들거야.

drop in
잠깐 들르다

연락하지 않거나 혹은 연락하고 바로 잠시 들르는 것을 말한다. 비슷한 표현으로는 stop by, drop by, swing by 등이 있다.

A: I hope I can come and see you.
B: Sure, you're welcome to drop in.
A: 가서 너를 좀 봤으면 하는데.
B: 물론, 언제든지 들러.

check in
체크인하다, 확인하다, (SNS) 어디 있는지 알리다

공항이나 호텔에서 체크인하다 혹은 SNS에서 자기가 어디에 왔다는 것을 알리는 것을 뜻한다.

A: Listen, I want you to check in with me later.
B: Sure. I'll call you in a few hours.
A: 이봐, 나중에 내게 연락을 해.
B: 그래, 몇시간 후에 전화할게.

bring in
가지고 오다, 영입하다, 도입하다

bring in sb하게 되면 sb를 영입하다라는 뜻이 된다.

A: How is your new business going?
B: It doesn't bring in much money.

A: 너 새로 시작한 사업 어때?
B: 돈을 많이 벌지 못해.

engage in
특정한 행위를 하다

특정한 행동에 가담하는 것을 말한다. engage in small talk하게 되면 '잡담을 하다'라고 생각하면 된다.

A: People who gamble usually lose money.
B: I've never engaged in that activity.
A: 도박하는 사람들은 대개 돈을 잃어.
B: 난 절대로 그런 짓을 하지 않아.

major in
전공하다

대학 등에서 특정과목을 전공하는 것을 말한다. 과학전공하다는 major in science라고 하면 된다.

A: My parents want me to major in medicine.
B: Most parents would like their child to be a doctor.
A: 부모님은 내가 의과 전공하기를 바래.
B: 대부분의 부모님은 자식이 의사가 되기를 희망하지.

hand in
제출하다

turn in처럼 선생님이나 상사 등 책임자에게 뭔가 제출하는 것을 말한다.

A: How soon do they need this report?
B: We have to hand it in tomorrow.
A: 언제까지 이 보고서가 필요한거야?
B: 우린 내일 제출해야 돼.

break in
불법침입하다, (구두) 길들이다, 새로운 연장, 도구를 쓰다

가장 기본적인 의미는 불법으로 …에 침입하다이고 또한 새로운 경험을 하게 해주거나 새로운 도구를 쓰는 것을 뜻한다.

A: Why are you so upset?
B: Someone broke in to my computer.
A: 왜 그렇게 화가 났어?
B: 누가 내 컴퓨터를 해킹했어.

fill in
서류작성을 하다, 세부사항을 말해주다, 대신 일봐주다

대신 일을 봐준다고 할 때는 fill in for sb라고 한다.

A: Randy can't work on Tuesday.
B: We need a substitute to fill in.
A: 랜디는 화요일에 일을 할 수가 없어.
B: 우린 대신 일할 대타가 필요해.

enroll in
수강하러 등록하다, 가입하다

학교나 학원에 수강하러 등록하거나 어디에 가입하다라는 뜻으로 sing up for와 비슷한 동사구이다.

A: I have no time to go to school.
B: You can enroll in online courses.
A: 학교에 갈 시간이 없어.
B: 온라인 강좌에 등록하면 되잖아.

be into
관심갖다, 푹 빠져있다

…에 빠졌다라는 말. …에 관심을 갖거나 심취하거나 혹은 사람이 오면 이성에게 푹 빠져 있다라는 뜻으로 쓰인다. 그래서 널 무척 좋아해라고 하려면 I'm so into you라고 하면 된다.

A: I am very interested in clothing fashions.
B: I was really into that a few years ago.
A: 난 의류패션에 관심이 많아.
B: 난 몇 년전에 패션에 푹 빠져 있었는데.

get into
…하기 시작하다, …에 빠지다

대학에 들어가거나, …을 하기 시작하다라는 뜻으로 쓰인다. 특히 not get into that[this]하게 되면 그 얘기를 시작하지 않다라는 뜻이 된다.

A: My cousin races motorcycles.

B: It's expensive to get into that hobby.

A: 내 사촌이 오토바이 경주를 해.
B: 그런 취미를 하려면 돈이 많이 드는데.

put in
시간이나 노력을 기울이다

put in 다음에는 시간이나 기울인 노력을 말하면 된다.

A: I was hired to reorganize computer records.

B: You'll have to put in a lot of work there.

A: 난 컴퓨터 기록들을 재정리하는 일을 맡았어.
B: 그거 하는데 시간이 엄청 들어가야 될거야.

put in for
공식적으로 요청하다, 신청하다

조금은 어려운 표현이지만 휴가나 전근 혹은 승진 등을 공식적으로 신청하는 것을 말한다. 급여 인상을 정식으로 요구하다는 put in for a raise in pay라고 하면 된다.

A: So you are unhappy staying here?

B: I'm going to put in for a transfer elsewhere.

A: 그래 여기 있는게 행복하지 않아?
B: 다른 곳으로 전근을 신청할거야.

fall in with
어울리다, 생각을 받아들이다

fall in with sb하면 sb와 어울리다라는 뜻으로 많이 쓰인다.

A: It seems like Alice is always in trouble.

B: She fell in with some bad people.

A: 앨리스는 항상 문제를 일으키는 것 같아.
B: 걘 나쁜 사람들과 어울려 다녔어.

get involved in
연루되다, 사귀다

잘 알려진 동사구이다. 연루되다. 특히 남녀관계를 이야기할 때는 사귀다라는 의미가 된다.

A: I know a way you can make money fast.
B: I don't want to get involved with anything illegal.

A: 네가 돈을 빨리 벌 수 있는 방법을 알아.
B: 난 어떤 불법적인 일에도 연루되고 싶지 않아.

talk sb into
설득해서 …하게 하다

into~ 다음에는 ~ing가 이어지며 반대는 talk sb out of~이라고 한다.

A: Why did you go shopping with Brenda?
B: She talked me into coming along.

A: 넌 왜 브렌다와 쇼핑을 한거야?
B: 걔가 같이 가자고 날 설득했거든.

❷ out: 안에서 밖으로, 알려져 있는, 끝까지, 완전히

freak out
질겁하다, 화나다

이상한 일이 벌어지거나 화가 나는 상황에서 잠시동안 격하게 행동하는 것을 말한다. freak sb out은 …을 놀래키다. got freaked out은 너무 놀라다가 된다.

A: This is crazy. I'm getting really worried!
B: Everything is fine. Don't freak out.

A: 미치겠네. 나 정말 걱정되네!
B: 다 괜찮을거야. 너무 걱정하지마.

hang out
어울리다, 몸을 내밀다

기본적으로는 몸을 밖으로 내밀다. 비유적으로 친구들과 어울리다라는 뜻으로 쓰인다. hang out with sb라고 쓴다.

A: Do you want me to leave now?
B: There's no hurry. Hang out for a while.
A: 지금 내가 가기를 바래?
B: 서두를 것 없어. 잠시 더 놀다 가.

find out
정보 등을 알아내다

어떤 사실이나 정보 등을 알아내는 것을 말하며, out를 빼고 그냥 find+sb[sth]하게 되면 …을 찾다라는 의미가 된다.

A: Art looks so unhappy these days.
B: I couldn't find out what was bothering him.
A: 아트는 요즘 아주 불행해보여.
B: 뭐 때문에 힘들어하는지 알 수가 없어.

check out
확인하다, 체크아웃하다, 계산하다, 책빌리다

호텔 등에서 퇴실절차를 밟거나 계산대에서 계산하다 혹은 가장 일반적으로 …을 확인하다라는 의미로 쓰인다.

A: You've got to check out the new nightclub.
B: Why don't we go there Saturday night?
A: 넌 새로 생긴 나이트 클럽을 확인해봐야 돼.
B: 토요일 저녁에 같이 가자.

leave out
제외하다, 밖에 두다

중요한 것을 빠트리거나 제외시키는 것을 말한다. 참고로 feel left out은 소외감을 느끼다.

A: These are the invitations for the wedding.
B: Let's not leave out anyone.
A: 이건 결혼식 초대장이야.
B: 아무도 빠트리지 말자.

break out
도망가다, (종기) 나다, 발발하다

294 미드로 영어공부하기

기본적으로 도망가다. 전쟁이나 전염병 등이 발발하다로 유명한 동사구이다. 심각한 전염성 독감이 발생하다는 A serious flu epidemic breaks out이라고 하면 된다.

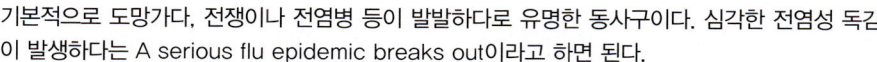

A: Some criminals are on the loose?
B: They broke out of prison on Sunday.

A: 범죄자들이 일부 도주중이라며?
B: 일요일에 탈옥했대.

hand out
나눠주다, 정보를 건네다

선생님이 학생들에게 시험지를 나누어주듯 하나하나 나눠주는 것을 말한다. …을 …에게 나눠주다라고 말하려면 hand out sth to sb라고 하면 된다.

A: Could you hand out these leaflets?
B: Sure. I'll take them downtown.

A: 이 전단지 나누어 줄 수 있어?
B: 그럼. 시내로 가지고 갈게.

fill out
서류작성하다, 살이 찌다

서류의 빈칸을 채우다. 즉 작성하다라는 뜻이 된다. 또한 일상생활영어에서는 살이 찌다(gain weight)라는 의미로도 쓰인다.

A: I'd like an interview for a job.
B: You'll need to fill out an application.

A: 면접을 보고 싶어서요.
B: 지원서를 작성하셔야 돼요.

work out
잘되다, 운동하다, 해결하다

아주 중요한 동사구. 잘되다, 해결하다라는 의미로 많이 쓰이며, 또한 gym에서 운동하는 것을 말할 때도 쓰인다.

A: Why do you think they were screaming?
B: I couldn't work out what was going on.

A: 왜 걔들이 비명을 질렀다고 생각해?
B: 난 무슨 일이 벌어졌는지 알 수가 없었어.

figure out
이해하다, 해결책을 알아내다

어떤 일의 의미를 알아내거나 문제의 해결책을 알게 되는 것을 뜻한다.

A: You were very late getting here.
B: It was difficult to figure out the subway route.
A: 넌 여기 아주 늦게 도착했어.
B: 지하철 노선을 파악하는게 어려웠어.

hold out
굴복하지 않다, 희망하다

어려운 상황에서도 굴복하지 않고 지속하는 것을 뜻해 비유적으로 희망하다라는 의미로도 쓰인다.

A: I heard they offered you a big salary.
B: I'm going to hold out for more money.
A: 많은 연봉을 제의했다고 들었어.
B: 더 많이 받기 위해 굽히지 않을거야.

ask out
데이트신청하다

ask sb out의 형태로 많이 쓰인다.

A: Where can I find someone to date?
B: You should ask out one of the office ladies.
A: 어디서 데이트할 사람을 찾을 수 있어?
B: 사무실 여직원 중 한 명에게 데이트 신청해봐.

make out
이해하다, 알아보다, 성공하다, 애정행위하다

다양한 의미로 쓰이지만 특히, How is sb making out~?하게 되면 …가 …에서 잘 지내고 있어?라는 패턴이 된다.

A: Did you see that protest sign?
B: I couldn't make out what it said.
A: 저기 시위대 피켓 보여?
B: 뭐라고 쓰여 있는지 모르겠어.

take sb out of
설득하여 …하지 못하게 하다

take sb into~의 반대 동사구로 sb를 (설득해서) …하지 못하게 하는 것을 말한다.

A: You picked up your son at school?

B: I took him out of his class.

A: 네가 학교에서 아들을 데려왔어?

B: 내가 수업받고 있는 애를 데리고 나왔어.

miss out on
좋은 기회를 놓치다

miss out on sth 혹은 miss out on a chance to+V(…할 기회를 놓치다)의 형태로 쓰인다.

A: They want me to audition for a TV show.

B: Don't miss out on that opportunity.

A: 나보고 TV쇼에 오디션을 받으라고들 해.

B: 그런 기회를 놓치지마.

03 up : 위로, 오르는, 완전히, 다

blow up
파괴하다, 터트리다, 화내다

뭔가 확 터지는 것을 뜻해서, 폭탄이 터지다, 혹은 맘의 분노를 터트리다, 즉 화내다라는 뜻이 된다.

A: Your boss is a real asshole.

B: He gets upset and blows up at us.

A: 네 사장은 정말 나쁜 자식이야.

B: 화가 나면 우리에게 화를 쏟아 부어.

screw up
망치다

뭔가 망쳐버리는 것을 뜻한다. 그래서 screwup하면 실수라는 의미가 된다.

A: Did you screw up that paperwork?

B: It wasn't me. Gill was responsible for it.

A: 너 저 서류작업 망친거야?
B: 나 아니야. 길이 책임있어.

mess up
망치다, 실수하다

엉망으로 만들다, 혹은 실수하다라는 의미.

A: I need to use your computer.
B: Try not to **mess up** anything.
A: 네 컴퓨터 좀 써야겠어.
B: 어떤 것도 엉망으로 만들어놓지마.

hit sb up
연락하다

페이스북 등 SNS나 전화 등으로 연락을 하는 것을 뜻한다. 그래서 페이스북으로 연락해는 Hit me up on Facebook이라고 하면 된다.

A: You seemed upset with your brother.
B: He's always **hitting me up** for money.
A: 너 형한테 열받은 것처럼 보였어.
B: 항상 연락해서 돈을 요구해.

end up
결국에는 …하게 되다

결국에는 …하게 되다라는 빈출 동사구로 end up ~ing 혹은 end up with sth의 형태로 쓰인다.

A: I plan to invest my money in the stock market.
B: You're going to **end up** broke.
A: 주식에 돈을 투자하기로 했어.
B: 결국 거덜날거야.

make up
화장하다, 꾸며대다, 화해하다

화장한다는 것은 꾸미다, 즉 사실과 다르게 꾸며대는 것을 뜻하며 또한 다툼을 한 후에 서로 화해하는 것을 뜻하기도 한다.

A: I can't take a day off of work.
B: Can't you just **make up** an excuse?
A: 직장에서 하루도 쉴 수가 없어.
B: 변명을 대지도 못하는거야?

break up
헤어지다

남녀간에 헤어지다라는 뜻으로 헤어지는 사람까지 말하려면 break up with sb라고 한다.

A: They were together for a long time.
B: The partnership **broke up** this month.
A: 걔네들은 오랫동안 함께 했어.
B: 그들의 관계가 이번 달에 끝났어.

show up
모임 장소에 나오다, 당황하게 하다

주로 show up at~의 형태로 쓰이며, 잘 알려진 예약하고 나타나지 않는 사람은 a no-show라고 한다.

A: I heard the performance was bad.
B: Very few people **showed up.**
A: 공연이 별로였다며.
B: 관객도 아주 적었어.

cheer up
기운나게 하다

기운이 처진 사람에게 기운내라고 격려하는 것을 말한다.

A: I feel very pessimistic about the future.
B: **Cheer up.** Things aren't so bad.
A: 난 미래에 대해 아주 염세적이야.
B: 기운내. 상황이 그렇게 나쁘지 않아.

pass up
기회를 놓치다, 거절하다

…할 기회를 잡지 못하고 놓치거나 뭔가 거절한다고 할 때 긴요한 동사구.

A: You should come to my birthday party.

B: I'm sorry, but I must pass up the invitation.

A: 내 생일파티에 와라.
B: 미안, 초대를 거절해야 돼.

stay up
늦게까지 자지 않다

늦게까지 안자고 깨어 있다는 말씀. 좀 더 구체적으로 stay up late 혹은 stay up all night ~ing(밤새며 …하다)의 형태로 자주 쓰인다.

A: Did you stay up all night?

B: Oh yeah. I had a lot of studying to do.

A: 너 밤샜어?
B: 어. 공부할게 너무 많았어.

look up
(정보) 찾아보다, 방문하다, (상황) 좋아지다

근처에 들렀다 겸사겸사 방문하는 것을 뜻하거나 사전이나 인터넷 등에서 정보를 찾는다는 의미로 쓰인다. 사물주어+be looking up~하게 되면 …의 상황이 좋아지다라는 뜻이 된다.

A: How can I find a different place to rent?

B: Use the Internet to look up that info.

A: 임차할 다른 곳을 어떻게 찾을 수 있어?
B: 인터넷을 이용해서 그 정보를 찾아봐.

come up
다가가다, 예기치 않은 일이 생기다, 다가오다

물리적으로 상대방 등에게 다가가거나, 혹은 예기치 않은 일이 생겼을 때 쓰면 좋은 표현. 약속취소 대표표현인 Something's come up도 여기서 나온 문장이다.

A: Something's come up. I need to leave.

B: All right, let me get you a taxi.

A: 일이 좀 생겼어. 나 가야 돼.
B: 그래, 내가 택시 잡아줄게.

pick up
픽업하다, 고르다, 사다, (상황) 좋아지다

거의 우리말화 된 것으로 차로 픽업하거나 가게에서 골라 사거나 혹은 상황이 좋아지다라는 다양한 의미로 활약한다.

A: Could you pick up some things at the store?
B: Sure. What do you want me to get?
A: 가게에서 뭐 좀 사다줄래?
B: 그럼. 내가 뭐 사다줄까?

split up
헤어지다, 나누다

헤어지는 사람까지 말하려면 split up with sb라고 하면 된다.

A: We have a bag of snacks.
B: Let's split them up between everyone.
A: 과자 한 봉지가 있어.
B: 모두에게 나누어 주자.

take up
(시간.공간) 차지하다, 취미생활을 시작하다

시간이나 공간을 잡아먹다, 차지하다이지만 특히 취미생활을 시작한다고 할 때도 이 동사구를 쓴다.

A: You should go golfing on the weekends.
B: It just takes up too much time.
A: 주말마다 골프를 쳐봐.
B: 너무 많은 시간을 잡아먹어.

pull up
차를 세우다, 의자를 끌고 와 앉다

정지선이나 주차장 선에 차를 세우는 것을 말한다. 반면 pull over는 단속 등에 걸려서 차를 길가에 세우는 것을 말한다.

A: Pull up your pants, they are sagging.
B: Sorry. I forgot to wear a belt today.
A: 바지 올려. 밑으로 축 처져잖아.
B: 미안. 오늘 깜박하고 벨트를 안했어.

back up
지원하다, (컴퓨터) 백업하다, 후진하다, 뒤로 물러서다

역시 거의 우리말화 된 표현. 컴퓨터 백업하다. 뒤로 물러서다 혹은 지원하다라는 의미로 쓰인다.

A: I heard there is a traffic jam ahead.
B: We need to back up and get out of here.
A: 전방에 차가 막힌다고 들었어.
B: 후진해서 여기서 빠져 나가자.

cover up
은폐하다

뭔가 잘못이나 불법적 행동을 은폐하는 것을 말한다.

A: The cops were never able to arrest him.
B: He covered up his crimes very well.
A: 경찰은 결코 그를 체포할 수가 없었어.
B: 그는 자신의 죄를 아주 잘 은폐했어.

hook up with
소개시켜주다, 섹스하다

소개시켜준다고 할 때는 hook 대신에 fix나 set을 쓰면 된다.

A: Did you hook up with Amanda?
B: Yeah, we went at it all night long.
A: 너 아만다하고 잤니?
B: 어, 밤새 열심히 했어.

come up with
좋은 생각 혹은 변명 등을 생각해내다

뒤에 money가 오면 돈을 마련하다, 제공하다라는 뜻이 된다.

A: This isn't enough to buy a car?
B: You have to come up with more money.
A: 이 돈으로는 차를 살 수가 없지?
B: 더 많은 돈을 마련해야 돼.

sign up for
들어가다, 가입하다

특정 수강과목을 신청하거나 가입하는 것을 말한다.

A: You can sign up for a swim class.
B: Great. I've loved swimming since I was a kid.
A: 수영강습에 신청해봐.
B: 좋지. 어릴 때부터 수영을 좋아했어.

stick up for
편들어주다, 옹호하다

비난받는 사람을 편들어주면서 변호하는 것을 연상하면 된다.

A: So you defended Leo from the thugs?
B: I always try to stick up for my friends.
A: 그래 넌 폭력배로부터 레오를 지켜준거야?
B: 난 항상 친구들 편을 들려고 하고 있어.

④ down: 아래로, 낮은, 완전히, 꽉

let down
실망시키다

"나 실망시키지마"는 Don't let me down. 아주 많이 쓰이는 동사구이다.

A: Carol lied to all of her friends.
B: I was let down by her actions.
A: 캐롤은 자기 친구들 모두에게 거짓말을 했어.
B: 난 걔의 행동에 실망했어.

calm down
진정하다, 진정되다

흥분한 상대방을 진정시킬 때 꼭 필요한 동사구.

A: Oh my God, I am totally broke!
B: Calm down, we'll figure out something.

A: 맙소사, 돈이 땡전한푼 없네!
B: 진정해, 뭔가 생각을 해내보자.

run down
뛰어내려가다, 닳아지다, 특정 정보 찾아내다, 비난하다, 고장나다

참 다양한 의미로 쓰인다. 특히 닳아지다라는 뜻이 있어 run-down하면 낡아빠진, 혹은 피곤한 이라는 의미가 된다.

A: There are several things you can do.
B: Could you run down some of the options?
A: 네가 할 수 있는 일이 몇가지 있어.
B: 어떤 옵션들이 있는지 대강 말해 줄래?

turn down
거절하다, (소리) 줄이다, 밑으로 이동하다

가장 대표적인 의미는 상대방의 제안을 거절하다(refuse)이다.

A: Why did you accept his proposal?
B: It was impossible to turn down.
A: 왜 걔의 제안을 받아들인거야?
B: 거절할 수가 없었어.

break down
고장나다, 신경쇠약해지다, 쉽게 설명하다

컴퓨터나 차량이 고장났다고 할 때 break down을 쓰면 된다. 혹은 좀 어렵지만, 어려운 뭔가를 알아듣기 쉽게 설명하다라는 뜻으로도 쓰인다.

A: Explain why you think this is a good plan.
B: I can break down the data for you.
A: 이게 왜 좋은 계획이라고 생각하는지 설명해봐.
B: 널 위해 데이터를 쉽게 설명할 수 있어.

come down with
가벼운 병에 걸리다

감기 등 가벼운 병에 걸리다라는 뜻이다.

A: Your kids sound pretty sick.

B: They came down with the flu.

A: 너희 아이들 많이 아파 보여.

B: 독감에 걸렸어.

back down
잘못을 인정하다, 주장을 굽히다, 포기하다

뒤로 물러서다에서 비유적으로 잘못을 인정하거나 자기 주장을 굽히는 것을 말한다.

A: Nancy is very stubborn.

B: She is not going to back down.

A: 낸시는 정말이지 완강해.

B: 걘 절대로 주장을 굽히지 않을거야.

05 for : …을 향해, 동안, 자격

work for
…에서 일하다, 효과가 있다

물론 work in[at]+회사로 일하는 곳을 말하기도 하지만 특이하게도 work for sb의 형태로 쓰인다. 그래서 Who do you work for?하게 되면 "너 어디서 일해?"라는 뜻이 된다.

A: Do you work for a big company?

B: No, I work for a small tech firm.

A: 너 대기업에서 일하니?

B: 아니, 난 첨단 중소기업에서 일해.

cover for
대신 일을 처리하다, 잘못을 덮어주다

직장에 출근을 못해서 다른 사람이 그 결근자의 일까지 대신 해주는 것을 말한다.

A: I need to go out for a few hours.

B: Don't worry, I can cover for you.

A: 나 몇시간 동안 외출해야 돼.

B: 걱정마, 내가 대신 일처리 해줄게.

leave for
출발하다

for 다음에는 도착지를 쓰면 된다. for 없이 leave+장소로 쓰이면 장소를 떠나다라는 뜻이 되니 주의해야 한다.

A: Do you know what time it is?
B: It's almost time to leave for the airport.
A: 몇시인지 알아?
B: 공항으로 출발할 시간이 거의 됐어.

fall for
속아 넘어가다, 홀딱 반하다

fall for 다음에 사람이 오면 이성에게 반하다, fall for 다음에 사물이 오면 …에 속아 넘어가다라는 뜻이 된다.

A: Her boyfriend seems like a jerk.
B: I can't believe she fell for him.
A: 걔 남친은 멍청이 같아.
B: 그런 놈에게 빠지다니 믿기지 않아.

apply for
지원하다, 신청하다

기초 동사구. 회사 등에 지원하거나 신청하는 것을 말한다.

A: The boss is horrible and they are late paying me.
B: It's time to apply for another job.
A: 사장은 끔찍하고 급여도 늦게 줘.
B: 다른 직장으로 지원할 때야.

apologize for
사과하다

사과하는 사람까지 함께 말하려면 apologize for sth to sb라고 하면 된다.

A: I want to apologize for not showing up.
B: Everyone wondered where you were.
A: 가지 못해서 사과하고 싶어.
B: 다들 네가 어디 있었는지 궁금했어.

pay for
비용을 치르다

for 이하를 하는데 드는 비용을 내다. 액수까지 함께 말하려면 pay+돈+for~라고 쓰면 된다.

A: I will have to drop out of school.
B: You can't pay for your tuition?

A: 난 학교를 중퇴해야 될거야.
B: 등록금을 못내서 그래?

head for
특정 방향으로 가다

특정 방향으로 가다라는 뜻으로 for 대신에 towards를 써도 된다.

A: Are you going somewhere?
B: I'm about to head for my home.

A: 어디 가?
B: 집으로 갈려고.

root for
(운동) 응원하다, 지지하다

특히 운동경기 등에서 …을 응원하다, 지지하다라는 말.

A: Do you have a soccer team you root for?
B: Generally I like Manchester United.

A: 네가 응원하는 축구팀이 있어?
B: 보통 난 맨유를 좋아해.

go for
좋아하다, (가격) …로 책정되다, …하러 가다

다양한 의미가 있지만 눈여겨볼 것은 좋아하다(favor)라는 뜻이다.

A: You look pretty stressed out.
B: I could go for a little vacation time.

A: 너 무척 스트레스를 받은 것 같다.
B: 잠시 휴가를 갔으면 좋겠어.

06 of: 원인, 이유, 관련, 관계

make a mess of
엉망으로 만들다, 망치다

of 이하를 엉망으로 만들다라는 동사구이다.

A: Why are you yelling at me?
B: You made a mess of this whole place.
A: 왜 내게 소리를 지르는거야?
B: 이 곳을 다 엉망으로 만들어놨잖아.

take care of
돌보다, 처리하다

take care of sb는 돌보다, take care of sth은 처리하다(handle)라는 뜻이다.

A: I have some minor financial problems.
B: Take care of those problems before they get worse.
A: 난 돈 문제가 좀 있어.
B: 더 악화되기 전에 문제들을 처리해.

be sick of
질리다

sick은 아프다라는 뜻 이외에도 지겹다라는 의미를 갖는다.

A: She does nothing but complain.
B: I am sick of listening to it.
A: 걘 불평만 늘어놔.
B: 듣는게 지겨워.

be worthy of
…할 가치가 있다

be worth~의 형태로 써도 된다. 반대로 …할 가치가 없다라고 할 때는 be not worthy of~라고 한다.

A: Alan's new wife is beautiful and smart.
B: He is not worthy of her.

A: 앨런의 새로운 부인은 예쁘고 똑똑해.
B: 걔한테는 과분하지.

be aware of
…을 알고 있다

of~ 다음에는 명사뿐만 아니라 that 절이나 의문사절이 이어서 올 수 있다.

 A: You shouldn't walk alone at night.
B: It's important to be aware of danger.
A: 밤에 홀로 걸어다니면 안돼.
B: 위험하다는 것을 아는게 중요해.

run short of
부족하다, 모자라다

= run low of = be short of = be out of 등 다양한 형태로 쓸 수 있다.

 A: We are running short of wine.
B: I can stop at the store and get more.
A: 우리는 와인이 부족해.
B: 내가 가게에 들러서 더 사올게.

07 on: …에, …와 동시에, 시기, 의존

get on
올라타다, (기차) 타다, 잘지내

기본적으로 기차나 버스 등 높은 차량을 타다라는 의미로 쓰이며 반대로 내리다는 get off이라고 한다. 승용차처럼 보도와 높이가 차이가 별로 나지 않는 경우에는 get in[out]을 쓴다.

 A: So we finished with the discussion?
B: It's time to get on with other things.
A: 그럼 우리 토론은 끝난거지?
B: 다른 일을 계속 해야지.

move on
다음 일을 하다, 다른 장소로 가다, 극복하다

미드영어에서는 정말 많이 쓰이는 동사구. 주로 안좋은 일을 잊어버리고 다음 단계로 넘어가자고 할 때 많이 쓰인다.

A: I think we have settled this matter.

B: Let's move on to the next topic.

A: 난 우리가 이 문제를 해결한 것 같아.
B: 다음 사항으로 넘어가자.

put on
속이다, 무대에 올리다, 옷입다, 화장하다, 음악틀다

on 위에 바르다라는 뜻으로 화장하다라는 뜻으로 쓰인다. 가장 기본적인 의미인 옷입다라는 역시 몸에 옷을 걸치는 것으로 이해하면 된다.

A: How do you like this suit?

B: Can you put on a different jacket?

A: 이 양복은 어때?
B: 다른 재킷을 입어봐.

work on
…의 일을 하다, 영향을 주다, 설득하다

work on sb하게 되면 sb에게 영향을 주거나 설득하는 것을 뜻한다.

A: You should improve your language skills.

B: Okay, I will work on it.

A: 넌 언어 실력을 좀 더 향상시켜야 돼.
B: 그래, 그렇게 할게.

wait on
(식당) 시중들다, …을 기다리다

wait for와 달리 wait on은 무조건 식당 등에서 시중들다라고만 생각하면 안된다. wait on 역시 기다리다라는 뜻으로도 사용된다.

A: Why are you standing out here?

B: I'm just waiting on some of my friends.

A: 너 왜 여기 나와 서있는거야?
B: 친구들 좀 기다리는 중이야.

cheat on
부정행위를 하다, 몰래 바람피다

애인이나 배우자 몰래 바람을 피는 것을 말한다. 바람피우는 대상을 함께 쓰려면 cheat on sb with sb2라고 하면 된다.

A: People say you can't trust Brandon.
B: I think he cheats on all of his girlfriends.
A: 사람들이 그러는데 넌 브랜든을 신뢰하지 않는다며.
B: 걘 자기 여친들 몰래 바람을 피는 것 같아.

carry on
계속하다, …을 지니다

뭔가 계속하다는 뜻으로 carry on ~ing 혹은 carry on with sth이라고 쓴다.

A: Mr. Wilson is going to be gone for an hour.
B: We'd better carry on until the boss comes back.
A: 윌슨 씨는 한 시간 동안 외출하실거야.
B: 사장이 돌아오기까지 계속 하는게 좋을거야.

fall on
넘어지다, 책임지다, 어려움 겪다, (기념일) 언제 …이다

기본적으로 넘어지다에서 발전하여 어려움을 겪다 그리고 아주 특이하게도 fall on 다음에 요일에 오면 생일이나 기념일이 언제 …이다라고 말할 때 사용된다.

A: Why must you fix these issues?
B: The responsibility fell on me.
A: 넌 왜 이 문제들을 고쳐야 되는데?
B: 내가 책임지는 걸로 됐거든.

come on
유혹하다

유혹하는 대상까지 함께 쓰려면 come on to sb라고 한다. come-on은 유혹이라는 명사로 쓰인다.

A: I know she's coming on to your board of directors.
B: Yeah, she's everywhere. Can't seem to get away from her.

A: 걔가 네 이사회진들을 유혹한다는 걸 알고 있어.
B: 그래, 어딜 가나 걔가 있어. 걔로부터 벗어날 수 없을 것 같아.

count on
의지하다, 기대다

depend on, rely on, rest on 등과 같은 의미.

A: Your students are very hard working.
B: I count on them to help me.
A: 네 학생들은 공부를 아주 열심히 해.
B: 걔네들이 날 도와주리라 믿고 있어.

turn on
켜다, 성적으로 흥분시키다

돌려서 켜는 것을 말하는 것으로 전기제품을 켜다 혹은 성적으로 흥분시키다라는 뜻으로 사용된다.

A: That movie has a lot of sex scenes.
B: It turned me on to see it.
A: 저 영화에는 섹스신이 아주 많아.
B: 영화보는데 흥분이 됐어.

hit on
갑자기 생각나다, 수작걸다

불현듯 생각하는 것을 말할 때 사용하는 표현이다. 또한 앞서 나온 come on의 동의어로 수작걸다라는 뜻을 갖는다.

A: Why wasn't Joe invited to the party?
B: All he does is hit on girls.
A: 왜 조는 파티에 초대를 받지 못했어?
B: 걔는 여자들에게 수작부리기만 하잖아.

catch on
이해가 빠르다, 유행하다

이해가 빨라 머리가 좋다라는 의미와 유행하다라는 두 가지 의미를 알고 있으면 된다.

A: Some people wear shirts with holes in them.

B: I'm not sure that fad will catch on.

A: 사람들 중에는 구멍난 셔츠를 입는 사람들이 있어.
B: 그 유행이 퍼질지는 모르겠네.

pin~ on
책임을 전가하다, 고정시키다

특히 pin it on sb의 형태로 책임을 전가하다, …의 탓으로 하다라고 많이 쓰인다.

A: Someone broke the coffee maker!

B: You can't pin the blame on me.

A: 누가 커피메이커를 망가트렸어!
B: 내 탓으로 돌리지마.

sneak on
일러바치다, 몰래 다가가다

몰래 다가가거나 혹은 선생님이나 부모님에게 뭔가 일러바치다라는 뜻으로 사용된다.

A: How did you get on the train without a ticket?

B: I snuck on the train.

A: 표없이 어떻게 기차를 탔어?
B: 몰래 올라탔어.

08 to: …로, 대상, 접촉, 비교, 소속

get to
일을 시작하다, 화나게 하다, 도착하다

화나게 할 때는 get to sb, 도착하다라고 쓸 때는 get to+장소명사가 나온다.

A: We are heading to Kernersville.

B: It will take hours to get to that town.

A: 우리는 커너스빌로 가고 있어.
B: 그 마을에 도착하는데 여러 시간이 걸릴거야.

listen to
듣다, 귀를 기울이다

listen to 역시 지각동사로 listen to sb+V하게 되면 …가 …하는 것을 듣다라는 의미가 된다.

A: He told you not to trust strangers.
B: I **should have listened to** that advice.
A: 걔가 너에게 낯선 사람을 믿지 말라고 했잖아.
B: 그 충고에 귀를 기울였어야 했는데.

mean to
…하려고 하다, …할 생각이다

intend to의 의미로 …을 할 생각이다라는 뜻이 된다. 참고로 be mean to sb하게 되면 mean이 형용사로 쓰인 것으로 '야비한'이라는 의미가 된다.

A: Will you stop talking while I'm speaking?
B: I didn't **mean to** interrupt you.
A: 내가 말하는 동안 좀 입 좀 다물래.
B: 네 말을 방해하려는 것은 아니었어.

come close to
…에 가까이 가다, 거의 …할 뻔하다

물리적으로 to~ 이하에 가까이 가다, 비유적으로는 …할 뻔하다라는 뜻으로 come close to ~ing의 형태로 사용된다.

A: How was the marathon?
B: I **came close to** winning the race.
A: 마라톤은 어땠어?
B: 경주에서 거의 일등을 할 뻔했어.

make it to
제시간에 도착하다

make it to~ 다음에 장소명사가 오면 늦지 않고 …에 도착하다라는 의미가 된다.

A: Can you **make it to** the conference?
B: No, I don't have time to be there.
A: 회의장에 제시간에 올 수 있어?
B: 아니, 거기에 갈 시간이 없어.

deserve to
…할 자격이 있다

You deserve it은 "넌 그럴 자격이 있어," 그리고 You deserve more than that은 "넌 그 이상 받을 자격이 돼"라는 뜻이다.

A: Rob has been working hard all year.
B: He deserves to have some time off.

A: 롭은 일년 내내 열심히 일했어.
B: 좀 휴가를 받을 만해.

used to
과거에 …하곤 했었다

현재는 그렇지 않지만 과거에 규칙적으로 …했다라는 말. 마치 주일마다 교회에 가듯이 말이다.

A: I got to thinking about a guy I used to date.
B: Yeah? Did it make you miss him?

A: 내가 만나던 친구를 곰곰이 생각해봤어.
B: 그래? 생각해보니 보고 싶어졌어?

get used to
…에 익숙하다, 적응하다

주의할 점은 get used to~ 다음에는 명사나 ~ing가 이어진다는 점이다.

A: It's very stressful working in this office.
B: You better get used to that.

A: 여기 사무실에서 일하는 건 정말 스트레스야.
B: 거기에 익숙해지도록 해.

get back to
되돌아가다, 다시 토의하다, 다시 연락하다

단순히 되돌아가거나 혹은 나중에 다시 연락하거나 토의한다는 뜻으로 쓰인다.

A: Can you stay for a while longer?
B: I need to get back to work.

A: 좀 더 있다가 가도 돼?
B: 일하러 가야 돼.

be supposed to
···하기로 되어 있다, ···해야 한다

이곳저곳에서 마구마구 사용되는 초빈출 동사구. be expected to~와 비슷하다고 생각하면 된다.

A: I thought the movie was less than two hours.
B: It was supposed to be over by now.

A: 난 영화가 두시간 안되는 줄 알았어.
B: 지금쯤이면 끝났어야 됐는데.

owe A to B
···에게 빚지다

돈이나 도움을 받아서 빚지고 있음을 말할 때.

A: Why have you been hiding out?
B: I owe money to gangsters.

A: 왜 숨어 지내는거야?
B: 조폭에게 빚이 있거든.

can't stand to
···을 참을 수가 없다

참을 수 없는 일을 말할 때는 can't stand to+명사[~ing], 참을 수 없는 사람을 말하려면 can't stand sb라고 하면 된다.

A: Jerry can't stand to be alone.
B: He likes being around other people.

A: 제리는 혼자 있는 걸 참지 못해.
B: 걘 사람들과 어울려 지내는 걸 좋아해.

can't wait to
몹시 ···하고 싶어하다

be dying to+V와 같은 의미.

A: I can't wait to get back home.
B: Me too. I want to relax in my own place.

A: 어서 빨리 집에 가고 싶어.
B: 나도 그래. 내 집에서 편히 쉬고 싶어.

make love to
사랑을 나누다

make love는 사랑을 나누다로 have sex보다 고급표현. 사랑을 나눈 상대까지 말하려면 make love to sb라고 하면 된다.

 A: They say you are a ladies man.
B: I've made love to many girls.
A: 너 여자들과 같이 있는걸 좋아한다며.
B: 난 많은 여자들과 사랑을 나누었어.

commit to
전념하다, 약속하다, 충실하다

commit는 약속하다, 혹은 …에 전념하다라는 뜻으로 쓰이는 우리말로 옮기기 까다로운 단어이다.

 A: Do you think Greg will get married?
B: He'll never commit to just one woman.
A: 그렉이 결혼할거라 생각해?
B: 걘 절대로 한 여자에게 매이지 않을거야.

⑨ with: …와 함께, …을(대상)

mess with
간섭하다, 건드리다

mess with sb는 쓸데없이 건드리다, mess with sth은 안좋은 일에 관여하다라는 의미.

 A: He told me he saw a UFO.
B: I think he was messing with you.
A: 걘 자기가 UFO를 봤다고 내게 그랬어.
B: 걔가 널 갖고 논 것 같은데.

be done with
…을 끝내다, 다 먹다, 헤어지다

어떤 일을 끝내다, 음식을 다 먹다 혹은 헤어지다(with sb)처럼 다방면에서 활약하고 있는 인기 동사구이다.

A: So your dad is trying to get healthy?
B: He's done with smoking cigarettes.
A: 그럼 너희 아빠는 건강해지려고 노력하셔?
B: 담배도 끊었어.

live with
···와 함께 살다, 불쾌한 것을 참다, 견디다

live with sb하면 ···와 함께 살다, live with sth은 불쾌한 것을 마지 못해 참고 견디다라는 의미이다.

A: It's not easy driving in this traffic.
B: Learn to live with it.
A: 이런 교통체증 속에서 운전하는 것은 쉽지 않아.
B: 익숙해지도록 해.

agree with
동의하다, 찬성하다

동의하는 사람은 agree with sb라고 한다.

A: It's time for a new president.
B: I agree with your opinion.
A: 새로운 대통령이 필요한 때야.
B: 네 의견에 찬성야.

do with
···을 어떻게 하다

특히 What did you do with~?의 형태로 많이 쓰인다.

A: What will you do with that candy?
B: I'll probably give it to some kids.
A: 그 사탕 어떻게 할거야?
B: 아마도 아이들에게 줄거야.

deal with
처리하다, 감당하다

뭔가 처리하거나 감당하다라는 뜻으로 I can deal with it하게 되면 "내가 처리할 수 있어," 혹은

"그거 가능해"라는 의미가 된다.

A: My back hurts, and I don't like this food.
B: I can't **deal with** your complaining.
A: 허리도 아프고 이 음식도 먹기 싫어.
B: 네 불평을 감당할 수가 없네.

⑩ about …에 관하여, …의 주위에

get about
돌아다니다, 퍼지다

사람들과 사교하기 위해서 이곳저곳 돌아다니는 것을 뜻한다.

A: I see you walking every morning.
B: I may be older, but I still **get about.**
A: 너 아침마다 산책하던데.
B: 나이가 좀 들었지만 아직 돌아다닐 수 있어.

bring about
야기시키다, 일으키다

주어 때문에 어떤 결과를 가져오는 것을 말할 때 사용하면 된다. 그것 때문에 큰 문제가 될 수도 있어라고 말하려면 That might bring about big trouble이라고 하면 된다.

A: The government has become more efficient.
B: The new leader **brought about** many changes.
A: 정부가 더욱 효율적으로 됐어.
B: 새로운 대통령이 많은 변화를 가져왔어.

forget about
…을 잊다, 깜박 잊다

forget+명사로 …을 잊다라는 뜻으로도 쓰이지만 주로 forget about+명사[~ing]의 형태로 쓰인다.

A: Should I tell the police about this?
B: Just **forget about** what happened.
A: 경찰에 이 문제에 대해 말해야 될까?
B: 무슨 일이 일어났는지 그냥 잊어버려.

worry about
걱정하다

다 아는 기초 동사구. worry about = be worried about인 점을 주목한다.

A: I worry about my future.

B: Me too. The economy seems on a downturn.

A: 내 미래가 걱정돼.
B: 나도 그래. 경기가 나빠지고 있는 것 같아.

care about
신경쓰다, 좋아하다

관심을 갖거나 중요하다고 생각하는 것을 말한다.

A: Do you care about where we eat?

B: I'd like some Italian food tonight.

A: 어디서 먹을까?
B: 오늘밤에는 이태리 음식을 먹고 싶어.

complain about
불평하다, 항의하다

불평하다라고 할 때는 complain만 기억하지 말고 complain of[about]~까지 알아둔다.

A: Jordan is selfish, and he's arrogant too.

B: Don't complain about your friends.

A: 조던은 이기적이고 또 거만해.
B: 네 친구들 불평은 하지마.

⓫ over: 가로질러, …에 대해, 끝난

go over
검토하다, 조사하다, …위로 가다, 반복하다

go over = examine 외에도 뭔가 한 얘기를 다시 반복해서 해준다고 할 때도 사용된다.

A: Can we go over this paperwork?

B: Sure, let's start on page one.

A: 우리 이 서류를 검토할 수 있을까?
B: 물론, 1페이지부터 시작하자.

get over
이겨내다, 극복하다

곤란한 상황을 잊고서 이겨내 극복하는 것을 뜻한다. get over sb는 …을 잊다라는 의미가 된다.

A: I think Mark still misses his ex wife.
B: He still hasn't gotten over her.
A: 마크는 아직 전부인을 그리워하는 것 같아.
B: 걘 전부인을 아직 잊지 못하고 있어.

pull over
차를 길가에 대다

탑승자를 내려주거나 경찰 단속에 걸려서 차를 길가에 붙이는 것을 말한다. 정지선에 차를 세우는 pull up과 구분해야 한다.

A: You didn't make it to the club on time.
B: The cops pulled me over for speeding.
A: 넌 클럽에 제시간에 도착하지 못했어.
B: 경찰한테 속도위반으로 걸렸거든.

be over
끝나다, 끝내다, 방문하다

뭔가 끝나다 혹은 끝내다라는 의미로 많이 쓰인다. 특히 남녀관계에서 완전히 잊어버렸다라고 말할 때 사용된다.

A: This is terrible. Do we have to stay?
B: We will leave when it is over.
A: 이건 끔찍하다. 우리 더 있어야 돼?
B: 끝나면 가자.

come over
가다, 들르다, (감정) 사로잡다

…의 집에 들르다는 come over to one's place라고 하면 된다.

A: Could you come over and help me?
B: Sure. I'll be there in ten minutes.
A: 와서 나 좀 도와줄 수 있어?
B: 물론. 10분 후에 갈게.

tide ~ over
돕다, 당장은 …하기에 충분하다

좀 어려운 동사구이지만 뭔가 힘든 일이나 어려움을 이겨내는 것을 뜻한다.

A: You want me to lend you a thousand dollars?
B: I just need some money to tide me over.
A: 나보고 천달러를 빌려달라고?
B: 힘든 시기를 넘기는데 돈이 좀 필요해.

take over
떠맡다, 인수하다

친숙한 동사구로 …을 떠맡거나 인수하는 것을 말한다.

A: Why are Terry and Bill here?
B: They are going to take over the project.
A: 왜 테리와 빌이 여기에 있어?
B: 걔네들인 그 프로젝트를 맡을거야.

pass over
무시하다, 대신 …을 선택하다

퀴즈 등에서 답을 모를 때 '통과!'를 연상하면 된다. 무시하거나 대신 다른 것을 선택하는 것을 말한다.

A: I was not chosen to be a manager.
B: Many people were passed over for promotions.
A: 난 매니저로 선발되지 못했어.
B: 많은 사람들이 승진하는데 떨어졌어.

⑫ off: 제거, 분리, 정리

get off
(버스, 기차) 내리다, 퇴근하다, 오르가즘에 오르다

좀 높이가 있는 버스나 기차에서 내리다라는 기본의미 외에 퇴근하다 혹은 성적으로 정상에 오르다라는 뜻이 된다.

A: Damn it! I missed my bus stop!
B: You can get off at the next stop.
A: 젠장! 버스 정거장을 지나쳤네!
B: 다음 정거장에서 내려.

pay off
빚갚다, 보상받다, 성과를 내다, 뇌물주다

빚진 돈을 갚거나 혹은 불법적으로 뇌물을 주다라는 뜻이 된다.

A: How can we use our money carefully?
B: Let's pay off our credit card bills.
A: 어떻게 우리 돈을 신중하게 사용할 수 있을까?
B: 신용카드 대금을 내자.

break off
관계를 끝내다, 본체로부터 떨어져나가다

특히 사람과의 관계를 끝내는 것을 말하는 것으로 break it off with sb의 형태로 쓰인다.

A: People are saying Mel and Amanda split up.
B: She broke off her engagement to him.
A: 사람들이 멜과 아만다가 헤어졌다고 해.
B: 그녀가 걔한테 약혼을 파기했어.

take off
제거하다, 떠나다, 가다, 이륙하다, 쉬다, 옷벗다

옷벗다, 쉬다, 이륙하다라는 기본의미 외에 가다, 떠나다라는 뜻을 기억해둔다.

A: Come on, it's time to take off.
B: Sounds good. I'll grab my jacket.

A: 어서, 출발할 시간이야.
B: 좋아. 재킷 좀 집고.

show off
자랑질하다, 과시하다

좀 심해서 짜증날 정도 자랑질할 때 사용하면 된다.

A: Why were we invited here?
B: Tom wants to show off his new apartment.
A: 왜 우리가 여기에 초대된거야?
B: 톰은 새 아파트를 자랑하고 싶어해.

pull off
어려운 일을 해내다, 성공하다, 힘써서 떼어놓다

기본적으로는 물리적으로 뭔가 잡아서 떼어내다라는 뜻이며, 추상적으로는 어려운 일을 해내거나 성공하다라고 말할 때 사용한다.

A: We did it! We were able to complete the deal!
B: I can't believe we pulled it off.
A: 우리가 해냈어! 거래를 성사시켰어!
B: 우리가 해냈다는게 믿기지 않아.

piss off
열받게 하다, 화나게 하다

화나게 하다라는 뜻으로 be pissed off with~ 하게 되면 …로 열받다라는 뜻이 된다. 한편 Piss off!하게 되면 상대방보고 "꺼져!"라는 의미이다.

A: That old guy got very upset with me.
B: Don't piss off people you don't know.
A: 저 나이든 사람이 내게 화를 엄청 냈어.
B: 모르는 사람을 열받게 하지마.

see off
배웅하다

문앞에서 배웅하는 see out보다 좀 멀리 나가서 택시나 공항, 정거장 등에서 헤어지는 것을 말한다.

A: Why are you heading to the airport?
B: We're going to see off some friends.
A: 왜 넌 공항으로 가는거야?
B: 친구들 좀 배웅하러.

lay off
그만두다, 일시해고하다

일시 해고하다는 기본의미 외에 lay off는 좀 짜증나게 하는 것을 그만두다는 뜻으로 쓰인다. 주로 Could you lay off, please?의 문장이 자주 보인다.

A: The company is going to lay off some workers.
B: People are scared of losing their jobs.
A: 회사는 직원들 중 일부를 해고할거야.
B: 사람들은 직장을 잃을까봐 겁먹었어.

shut off
멈추게 하다, 전원끄다

TV전원을 끄다는 shut off the TV, 수도꼭지를 잠그다는 shut off the faucet이라고 하면 된다.

A: Could you shut off the television?
B: Why? Is it bothering you?
A: TV 좀 꺼줄래?
B: 왜? 방해돼?

hit it off
죽이 잘 맞다

만나서 얼마 안되어서 서로 케미가 잘 맞는 경우를 말한다.

A: It looked like you were talking to Eddie.
B: Yeah, we really hit it off.
A: 너 에디랑 얘기하는 것 같았어.
B: 어, 우리는 죽이 잘 맞아.

back off
뒤로 물러서다, 진정하다

1차적으로는 뒤로 물러서다, 그래서 2차적으로는 진정하다라는 뜻으로 사용된다.

A: Do you think I should call her again?
B: It's better to back off and see what happens.
A: 내가 그녀에게 다시 전화를 해야 된다고 생각해?
B: 물러서서 어떻게 되는지 지켜봐.

kick off
행사 등을 시작하다

축구에서 kick off하듯이 뭔가 행사 등을 시작하는 것을 말한다.

A: When will things get started?
B: The opening ceremony will kick off the festival.
A: 언제 시작하는거야?
B: 개회식으로 축제가 시작될거야.

⓭ back: 다시 뒤로, 뒤에서

hold back
연기하다, 참다, …하는 것을 망설이다

뭔가 억제한다는 느낌의 동사구로 하려던 것을 미루거나, 참는 것을 말한다.

A: This funeral has made me sad.
B: No need to hold back your tears.
A: 이 장례식 때문에 마음이 슬퍼졌어.
B: 눈물을 참으려고 할 필요는 없어.

pay back
돈갚다, 복수하다

빌린 돈만 갚는게 아니라 당한 고통을 되갚아 준다는 뜻으로 복수하다라는 뜻으로도 쓰인다.

A: We have to borrow a lot of money.
B: It will take years to pay back the loan.
A: 우리는 많은 돈을 빌려야 돼.
B: 빚을 갚는데 오랜 시간이 걸릴거야.

call back
다시 전화하다, 답신전화하다

call again과 같은 의미로 생각하면 된다.

A: I called him, but no one answered.
B: Try to call back tomorrow.
A: 전화를 했는데 아무도 받지를 않았어.
B: 내일 다시 전화해봐.

get ~ back
돌려받다

돌려받을 때는 back이 꼭 필요하다. 돌려받기를 원하다는 want ~ back이라고 한다.

A: Why did you go over there?
B: I need to get my keys back.
A: 넌 왜 거기에 갔었어?
B: 열쇠를 돌려받으려고.

take ~ back
되찾다, 취소하다

다시 돌려받거나, 한번 뱉은 말을 되돌리다, 즉 취소하다라는 뜻으로 사용된다.

A: I think this new coffee maker is broken.
B: Yes, I'll take it back to the store.
A: 이 새 커피메이커가 망가진 것 같아.
B: 어, 내가 가게로 다시 가져갈게.

come from
…에서 나오다, …의 출신이다

물리적으로나 추상적으로 …에서 나오다라는 뜻이 된다. 그래서 Where does all this come from?하게 되면 "어떻게 하다 이렇게 된거야?"라는 뜻이 된다.

A: Where did these presents come from?
B: Your mom and dad brought them over.
A: 이 선물들은 어디서 난거야?
B: 너희 부모님이 가지고 오셨어.

⑭ at: ..에, 목표, 기간, 원인

get at
영향주다, 접근하다, 도달하다, 핵심을 암시하다

뭔가 노리다, 암시하다 또한 …에 접근하다라는 뜻으로 사용된다.

A: I think you haven't been honest.
B: What are you getting at?
A: 난 네가 정직하지 못했다고 생각해.
B: 무슨 말을 하려는거야?

work at
열심히 하다

뭔가 얻으려고 혹은 향상시키려고 열심히 하는 것을 말한다.

A: My football skills are terrible.
B: You need to work at getting better.
A: 내 축구실력은 형편없어.
B: 나아지려면 열심히 노력해야 돼.

come at
도달하다, 접근하다, 위협하다

come at sth은 …에 접근, 도달하다, come at sb하면 덤비다, 위협하다라는 의미.

A: You aren't doing your job correctly.
B: Don't come at me with your complaints.
A: 넌 네 일을 제대로 못하고 있어.
B: 네 불평으로 날 위협하려고 하지마.

be good at
…을 잘하다

기본 동사구로 반대는 be poor[terrible] at~이라고 하면 된다.

A: Politicians rarely get sent to jail.
B: They are very good at covering their asses.
A: 정치가들을 감방에 가는 경우가 거의 없어.
B: 자기네들 보호하는데는 아주 탁월하잖아.

jump at
덥석 물다, 포착하다

기회나 제의 등을 덥석 받아들이거나 뭔가 포착하는 것을 뜻한다.

A: They offered me the chance to travel overseas.
B: I'd jump at the chance to do that.
A: 걔네들은 내가 해외여행할 기회를 제의했어.
B: 나라면 그 기회를 덥석 물텐데.

⑮ away 떨어져, 사라지는

get away
도망가다, 휴가하다, 홀로 남겨두다

기본적으로는 도망가다이지만 비유적으로 휴가가다, 휴식을 취하다라는 의미로도 사용된다. 그래서 getaway하면 휴가라는 뜻이 된다.

A: You didn't tell anyone you were leaving.
B: I needed to get away for a while.
A: 넌 떠난다고 아무에게도 말하지 않았어.
B: 잠시 휴가를 가야 했어.

pass away
사망하다

die 보다 좀 정중한 표현.

A: That actress was very young.
B: I was shocked she passed away.
A: 저 여배우는 매우 젊었어.
B: 사망소식에 충격받았어.

run away
급히 떠나다, 가출하다

떠나는 곳은 from+장소명사를 써주면 된다.

A: Does anyone know what happened to the kids?

B: The police think they ran away.

A: 아이들에게 무슨 일이 있었는지 아는 사람 있어?
B: 경찰은 걔네들이 가출했다고 생각해.

walk away
그냥 가버리다

외면하고 그냥 가버리다 혹은 walk away with sth하게 되면 상 등을 쉽게 거머쥐다라는 뜻이 된다.

A: They may offer me a lousy contract.
B: Just walk away if you don't like it.

A: 걔네들이 내게 형편없는 계약을 제의할지도 몰라.
B: 맘에 들지 않으면 그냥 가버려.

stay away from
가까이하지 않다, 관여하지 않다

from 이하에 나오는 사람과 거리를 두고 가까이하지 않는 것을 말한다.

A: All she does is tell lies.
B: Stay away from dishonest people.

A: 걘 입만 열면 거짓말이야.
B: 솔직하지 않은 사람들과는 가까이하지마.

keep~ away from
가까이하지 못하게 하다

…로부터(from) 멀리 떨어진(away) 곳에 놓다(keep)라는 뜻이다.

A: How do you stay so thin?
B: I try to keep away from fast food.

A: 넌 어떻게 그런 날씬함을 유지하는거야?
B: 난 패스트푸드를 멀리하려고 하고 있어.

⑯ by: 옆에, …로

run ~ by
…에게 설명하다

"…의 의견을 듣기 위해 …에게 설명하다"라는 뜻. run 다음에 설명이 요하는 것을, by 뒤에는 설명을 해줄 사람을 쓰면 된다. 많이 나오는 Run it by me는 "다시 말해봐"가 된다.

A: Could I run some ideas by you?

B: I love to hear about new things.

A: 몇몇 생각을 너와 상의할 수 있을까?
B: 새로운 것에 대한 얘기듣는 것을 좋아해.

stop by
잠깐 들르다

drop by, drop in, come by, swing by처럼 불시에 혹은 알린지 얼마 안되어서 잠시 들르다는 뜻이 된다.

A: I need to talk to you about something urgent.

B: Sure, stop by when you're finished working.

A: 좀 급한 일로 너와 얘기 좀 해야겠는데.
B: 그래, 일 끝나고 들러.

come by
잠깐 들르다, 얻다

역시 잠시 들르다라는 의미로 많이 쓰인다.

A: You never showed up at his office.

B: Sorry, I had no time to come by.

A: 넌 그의 사무실에 오지 않았어.
B: 미안해, 들릴 시간이 없었어.

get by
최소한의 것으로 버티고 살아가다

충분하지는 않지만 근근이 버티고 살아간다는 뜻.

A: They don't pay me much money.

B: Can you get by with that salary?

A: 급여를 많이 주지 않아.
B: 그 급여로 살아갈 수 있어?

swing by
잠깐 들르다

좀 생소할 수도 있으나 come by, drop by와 같은 의미로 생각하면 된다.

A: I'd like to see you Sunday afternoon.
B: I'll swing by after I go to church.
A: 일요일 오후에 보고 싶어.
B: 교회갔다가 들릴게.

go by
…에 가다, (닉네임) …으로 통하다

특정한 목적으로 …지역에 가다 혹은 닉네임 등으로 통하다라고 할 때.

A: There's a large grocery store here.
B: Can we go by and pick up some food?
A: 여기에 대형식료품점이 있네.
B: 들러서 과일 좀 살까?

stand by
대기하다, 지지하다

다음 지시 때까지 대기하거나, 지지하다, 편들다라는 의미이다.

A: I am not sure if my flight was cancelled.
B: Please stand by until we find out.
A: 내 비행편이 취소되었는지 잘 모르겠어요.
B: 저희가 확인할 때까지 기다리세요.

⑰ behind : 뒤에, 뒤에서

leave behind
…을 놔둔 채로 가다, …을 훨씬 앞서다

그래서 be[get] left behind하면 뒤처지다라는 의미.

A: Was it difficult to move to another country?
B: I had to leave behind a lot of stuff.
A: 다른 나라로 이사가는게 어려웠어? B: 많은 물건들을 놔둔 채 가야했어.

put ~ behind
뒤에 두다, 잊다

…을 …의 뒤에 두다라는 뜻으로 물리적으로 그럴 수도 있고 혹은 비유적으로 '잊다'라는 의미로도 쓰인다. 따라서 behind 뒤에는 sth이나 sb가 온다.

A: I keep thinking about past romances.
B: Just put those memories behind you.
A: 난 계속 지나간 사랑들을 생각해.
B: 그 기억들을 이제 그만 잊어.

fall behind
뒤지다, 늦어지다

상대방보다 뒤로 처진 경우.

A: Why do you always study so hard?
B: I don't want to fall behind my classmates.
A: 넌 왜 항상 그렇게 열심히 공부하는거야?
B: 내 반친구들에게 뒤처지지 않기 위해서.

⓲ through …을 통하여, …을 거쳐

go through
경험하다, 불쾌한 일을 견디다, 통과하다, 살펴보다

한 쪽에서 다른 한 쪽으로 통과하는 것을 말하는 것으로 단순히 경험하거나, 혹은 불쾌한 일을 견디다라는 의미로 사용된다.

A: Why aren't we getting responses?
B: The e-mails didn't go through.
A: 왜 우리에게 답장이 오지 않는거지?
B: 이메일이 가지 않았어.

get through
이겨내다, 일을 마치다, 통화하다, 연결되다

힘든 시기를 이겨내다라고 할 때는 get through sth, …에게 전화로 연결되다라고 할 때는 get through to sb의 형태로 사용한다.

A: I'm not sure we can get through this difficult time.
B: Don't worry. Things always turn out for the best.
A: 우리가 이 어려운 시기를 헤쳐나갈 수 있을지 모르겠어.
B: 걱정마. 언제나 결과는 좋잖아.

put ~ through
어려움을 겪게 하다, 전화를 바꿔주다, 학비대다

강제적으로 통과하게 하는 것으로 어려움을 겪게 하다, 혹은 전화를 바꿔주다라는 의미로 주로 쓰인다.

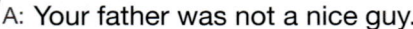
A: Your father was not a nice guy.
B: He put us through a rough time.
A: 너의 아버지는 착한 사람이 아니었어.
B: 우리가 어려움을 겪게 했어.

be through
끝나다, 관계를 끝내다

이성과의 관계가 끝났다고 할 때 자주 쓰이는데 이때는 be through with sb라고 한다.

A: Is Brian still in the toilet?
B: He is through using it.
A: 브라이언이 아직도 화장실에 있어?
B: 걔 사용 다했는데.

come through
성공하다, 극복하다, 기대에 부응하다

통과해서 온 것으로 힘든 일을 이겨내고 극복한 상태를 말한다. Coming through!는 "좀 지나갈 게요!"라는 의미.

A: Do you think I can pass this test?
B: You'll come through it just fine.
A: 내가 이 테스트를 통과할거라 생각해?
B: 넌 괜찮게 통과할거야.

⑲ around …의 주위에

get around
돌아다니다, 퍼지다, 해결하다

이곳저곳을 돌아다니거나 뭔가 그렇게 퍼지는 것을 뜻한다. 그래서 독감이 학교 전체에 퍼졌다라고 하려면, The flu got around the whole school이라고 하면 된다.

A: How do you get to work?
B: I use a motorcycle to get around.
A: 어떻게 직장에 출근해?
B: 오토바이를 이용해서 돌아다녀.

stick around
머무르다

가지 않고 남거나 머무르다라는 뜻으로 hang around와 비슷한 의미이다.

A: I need to know how to enter the data.
B: Stick around and I'll teach you.
A: 이 수치를 입력하는 방법을 알아야 돼.
B: 그대로 있어, 내가 알려줄게.

hang around
시간보내다, 어울리다

아는 사람들과 시간을 보내며 노는 것을 말한다. hang out과 비슷한 표현이다.

A: My friends are always making fun of me.
B: Why do you hang around with them?
A: 내 친구들은 항상 나를 놀려 대.
B: 왜 걔네들과 어울려 다니는거야?

run around
돌아다니다, 바쁘다, 동시에 여러명을 사귀다, 속이다

돌아다니면서 …을 하다라는 의미로 run around ~ing하게 되면 …하느라 바쁘다라는 뜻이 된다.

A: I wasn't able to reach you at all.
B: Sorry, I've been running around all day.

A: 너한테 연락이 전혀 안됐어.
B: 미안, 종일 이리저리 돌아다녔어.

look around
둘러보다, …을 찾으러 하다

주변을 둘러보다. 특히 뭔가 찾기 위해서 둘러보는 것을 말한다.

A: Can I help you find something?
B: Do you mind if I look around for a while?
A: 뭐 찾는거 도와드릴까요?
B: 잠시 둘러봐도 되겠죠?

show around
구경시켜주다

관광가이드의 업무를 딱 설명해주는 동사구. 이곳저곳 돌아다니면서 구경시켜주는 것을 뜻한다.

A: My relatives are coming to visit Seoul.
B: You'll have to show them around.
A: 내 친척들이 서울을 방문하러 와.
B: 서울 구경을 시켜줘야겠구나.

fool around
시간때우다, 몰래 바람피다

평범하게 그냥 시간을 때우거나 혹은 애인이나 배우자 몰래 바람피는 것을 말한다.

A: You want me to clean up this mess?
B: Yeah. Don't fool around, this needs to be done.
A: 이 어지러진 것을 나보고 치우라고?
B: 그래, 내숭떨지마, 반드시 그래야 돼.

turn around
몸을 돌려 …하다, 상황이 호전되다

기본적으로 몸을 돌려 …하다, 혹은 방향을 바꾸거나 상황이 반전되어 호전되는 것을 뜻한다.

A: I couldn't find my coffee mug.
B: Turn around. It's on the shelf.

A: 내 커피잔을 찾을 수가 없어.
B: 뒤 돌아봐. 선반 위에 있잖아.

come around
의식을 되찾다, 동의하다, 들르다

잃었던 의식을 되찾거나 come around to+장소명사가 되면 …에 들르다라는 뜻이 된다.

A: I haven't seen Katie in the office.
B: She'll **come around** later today.
  A: 사무실에서 케이티를 못봤어.
  B: 오늘 늦게 올거야.

⑳ after: …을 따라서, 향하여

take after
닮다

특히 자식이 부모를 닮았다고 할 때 쓰는 것으로 한단어로 하자면 resemble.

A: Little Timmy is very good at math.
B: He **takes after** his father.
  A: 티미 아들이 수학을 아주 잘해.
  B: 걘 자기 아버지를 닮았어.

be after
…을 찾다, 노리다

단순히 특정 목적으로 찾거나 혹은 이게 심해지면 …노리다라는 뜻이 된다.

A: What did Jackie ask for?
B: She **is after** some office supplies.
  A: 잭키가 요구하는게 뭐야?
  B: 사무용품을 원해.

look after
챙겨주다, 돌보다, 책임지고 처리하다

look after sb는 돌보다, look after sth하게 되면 잘 관리하다라는 의미가 된다.

A: Could you look after these customers?
B: Sure, I'll help them in a minute.
A: 이 손님들 좀 봐줄테야?
B: 그래. 잠시 후에 도와드릴게.

inquire after
안부를 묻다

after 이하에 나오는 사람이 잘 지내는지 안부를 묻는 것을 뜻한다.

A: Chris left before I got to the office.
B: He inquired after you when he was here.
A: 크리스는 사무실에 도착하기 전에 나갔어.
B: 그가 여기 있을 때 네 안부 물었어.

㉑ along: …을 따라

get along
사이좋게 잘 지내다

이견없이 서로 잘 지내다라는 말로 get on with sb라고 해도 된다.

A: Frank just isn't good with people.
B: He couldn't get along with anyone.
A: 프랭크는 사람들과 사이가 좋지 않아.
B: 걘 누구와도 사이좋게 지내지 못해.

go along
함께 가다, 동의하다, 잘 되고 있다

함께 가는 것으로 동의하다라는 의미로까지 발전한다. go along with~는 agree with~와 같은 의미.

A: How is your computer business?
B: It's going along well.
A: 네 컴퓨터 사업 어때?
B: 잘 되고 있어.

come along
함께 가다, 잘 되어가다, 진행되다

역시 함께 하다 혹은 잘 진행되어 가다라는 의미로 쓰인다.

 A: Will you come along to the gathering?
B: No, I have other obligations.
A: 모임에 너도 함께 갈래?
B: 안돼, 다른 약속이 있어.

tag along
함께 가다, 따라가다

옷에 붙은 태그처럼 상대방과 함께 가는 것을 말한다.

 A: I'm going to drive downtown.
B: Do you mind if we tag along?
A: 차로 시내에 갈거야.
B: 우리가 붙어가도 돼?

 etc.

put together
함께 모으다, 준비하다, 작성하다, 정리하다

함께 정리하여 모아놓다라는 기본의미에서 출발해서 편집하다, 종합하다, 작성하다라는 뜻으로까지 사용된다.

 A: Did you put together your wedding list?
B: Not yet. I'm still working on it.
A: 결혼식 목록을 취합했어?
B: 아직. 지금 하고 있어.

get together
만나다

아는 사람들끼리 부담없이 만나는 것을 말한다.

 A: I really have to finish this up.

B: We can get together later.
A: 난 정말 이걸 끝내야 돼.
B: 그럼 나중에 만나자.

fall apart
조각조각 떨어져나가다, 무너지다

산산조각이 났다는 말로 뭔가가 엉망이 되다, 망가지다라는 의미로 쓰인다.

A: This old car shakes when it moves.
B: It feels like it will fall apart.
A: 이 낡은 차는 달릴 때 흔들려.
B: 망가질 것 같아.

tell apart
구분하다

여기서 tell은 구분하다라는 뜻이다.

A: The twins look really similar.
B: I can't tell them apart.
A: 그 쌍둥이는 정말 비슷해.
B: 구분을 못하겠어.

get ahead
앞서가다, 성공하다

다른 사람들보다 앞서가는 것을 뜻하여, 성공하다라는 의미로 사용한다.

A: There is a lot of competition for the promotion.
B: It's so difficult to get ahead.
A: 승진하는데는 많은 경쟁자들이 있어.
B: 앞서가는게 쉬운 일은 아냐.

go ahead
시작하다, 선두에 서다

뭔가 행동을 하라고 할 때 혹은 선두에 섰을 때 사용하면 된다.

A: Could I have one of your beers?

B: **Go ahead,** take one if you'd like.
A: 너희 맥주들 중 하나 마셔도 돼?
B: 그래, 원하면 하나 가져가.

come across
우연히 만나다

예기치 못하게 우연히 만나는 것으로 run into라 해도 된다.

A: I am looking for a cheap new phone.
B: Let me know if you **come across** one.
A: 난 저렴한 신형폰을 찾는데요.
B: 생각나는게 있으면 알려주세요.

be against
반대하다, …을 기대고 있다

법을 위반하다는 be against the law, 규칙을 위반하다는 be against the rules라고 한다.

A: You want to have more free time?
B: I'm **against** working on Sunday.
A: 더 많은 자유시간을 원하는거야?
B: 일요일에 일하는 건 반대야.

go against
반대하다, …에게 불리해지다

반대하다, 거슬리다라는 뜻 이외에 sth go against sb의 형태로 sb에게 불리해졌다라는 의미로 쓰인다.

A: Why aren't you drinking alcohol?
B: That's **against** what I believe in.
A: 왜 술을 마시지 않는거야?
B: 내 신조에 어긋나.

07
미드키워드 12

우리의 영어교재는 너무나 교과서적이어서 미국의 현재, 지금을 그대로 반영하지 못하는 것이 사실이다. 이런 점을 극복할 수 있는 좋은 방안이 미드에 심취하고 미드영어를 학습하는 것이다. 여기서는 어떤 다른 기준도 없이 오직 미드영어를 기준으로 12개의 단어를 선정하여 실제 이 단어들이 미드에서 어떻게 쓰이는지 알아보기로 한다. screw, mess, blow, happen, kid, 그리고 freak 등 미드영어를 좀 접해본 사람이라면 이 단어들의 중요성을 알고 있을 것이다.

01 screw : 실수하다. 망치다 외에 남녀간에서는 '섹스하다'라는 의미로 쓰인다.

I screwed up
내가 망쳤어

sb screw up하게 되면 실수하다, 망치다라는 의미. mess up과 같은 의미.

A: You really screwed up things between me and Kevin.
B: Good. I don't want you to see him again.

A: 넌 나와 케빈 사이의 일을 완전히 망쳐버렸어.
B: 잘됐네. 난 네가 걔를 다시 보지 않기를 바래.

Don't screw with me
나한테 장난치지마

screw with sb하게 되면 sb에게 물의를 일으키다, 즉 장난치다라는 뜻이 된다.

A: Hey, I think your girlfriend wants to date me.
B: Don't screw with me, I'm tired.

A: 야, 네 여친이 나와 데이트하고 싶어하는 것 같아.
B: 장난치지마, 나 피곤해.

I got screwed
우린 망했어

다른 사람에게 속임수나 사기를 당했다, 골탕을 먹었다고 할 때 사용하면 된다.

A: I heard that you got screwed by your new boss.
B: Yeah, he gave me the worst hours imaginable.

A: 새로 부임한 사장한테 망신당했다면서.
B: 그래, 생각조차 하기 싫은 시간이었어.

Don't screw it up
망치지마

screw sth up하게 되면 …을 망치다라는 타동사가 된다.

A: Can I use your computer?
B: Go ahead, but don't screw it up.

A: 네 컴퓨터를 써도 돼?
B: 그래, 하지만 망가트리지는마.

You screwed me!
날 속였네!

screw sb하게 되면 sb를 속이다, 엿먹이다라는 뜻이 된다.

A: What happened?

B: He screwed me. He sold me this car and later I found out it was stolen.

A: 무슨 일인데?
B: 그 녀석이 날 물먹였어. 이 차를 나한테 팔았는데 나중에 알고보니 이 차, 훔친 거였어.

Screw you!
엿먹어!

Screw you!는 무척 화가 나고 열받았을 때 하는 말로 "엿먹으라고 해!," "꺼져!"에 해당된다. you 대신에 him이나 her가 오기도 한다.

A: You need to work the entire weekend.

B: Screw you! I don't need this hassle!

A: 넌 주말 내내 일해야 해.
B: 엿먹어! 이런 짜증나는 일을 필요하지 않아!

Go screw yourself!
꺼져!

스스로를 망치다라는 뜻으로 뭔가 자신이 실수를 해서 문제들을 야기시켰다는 의미이다.

A: I hate you! You're an idiot!

B: Go screw yourself!

A: 난 네가 싫어! 넌 멍청이야!
B: 꺼져!

---

02 blow: 바람이 불거나 폭탄이 터지듯 뭔가 안에서 튀어나오는 것을 연상한다.

blow up
화를 내다

화를 내는 대상은 blow up at sb의 형태로 써준다.

A: Was Kane angry about the project?
B: He blew up when it wasn't done.
A: 케인이 그 프로젝트에 화를 냈어?
B: 일을 끝내지 못하자 화를 냈어.

blow it
일을 망치다, 그르치다

blow it은 fail과 같은 의미로 부주의나 실수로 기회를 놓치다라는 뜻이 된다.

A: I am falling behind in my schoolwork.
B: You're going to blow it if you don't work harder.
A: 학교 수업진도에 뒤처졌어.
B: 열심히 공부하지 않으면 일을 그르치게 될거야.

Blow me!
제기랄!

Fuck you와 맞먹는 심한 욕설이다.

A: You haven't completed the work you were assigned.
B: Blow me! I quit!
A: 자네는 일을 맡기면 완수한 적이 없군.
B: 제기랄! 그만 두겠어!

Don't blow me off
나 무시하지마

상대방이 주의를 기울이지 않고 있을 때 하는 말로 Don't ignore me와 같은 의미이다.

A: I'm sorry I never returned your calls.
B: Don't blow me off. It's impolite.
A: 네가 전화했는데 내가 전화를 못해서 미안해.
B: 날 무시하지마. 아주 예의가 없구만.

It blows my mind!
정신을 못차리겠네!

blow one's mind는 맘이 바람에 날려가버리듯 흥분하거나 당황하여 어쩔 줄 모르는 상태를 말한다.

A: I can't believe we found so much money.
B: I know. It blows my mind!
A: 우리가 그렇게 많은 돈을 발견하다니 믿기지 않아.
B: 그래. 정신을 못차리겠네!

blow off steam
분노나 노여움을 발산하다

blow one's cool, blow your top이라고 해도 된다.

A: You like to go bungee jumping?
B: It's a way to blow off steam.
A: 번지 점프하는거 좋아해?
B: 그건 스트레스를 발산하는 방법이잖아.

blow the whistle
폭로하다

휘슬을 부르다라는 말로 주로 내부자가 비리, 부정 등을 고발하는 것을 말한다.

A: Several of the employees are stealing.
B: Someone should blow the whistle on that.
A: 직원들 여러 명이 도둑질을 하고 있어.
B: 누가 그거를 폭로해야겠네.

blow out
물리치다, 불어서 끄다, 펑크나다

A: How come they were so late?
B: A tire blew out on the way here.
A: 왜 걔네들 그렇게 늦었대?
B: 여기 오늘 길에 타이어가 빵구났대.

03 happen: 일어나다, 발생하다, 일이 벌어지다

That'll be happening tomorrow
내일 그렇게 될거야

happen은 일어나다, 발생하다라고만 고집하면 문장해석이 잘 안된다. 어떤 일이 현실화되다, 실제 일어나다라는 것을 감각적으로 체감해야 한다.

A: Wasn't the store supposed to hold a sale?
B: That'll be happening tomorrow.
A: 그 가게는 세일을 하고 있어야 되지 않았어?
B: 내일 그렇게 할거야.

This can't be happening
이건 있을 수가 없는 일이야

어떻게 이런 일이 일어날 수 있는거야라는 놀라움의 표현.

A: The manager says you'll have to leave.
B: It's not fair! This can't be happening!
A: 매니저가 너 그만둬야 될거라고 해.
B: 이건 부당해! 이럴 수가 없어!

Can you believe this is already happening?
벌써 이렇게 됐나?

역시 이런 일이 벌어져서 놀랍다라는 문장이다.

A: It's New Year's day again. Time to celebrate!
B: Can you believe this is already happening? Time passes so fast.
A: 또 새해가 밝았네요. 축하해야 할 시간이네요!
B: 벌써 그렇게 됐나요? 시간 정말 빠르군요.

Nothing happened
아무 일도 없었어

단조롭게 들리겠지만 아무런 일도 없었다고 말할 때.

A: They slept in the same bed.
B: Don't worry, nothing happened.
A: 걔네들은 같은 침대에서 잤어.
B: 걱정마, 아무 일도 없었어.

What happened?
무슨 일이야?

상대방에게 무슨 일인지 물어볼 때 사용하며, What's happening?은 역시 무슨 일이야? 혹은 안녕이라는 인사문장이 된다.

A: What's happening? Why's everybody congratulating you guys?
B: Susan's having a baby. They're pregnant!

A: 무슨 일이야? 왜 다들 너희들에게 축하해주는거야?
B: 수잔이 애를 갖었어. 임신했대!

It's never going to happen
절대 그런 일 없을거야

절대 그런 일이 생기지는 않을거라고 확신하는 표현이다.

A: How about lending me a few thousand dollars?
B: Are you kidding? Never going to happen.

A: 내게 2-3천 달러 좀 빌려줄래?
B: 말이라고 해? 절대 안돼.

I don't see that happening
그렇게는 안될 걸

역시 어떤 일이 벌어지지 않을거라고 확신하는 문장이다.

A: Well, I don't see that happening. You see that happening?
B: I am going to make it happen.

A: 음, 그렇게는 안될걸. 그렇게 될거라 봐?
B: 그렇게 되도록 할거야.

It never happened
그런 일 없어, 이런 적 한번도 없었어

살면서 처음 겪는 일임을 강조하는 문장이다.

A: I called to see if they'd received the report, but they said it never happened.
B: You'd better send them a duplicate copy.

A: 리포트를 받았는지 알아보려고 전화했었는데, 그런 적이 없다고 하더라고.
B: 그럼 복사본을 한 부 더 보내.

That can't happen
말도 안돼, 그렇게는 안돼

That's impossible이라는 말씀.

A: The building that you designed is having serious structural problems.
B: That can't happen. I did all of the calculations myself.
A: 당신이 설계한 건물에는 심각한 구조적 결함이 있어요.
B: 그럴리 없어요. 직접 전부 계산했는걸요.

It could happen to anyone
그럴 수도 있는 일이야

It happens(그럴 수도 있지)라고 해도 된다. 항상 그렇다고 하려면 It happens all the time이라고 하면 된다.

A: Do you think that McDonald's would give me a job?
B: It could happen, but you'd better be prepared for your interview.
A: 맥도날드에서 날 채용할까?
B: 그럴 수도 있겠지. 넌 네 면접 준비나 해.

Shit happens
재수없는 일도 생기는 법이야

속어로 살다보면 별일 다 겪게 된다는 말. 주로 더러운 일을 말한다.

A: My boss said they have to fire me.
B: Shit happens. You'll be okay.
A: 사장이 그러는데 나를 잘라야겠대.
B: 살다보면 그런 일도 있는거지. 넌 괜찮을거야.

I won't let it happen again
다시 안 그럴게

다시는 그러지마라고 상대방에게 주의를 줄 때는 Don't let it happen again이라고 한다.

A: If I ever see you with another girl, we are finished!
B: I'm sorry honey. I won't let it happen again.
A: 네가 또 다시 딴 여자랑 있는 게 눈에 띄기만 하면 우린 끝이야!
B: 미안해 자기야. 다시는 안그럴게.

How could this happen?
어떻게 이럴 수가 있어?

일어나서는 안되는 일어났을 때 놀라서, 혹은 화가 나서 할 수 있는 말이다.

A: All of my investments have failed. How could this happen?
B: I think you'd better hire a different investment counselor.
A: 내가 투자한 종목이 전부 실패했어. 어떻게 이럴 수가 있지?
B: 다른 투자상담가를 고용해야 될 것 같구나.

You never know what could happen
무슨 일이 일어날지 모르는거야

살아갈수록 몸으로 느끼는 문장이다. 앞으로 무슨 일이 일어날지 모른다고 할 때.

A: It's going to be an exciting adventure.
B: You never know what could happen.
A: 아주 흥미진진한 모험이 될거야.
B: 무슨 일이 벌어질지 전혀 모르는거야.

What's the worst (thing) that could happen?
무슨 나쁜 일이야 생기겠어?

낙관적인 사고 방식을 갖고 있는 표현이다. 만사 다 잘 될거다라는 의미의 표현이다.

A: I set up Kevin and Tracey on a blind date.
B: Good idea. What's the worst that could happen?
A: 내가 케빈하고 트레이시를 서로 소개해줬어.
B: 좋은 생각이야. 별일이야 있겠어?

How did it happen?
이게 어떻게 된거야?

어떻게 하다 이런 일이 일어났는지 원인을 설명하라는 요구하는 문장이다.

A: Ron was involved in a serious car accident on the way to work yesterday.
B: That's terrible. How did it happen?
A: 론이 어제 출근길에 차사고가 크게 났다던데.
B: 끔찍하군. 어쩌다 그렇게 됐대?

You'll make it happen
성공할거야

make it happen은 be successful이라는 의미이다.

A: How did you get to be so rich?
B: I worked real hard and made it happen.
A: 너는 어떻게 그렇게 부자가 된거야?
B: 난 정말 열심히 일해서 해낸거야.

If anything happens
무슨 일이 생기면, 만일의 사태가 생기면

뭔가 불길하고 안 좋은 일이 생기면 어쩌나 하면서 할 수 있는 근심어린 표현이다.

A: Your daughter is going to Africa, isn't she?
B: Yes. If anything happens to her there, I'd be really upset.
A: 자네 딸이 아프리카로 간다구?
B: 그래. 거기서 무슨 일이라도 생기면 나 정말 열받을거야.

04 freak: 가장 기본적인 출발점은 "overwhelming feelings" 즉 「감정의 과다 분출」에 있다.

I'm not freaking out
안 놀랬어, 난 괜찮아

슬픔, 두려움, 분노, 기쁨 등 어떠한 감정이든 상관없이 그것이 strong feelings인 경우에는 두루 쓸 수 있는 다용도 표현. 따라서 이 표현을 문맥과 상황속에서 판단해야지 따로 독립적으로 해석을 하는 것은 무리이다.

A: Did you tell your father that you crashed his car?
B: Yes. He freaked out and started yelling at me.
A: 너희 아버지한테 차 망가트린거 말씀드렸니?
B: 응. 펄펄 뛰시면서 소리치셨어.

She's gonna totally freak out!
걔, 완전히 빡 돌아버릴걸!

freak out이 자동사로 쓰인 경우이다.

A: I broke Sally's computer. She's totally gonna freak out!
B: Can't you get it fixed before she returns?
A: 내가 샐리 컴퓨터를 망가뜨렸어. 펄펄 뛸텐데!
B: 샐리 돌아오기 전에 고쳐놓을 순 없어?

You freaked out!
굉장하더라, 가관이었어!

역시 자동사로 쓰였지만 주어가 2인칭 경우이다.

A: Do you think I seemed upset after the party?
B: Yes, I do. You freaked out!
A: 파티 끝나고 내가 엉망진창이었니?
B: 응. 너 정말 볼 만했어!

Please don't freak out
침착하라고

상대방을 진정시킬 때.

A: I can't believe I burned the food and my boyfriend's parents are coming over in one hour!
B: Don't freak out. We can order some food from a restaurant.
A: 이를 어째, 음식을 태웠는데 남자친구 부모님은 한시간 안에 이리로 오실거라니!
B: 흥분하지마. 음식점에서 주문하면 돼.

I don't want to freak him out
쟤를 놀래키고 싶지 않아

freak이 타동사로 쓰여서 freak sb out으로 사용된 경우이다.

A: Did you tell your brother that you lost his favorite headphones?
B: Not yet. I don't want to freak him out.
A: 너희 오빠가 제일 아끼던 헤드폰 잃어버린거 이실직고했어?
B: 아직. 오빠가 광분하게 만들고 싶진 않아.

It'll totally freak her out!
그것 땜에 쟤가 정신 못차릴 걸!

역시 freak sb out의 형식.

A: Hey, isn't that Lisa's boyfriend with another girl?
B: Oh my God. It is. I hope Lisa doesn't see them. It'll totally freak her out.

A: 야, 저기 여자랑 있는 사람, 리사 남자친구 아니야?
B: 이런 세상에. 그러네. 리사가 저 두 사람 못봐야 할텐데. 보면 완전히 돌아버릴텐데.

You freak!
미친 놈 같으니라구!

freak은 「괴짜」, 「외모나 생각 행동 등이 괴상한 사람」(a very strange person who never behaves normally)을 의미한다.

A: Hey baby. Do you wanna go home with me tonight?
B: Get away from me you freak!

A: 이봐요 아가씨. 오늘밤 우리 집에 같이 갈래요?
B: 꺼져, 이 미치광이야!

05 hang : 매달려 있다라는 뜻에서 전화를 끊다. 혹은 같이 노는 것을 말한다.

Just hang out with me
그냥 나랑 놀자

상대방에게 어디 가지 말고 나와 함께 남아서 놀자고 할 때 쓰는 문장이다.

A: You are welcome to hang out with us.
B: Thanks, but I need to get home.

A: 우리가 함께 놀아도 돼.
B: 고맙지만 나 집에 가야 돼.

We're just hanging around here
그냥 여기서 시간 보내는 중이야

hang around는 hang out과 거의 비슷한 표현이다.

A: Where is your younger brother?
B: I think he's hanging around with his friends.
A: 네 남동생 어디 있어?
B: 친구들하고 노는 것 같은데.

Hang on
잠깐만

전화를 할 때 혹은 일반적인 상황에서 상대방에게 잠깐만 기다리라고 할 때 쓰는 표현이다.

A: Pola, hang on a second. Ben wants to say something.
B: Hello. Pola? It's Ben.
A: 폴라, 잠시만 끊지말고 기다려. 벤이 할 말 있대.
B: 여보세요. 폴라? 나 벤이야.

Don't hang up
전화 끊지마

더 자세히 말하려면 Don't hang up on me라고 하면 된다.

A: I can't talk, I've got to go.
B: Come on now, don't hang up.
A: 더 전화못해, 전화 끊어야 돼.
B: 그러지마, 전화 끊지마.

(You) Hang in there
끝까지 버텨

어려움에 처한 사람에게 할 수 있는 격려용 멘트. 맘 강하게 먹고 포기하지 말라는 의미이다.

A: Ever since my boyfriend and I had a big fight, I've felt sad.
B: Hang in there. It takes time to get over serious relationships.
A: 남자친구랑 대판 싸운 뒤론 줄곧 우울해.
B: 참아봐. 심각한 사이를 풀려면 시간이 걸리는 법이니까.

You'll get the hang of it
금방 손에 익을거야, 익숙해질거야

비슷한 표현으로는 get the knack of it이 있다.

A: The subway system is really complicated here. I keep getting lost.

B: Don't worry. You'll get the hang of it.

A: 여긴 지하철 시스템이 정말 복잡해. 계속 길을 잃어버리고 있잖아.
B: 걱정마. 요령을 터득하게 될테니까.

get hung up on~
…에 집착하다

get hung up on~하게 되면 on 이하에 매달리다, 집착하다라는 말이 되고, on를 빼고 get hung up하게 되면 …로 늦어지다라는 뜻이 된다.

A: I think you're still hung up on me.

B: No, I'm not.

A: 아직도 너는 내게 집착하는 것 같아.
B: 아냐, 나 안 그래.

06 fuck : 비어이지만 그 의미에서 벗어나 일상생활에서 자주 쓰인다.

I don't give a fuck
난 상관없어

fuck 대신에 damn, shit을 쓸 수도 있다.

A: She said that she expects you to be fired soon.

B: I don't care. I never enjoyed working here anyhow.

A: 그 여자가 네가 곧 해고됐으면 한다고 말했어.
B: 신경안써. 어쨌든 나도 여기서 일하는거 좋아한 적이 없으니까.

Fuck off!
꺼져!

무례한 표현으로 상대방보고 꺼지라는 말이다.

A: I don't like living with you either!

B: Fuck off! Just go somewhere else!

A: 나도 너랑 사는게 싫다고!
B: 꺼져! 그냥 어디 다른 곳으로 꺼지라고!

Fuck you!
제기럴!

Fuck me!도 젠장!, 입닥쳐!, Oh, fuck! 또한 젠장!이라는 의미이다.

A: You will never be a success. You are a complete failure.

B: **Fuck you!** You don't know what you're talking about.

A: 넌 절대 성공하지 못할거야. 넌 완전히 패배자거든.
B: 젠장! 헛소리하고 있네.

You fucked up my life
너 때문에 내 인생이 망쳤어, 네가 내 인생 망쳐놨어

fuck up sth은 망쳐놓다, 실수하다라는 무례한 표현이다.

A: Why are you so upset with me?

B: **You fucked up my life!**

A: 왜 내게 그렇게 화를 내는거야?
B: 내 인생을 망쳐났잖아!

We're fucked
망했다

be fucked up이라고 해도 된다.

A: How can we fix these problems?

B: **We're fucked.** We can't do anything.

A: 이 문제들을 어떻게 고칠 수 있을까?
B: 우리 망했어. 아무 것도 할 수가 없어.

I'm fucking with you
너한테 장난친거야

fuck with sb는 sb를 놀리다, 골리다라는 의미이다.

A: You mean, he seems like my type? Are you kidding? He's gross!

B: **I'm just fucking with you.**

A: 그러니까 네 말은, 걔가 내 타입같단 말이야? 농담하냐? 갠 밥맛이야!
B: 그냥 널 놀려먹어본거야.

Shut the fuck up!
아가리 닥쳐!

여기서 the fuck은 Shut up!의 문장을 강조하는 역할을 한다.

A: What's the matter? Why won't you talk to me?

B: Shut the fuck up! You're annoying!

A: 뭐가 문제야? 왜 넌 나한테 말을 안할려고 하는거야?

B: 아가리 닥쳐! 넌 짜증난다고!

Fucking A
대단하군, 굉장하군, 물론이지

비어로 보이지만, 실생활에서 조심스럽게 쓰일 수 있는 것으로 틀림없어, 멋지다 등의 의미로 쓰인다.

A: We've got to take better care of our health.

B: Fucking A, that's how I feel.

A: 우리는 우리 건강을 더 잘 돌봐야 돼.

B: 당근이지, 내 생각이 바로 그거야.

You are a fucking asshole
넌 정말 멍청한 놈이야

fucking은 자기가 강조하고 싶은 단어 앞에 놓으면 된다.

A: I told him that his haircut looked stupid.

B: You are a fucking asshole.

A: 난 걔한테 머리깎아서 바보처럼 보인다고 말했어.

B: 넌 정말 나쁜 놈이야.

Go fuck yourself
가서 뒈져라

심한 욕지거리로 Go screw yourself와 같은 맥락의 표현이다.

A: You're a loser and a failure.

B: Go fuck yourself.

A: 넌 루저고 실패자야.

B: 가서 뒈져라.

07 suck : 기본이 안좋으니 파생된 표현도 별로 좋은게 없다.

It sucks!
밥맛이야!, 젠장할!

You suck! 또한 너 재수없어!라는 말이다.

A: I don't want to go to work! Work sucks!
B: Look at you! You are acting worse than a child!
A: 출근하기 싫어! 아주 엿같다구!
B: 얘 좀 봐! 어린애보다도 못하게 구네!

You suck at this!
너 되게 못하네!

suck at sth[~ing]은 …에 약하다, 잘 못하다라는 뜻으로 be poor[terrible] at~과 같은 의미이다.

A: Did I do well on the video game?
B: You're terrible. You suck at this.
A: 내가 컴퓨터 게임 잘했어?
B: 끔찍해. 너 되게 못해.

Suck it up!
열심히 해!, 힘내!

suck it up은 숙어로 열심히 하다, 본격적으로 참고 나서다라는 뜻이다.

A: I can't finish these exercises.
B: Suck it up! It's not that bad.
A: 이 운동을 끝낼 수가 없어.
B: 힘내라고! 그렇게 나쁘지 않아.

You're gonna have to suck up to him
걔한테 잘 보여야 돼

suck up to sb하게 되면 주로 사장이나 직장 상사에게 잘 보이는 것을 말한다.

A: I don't like my new boss, but I need the job.
B: You're gonna have to suck up to him.
A: 새로 온 사장이 맘에 안들지만 직장을 다녀야 돼.
B: 넌 사장한테 잘 보여야 될거야.

I got sucked into it
난 거기에 말려들었어

get sucked in(to)~하게 되면 …에 말려들다, 걸려들다, 사기당하다라는 뜻. suck sb into ~ing하게 되면 sb를 속여서 …하게 하다라는 뜻이 된다.

A: You are helping Nellie move?

B: Yeah, I got sucked into it.

A: 넌 넬리가 이사하는거 도와줄거야?
B: 어, 내가 말려들었지.

Suck on that!
아이구 좋아라!

상대방에게 한방 먹이거나 자기가 잘났다고 상대방을 비아냥거릴 때 사용한다.

A: I think that you cheated during the game.

B: I won, so suck on that!

A: 넌 게임 중에 속임수를 쓴 것 같아.
B: 내가 이겼어, 아이구 좋아라!

He's a sucker for a hot dancer
섹시한 댄서라면 사족을 못써

be a sucker for~하면 …에 약하다, 즉 …라면 사족을 못쓰다라는 말이 된다.

A: Would you like some more cake?

B: Sure, I'm a sucker for baked goods.

A: 케익 좀 더 먹을래?
B: 좋지, 난 제빵류를 엄청 좋아해.

08 break : 뭔가 계속 지속되다가 멈추게 되는 현상으로 이해하면 된다.

Let's take a break
좀 쉬자

lunch break는 점심시간을 말한다.

A: This paperwork can wait. We need to take a break for some dinner.

B: Sounds good to me. I'm starving.

A: 이 서류작업은 좀 이따가 하자. 저녁 먹으면서 좀 쉬어야겠어.

B: 그거 괜찮겠다. 나 배고파.

I broke up with her
난 걔와 헤어졌어

break up with sb는 sb와 헤어지다라는 말이다.

A: I'm sorry but I think we need to stop seeing each other.

B: Please don't break up with me! I'm crazy about you. I'll die!

A: 미안하지만 우리 이제 그만 만나야 할 것 같아.

B: 제발 헤어지지 말자! 난 너한테 푹 빠져있는 걸. 죽어버릴거야!

I'll just break it off with her
걔랑 헤어질거야

break it off with sb = break up with sb이다.

A: You two are not well matched.

B: I'll just break it off with her.

A: 너희 둘을 잘 어울리지 않아.

B: 난 걔랑 그냥 헤어질거야.

You're breaking my heart
거 참 안됐군요(비아냥거림), 너 때문에 내 가슴이 찢어져

break one's heart는 가슴을 찢어놓다.

A: After the funeral, I lost my purse.

B: You're breaking my heart.

A: 장례식 후에 지갑을 분실했어.

B: 참 안됐네.

Give it a break!
그만 좀 하지 그래!

그거에 대해 얘기를 많이 했으니 이제 그만 좀 하라고 할 때.

A: I'm really sick of our mayor. He's such a jerk. I think he's a...

B: **Give it a break.** I know you don't like him already.

A: 우리 시장한테는 정말 넌덜머리가 난다니까. 굉장한 멍청이야. 내 생각에 그 사람은…
B: 그만 좀 해라. 네가 그 사람 안좋아한다는 건 이미 알고 있으니까.

Break it up!
(싸움) 그만둬!, 다투지마!

두 사람이 싸우는 것을 말리면서 하는 전형적인 문장이다.

 A: I didn't start the fight, he did!

B: **Break it up.** There's no fighting allowed.

A: 난 싸움을 시작하지 않았어, 걔가 그랬다고!
B: 그만둬. 싸움금지야.

Give me a break
좀 봐줘, 그만 좀 해, 작작 좀 해

기회를 한 번 더 달라고 사정할 때 혹은 상대방이 말도 안되는 소리를 할 때 집어치라고 할 때 쓰인다.

 A: I'm going to be a star when I grow up!

B: **Give me a break.** You'll be lucky to get a job at Burger King.

A: 난 커서 스타가 될 거야!
B: 아이고 그만 좀 해 두시지. 버거킹에 일자리를 구하는 것만도 행운일게다.

I can't break the news. You tell him
난 소식 못 전해, 네가 말해

break the news는 소식을 전하다, break news는 속보라는 뜻이다.

 A: The doctor said Karl's wife just died.

B: **I can't break the news. You tell him.**

A: 의사가 그러는데 칼의 아내가 죽었대.
B: 난 그 소식 못 전해. 네가 말해.

I'm making a break for it
난 여기를 빠져 나가겠어

make a break for~는 도망치다, 탈옥하다라는 뜻이다.

A: You can't leave, you have to stay.
B: I'm making a break for it.
A: 넌 가면 안돼, 여기 남아있어야 돼.
B: 난 여기를 빠져 나가겠어.

I hate to break it to you
너한테 이런 말하기는 싫지만

break it to sb는 …에게 말하다, …에게 털어놓다라는 표현이다.

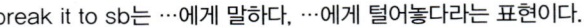

A: Lenny was rejected by the top university.
B: Oh no. Who's going to break it to him?
A: 레니는 상위권 대학으로부터 입학을 거절당했어.
B: 이런, 누가 걔한테 그 얘기를 전해줄거야?

Then let me break it down for you
그러면 너한테 풀어서 설명을 해줄게

break it down은 어려운 것을 쉽게 풀어서 설명하다라는 뜻이다.

A: I don't understand this graph.
B: Then let me break it down for you.
A: 이 그래프가 이해가 안돼.
B: 그럼 내가 풀어서 설명을 해줄게.

⓿ excuse : 특히 자리를 뜨거나 자리를 비켜달라고 할 때 어떻게 쓰는지 보자.

Excuse me
실례지만, 미안, (불만) 뭐라고?, 다시 말해줘?

말을 걸 때 혹은 함께 있다가 자리를 뜰 때 혹은 사람들 사이로 지나갈 때도 사용한다.

A: Excuse me, is this your phone?
B: Yes, I forgot to pick it up from the study table.
A: 실례지만 이 핸드폰 주인이신가요?
B: 예, 깜박잊고 책상에 두었네요.

That's no excuse
그건 변명이 안돼

상대방이 늘어놓는 설명을 믿을 수 없다고 퇴짜 놓을 때. I have no excuse하면 할 말이 없어라는 뜻이 된다.

A: He was punished for causing many problems.

B: There's no excuse for that behavior.

A: 걔는 많은 문제를 일으켜 벌을 받았어.
B: 그런 행동을 해놓고 변명은 안되지.

There is no excuse for it
그건 변명의 여지가 없어

변명의 여지가 없다, 즉 그렇게 해서는 안되는 것이었다는 점을 강조하는 문장이다.

A: She said her poverty made her steal things.

B: There's no excuse for it.

A: 걔는 자신의 가난 때문에 도둑질을 하게 되었다고 해.
B: 그건 변명의 여지가 없어.

If you'll excuse me
(자리를 뜨면서) 괜찮다면

자리를 뜨면서 정중하게 양해를 구하는 표현이다. Could I be excused?라고 해도 된다.

A: If you'll excuse me, I need to be getting home. I don't want my wife to worry.

B: Sure. Go ahead.

A: 괜찮으시다면 저는 집에 가야겠어요. 아내가 걱정할까봐서요.
B: 그러세요. 어서 가보세요.

Can[Could] you excuse us?
실례 좀 해도 될까요? 자리 좀 비켜줄래요?

사적인 얘기를 해야 되니까 잠시 자리를 비켜달라고 역시 양해를 구할 때 사용한다.

A: I need to talk to Andrew privately. Could you excuse us?

B: Sure. I'll wait for you in the other room.

A: 앤드류와 개인적으로 얘기해야겠어요. 실례 좀 할게요.
B: 그래요. 다른 방에서 기다리죠.

You may be excused now
이제 그만 가봐도 될 듯하다

자리를 뜨겠다고 양해를 구하는 사람에게 그래도 된다고 말을 할 때.

A: Alright class, we've finished studying today. You're excused.
B: See you next week, professor.

A: 좋아요 여러분. 오늘 수업 끝났습니다. 나가보세요.
B: 다음 주에 뵈요, 교수님.

❿ **kid**: kid는 동사로 다른 사람을 속이다(fool)라는 뜻으로 be kidding하게 되면 「사실이 아닌 것을 말하다」라는 의미가 된다.

You're kidding!
(불신) 그럴 리가!, (놀람) 정말!, (불확실) 너 농담이지!

상대방이 진심으로 말했는지, 아니면 농담으로 했는지 분간이 되지 않을 때 사용한다.

A: Why did you break up with your boyfriend?
B: Well, among other things, he was impotent.
A: You're kidding.

A: 남자 친구와 왜 헤어진거야?
B: 글쎄, 여러 이유가 있겠지만 걘 발기불능이었어.
A: 농담이지.

I'm not kidding
정말이야, 장난아냐

I'm not kidding하면 자기가 한 말을 상대방이 믿지 않을 때 자신의 말이 진실임을 강조하면서 쓰는 표현이다. I kid you not이라고 해도 된다.

A: Do you seriously want to buy this hotel?
B: Yes, I'm not kidding. I have all of the finance money ready.

A: 이 호텔을 정말 살거야?
B: 응, 정말이야. 구입자금이 준비가 되어있어.

You've got to be kidding!
농담말아!, 웃기지마!, 말도 안돼!

상대방 말이 어처구니 없거나 도저히 믿기지 않는 이야기일 때 던질 수 있는 표현. 문맥에 따라서는 뜻밖의 소식에 놀라움을 나타내거나 상대방의 의도를 잘 모르겠다며 「너 거짓말이지?」라는 의미를 갖기도 한다.

A: I'm sorry sir, there are no more buses from the airport tonight.
B: You've got to be kidding! How am I going to get to downtown?
A: 죄송합니다, 손님. 오늘밤 공항에서 나가는 버스는 끊겼는데요.
B: 그럴리가요! 그럼 시내에 어떻게 가라구요?

You're kidding!
농담하지마, 장난하는거지?

상대방이 믿기 어려운 얘기를 할 때 그럴리가 없다고 말하는 문장이다.

A: The prisoners were planning to escape tonight.
B: You're kidding. They seem so well behaved.
A: 죄수들이 오늘밤에 탈출할 계획이었어.
B: 농담마. 그 사람들이 얼마나 모범적인데.

Are you kidding?
농담하는거야?, 무슨 소리야?

역시 믿기지 않거나 놀라운 소식을 들었을 때 사용할 수 있는 문장이다.

A: I'm sorry, but I can't recover any of the data from your computer.
B: Are you kidding? All of my files were in that machine!
A: 미안한 얘기지만, 네 컴퓨터의 데이터를 복구할 수가 없어.
B: 정말이야? 내 파일 전부가 여기 다 들어있다구!

No kidding
설마, 정말이야?, 너 농담하냐!, 진심이야

상대방의 말에 약간 놀라며 사실 확인시(설마?, 정말이야?), 남들 다 아는 사실을 이제야 알았다고 말하는 사람에게(너 농담하냐!, 장난하냐!) 그리고 내가 한 말이 진실임을 다시 강조할(진심이야) 때 쓰는 표현이다.

A: The snack that you're eating originally came from Africa.
B: No kidding. It has a very interesting flavor.
A: 네가 먹고 있는 그 과자는 원래 아프리카에서 만든거야.
B: 설마. 맛이 너무 좋은데.

Who do you think you're kidding?
설마 나더러 그 말을 믿으라는 건 아니지?

역시 상대방이 믿기지 않는 놀라운 이야기를 건넬 때 약간 비아냥거리면서 할 수 있는 말이다.

A: I was out looking for a job all day.
B: That's a lie. Who do you think you're kidding?
A: 하루종일 밖에서 일자리 구하고 있었어.
B: 거짓말하고 있네. 설마 나더러 그 말을 믿으라구?

⑪ **mess** : screw처럼 부정적으로 사용되지만 screw처럼 많은 표현을 만들지는 못한다.

Don't mess with me
나 건드리지마

mess with는 쓸데없이 간섭하다라는 뜻으로 Don't mess with me하게 되면 나를 화나게 하면 넌 후회하게 될거다라는 경고.

A: You look like a weak little man.
B: Don't mess with me. I know karate.
A: 땅딸막하고 풀죽도 못먹은 놈같네.
B: 건드리지 마라. 나 유도 좀 하거든.

You messed up
네가 망쳐놓았어

mess up은 screw up과 비슷한 의미로 계획을 망치거나, 뭔가 잘못했을 때 사용하면 된다.

A: All right, it's good for me to know that you know you made a mistake.
B: I made a mistake. I messed up. I really messed up.
A: 좋아, 네가 실수했다는 것을 네가 알고 있다는 사실을 알게 되어 좋다.
B: 내가 실수했어. 일을 그르쳤어. 정말 망쳤어.

He's in a mess
걘 아주 엉망이야.

be in a mess는 아주 엉망인 상태에 있다라는 말이다. 어지럽힌 것을 깨끗이 치우는 것은 clean up the mess라고 한다.

A: The politician was caught taking bribes.
B: **He's in a mess** that he caused.
A: 그 정치가는 뇌물을 받다가 걸렸어.
B: 자신이 초래한 진흙탕에 빠졌군.

He got us into this mess
걔가 우릴 이 지경으로 만들었어

get sb into은 …가 …의 상태로 만들다라는 의미이다.

A: Why are you so mad at Harry?
B: **He got us into this mess.**
A: 넌 왜 해리에게 그렇게 화를 냈어?
B: 걔가 우릴 이 지경으로 만들었어.

⓬ stuff : 특정하지 않은 물건을 뜻하는 단어이다.

That's the stuff
바로 그거야, 잘했어

상대방이 일을 잘해서 칭찬할 때 사용한다.

A: You can do it! **That's the stuff!**
B: Thanks. I appreciate you cheering for my basketball team.
A: 넌 할 수 있어! 옳지 그거야!
B: 고마워. 우리 농구 팀을 응원해줘서 고마워.

I'm into this stuff
난 이런거 좋아해

be into this stuff는 '이런 일에 빠지다,' '좋아하다'라는 의미.

A: This is a large collection of drones.
B: **I'm into this stuff.**
A: 이건 대규모 드론 컬렉션이야.
B: 난 이런 거 정말 좋아해.

It's stuff like that
그 비슷한거야

주어가 that과 아주 유사한 것이라는 것을 의미한다.

A: When I got out of work, my car was gone. It had been towed.
B: It's stuff like that which makes you feel frustrated.
A: 사무실에서 나와보니 차가 없는 거야. 견인됐더라구.
B: 사람 기운빠지게 만드는 게 바로 그런 류의 일이지.

Do your stuff!
네 솜씨를 보여줘!, 네가 잘하는거 해봐!

뭔가 잘할 수 있는 것을 시작해보라는 말이다. 참고로 You really know your stuff하면 "와, 넌 정말 능수능란하구나"라는 말이다.

A: Can I show you how well I sing?
B: Go ahead, do your stuff!
A: 내 노래솜씨를 보여줄까?
B: 어서 해봐, 네 솜씨를 보여줘!

I'm stuffed
배가 불러

I'm so full이란 말씀.

A: You should try some of this cake.
B: I can't eat any more. I'm stuffed.
A: 이 케익 좀 맛봐 봐.
B: 더는 못 먹어. 배가 꽉찼어.

He likes to say stuff behind my back
걔는 내 뒤에서 딴소리하는 걸 좋아해

say stuff behind one's back은 '…의 뒤에서 딴소리하다'라는 뜻.

A: Donald has been gossiping about you.
B: He likes to say stuff behind my back.
A: 도날드가 너에 대한 뒷담화를 하고 있어.
B: 걘 뒤에서 딴소리하는 걸 좋아해.

I can't deal with the raw stuff
날 음식은 못 먹어

raw stuff는 스시나 회 같은 날음식을 뜻한다.

A: We're going to a sushi restaurant.
B: Yuck! I can't deal with the raw stuff.

A: 우리는 스시식당으로 갈거야.
B: 윽! 난 날 음식은 못 먹어.

08
뒷통수치는 표현들

미드영어를 보다 보면 또 느끼는 것이 단어들이 우리가 알고 있는 의미가 아닌 다른 의미로 사용된다는 점이다. have company가 회사가 있다라는 의미가 아니라 일행이 있다 혹은 손님이 있다라는 의미가 되며, land a job이 직장에 착륙하는 것이 아니라 어렵게 직장을 구하다라는 뜻이라는 거에 살짝 자신의 실력이 부끄러워지려고 할 수도 있다. 여기서는 그런 단어들 중 대표적인 company, ground, book, case, shy 등의 단어들을 알아보기로 한다.

company
회사, 동행, 손님

회사로만 알고 있으면 큰 오산. 함께 있는 사람이나, 일행 혹은 손님 등을 뜻한다. 그래서 I have company하면 "일행이 있어요"라는 말이 된다.

A: I really enjoyed your company.
B: Me too. It was fun hanging out.
A: 함께 해서 정말 좋았어.
B: 나도 그래. 함께 놀아서 재미있었어.

ground
땅, 이륙을 금지하다, 외출금지시키다

주로 부모가 자식들이 말을 듣지 않아 외출금지시킨다는 동사로 쓰인다.

A: Was he punished for staying out late?
B: He's been grounded for a week.
A: 걔 늦게 귀가 했다고 벌 받았어?
B: 일주일간 외출 금지당했어.

book
책, 예약하다, 입건하다, 장부

동사로 예약하다라는 의미로 많이 쓰이며, 범죄물에서는 입건하다, 그리고 회계상의 장부 등을 뜻한다.

A: What happened to the guy who crashed?
B: He was booked for drunken driving.
A: 자동차 사고 낸 사람 어떻게 됐어?
B: 음주운전으로 입건됐어.

nail
못, 체포하다, 섹스하다

못을 박아 꼼짝 못하게 하듯 범죄자를 체포하는 것을 뜻하거나 남녀간의 섹스행위를 뜻한다.

A: That guy robbed several stores.
B: The police finally nailed him.
A: 저 사람이 여러 가게를 털었어.
B: 경찰이 마침내 체포했어.

catch
횡재물, 대단한 것, 좋은 결혼상대

동사로만 알고 있는 경우가 많지만 명사로 대단한 것 혹은 좋은 결혼상대를 말한다.

A: Her husband was a good catch.

B: He was very popular when he was young.

A: 걔 남편은 좋은 결혼상대였어

B: 젊었을 때 인기가 많았대.

history
다 끝난 일[사람], 병력

역사란 의미에서 알 수 있듯이 지난간 사람, 지나간 일 혹은 병력을 의미한다.

A: The doctor forbade you from drinking.

B: I have a history of liver trouble.

A: 의사가 너보고 술끊으라고 했어.

B: 내가 간이 아픈 병력이 있어.

party
파티, 일행, 연루된 자, 정당

범죄 등에 연루된 자 혹은 일행 등으로 많이 쓰인다.

A: Why was he taken to jail?

B: He was a party to the murder.

A: 왜 그는 교도소에 갇힌거야?

B: 살인에 연루된 사람였어.

shy
수줍은, 부족하여, …까지는 하지 않다

수줍다는 의미에서 유추할 수 있듯이 수량이 부족하거나 혹은 동사로 …까지는 하지 않다라는 의미로 쓰인다.

A: So your brother won't be attending medical school?

B: He was just shy of passing the admissions exam.

A: 그럼 네 오빠는 의대에 떨어진거야?

B: 아슬아슬하게 입학시험을 통과하지 못했어.

policy
정책, 방침, 보험증서

특히 insurance policy라는 의미로 보험증서를 뜻한다는 것에 주의한다.

A: Can I return these items to the store?
B: Their policy won't allow it.

A: 이 물건을 가게에 반품할 수 있나요?
B: 걔네들 방침이 있어서 안될 걸.

clean
깨끗한, 무죄의

범죄물에서는 죄를 짓지 않는이라는 형용사로 사용된다.

A: George was accused of drug possession, but he's clean.
B: How do you know? Did you speak to the cops?

A: 조지는 마약소지죄로 기소되었지만 무죄였어.
B: 어떻게 알아? 경찰과 얘기해봤어?

hear
듣다, 사건을 심리하다

사건을 심리하다는 hear the case, 그런 청문회는 hearing이라고 한다.

A: Which judge heard the case?
B: Judge Bryant, the one who is very strict.

A: 어떤 판사가 사건을 심리했어?
B: 매우 강직한 브라이언트 판사.

delivery
배달, 출산

배달이란 기본 뜻뿐만 아니라 출산하다라는 의미로도 쓰인다.

A: How long was she in the birthing room?
B: Not long. She had an easy delivery.

A: 걔가 분만실에 얼마나 오래 있었어?
B: 얼마 안됐어. 쉽게 분만했어.

case
사건, 소송, 환자, 병, 증상

범죄수사물에서는 소송, 사건을 의학물에서는 병이나 환자를 뜻한다.

A: **The murder case** is unsolved.
B: I think the detectives were incompetent.
A: 살인사건이 해결되지 않았어.
B: 형사들이 무능했던 것 같아.

report
보고하다, 신고하다, 고자질하다

회사나 학교에서는 레포트가 되겠지만 수사물 등에서는 신고하다, 혹은 찌르다라는 말로 쓰인다.

A: Who is going to be my new boss?
B: You will **report to** the Sales Manager, Mr. Johnson.
A: 누가 내 새로운 상사야?
B: 영업부장인 존슨 씨에게 보고해.

contract
계약하다, 하청 맡기다, (병에) 걸리다

특히 contract 다음에 병명이 오면 병에 걸리다라는 뜻이 된다.

A: Can I rent this place for more than a year?
B: **The contract** covers two full years.
A: 여기를 일년이상 임대할 수 있을까요?
B: 계약은 2년을 다 채우는 것으로 되어있습니다.

return
되돌아가다, 반환(하다), 소득세 신고서

return은 명사로 소득세 신고(서)를 말한다.

A: Jim put all his money into the stock market.
B: He expects **a good return** on his investment.
A: 짐은 주식에 갖고 있는 돈을 다 투자했어.
B: 투자 수익율이 좋기를 바라겠군.

time
시간, 때, 형기

감옥에서 지내는 형기를 뜻하며 수감생활을 하다는 do time이라고 한다.

A: John is doing time.
B: What was he convicted of?
A: 존은 수감생활을 하고 있어.
B: 무슨 죄를 저질렀는데?

draw
끌다, 무승부, 인기를 끄는 것, 동점

명사로 스포츠에서 동점이란 뜻도 있지만 '인기를 끄는 것'을 말한다.

A: Many people have seen the new thriller.
B: The movie was a big draw at the box office.
A: 많은 사람들이 새로운 스릴러 영화를 봤어.
B: 그 영화는 흥행에서 큰 인기를 끌었어.

board
위원(회), 중역(회), (탈것에) 타다, 하숙시키다

특히 동사로 비행기 등을 타다라고 할 때 사용된다.

A: How soon will they make a decision?
B: The board will meet on Wednesday morning.
A: 얼마나 있어야 그들이 결정을 내리는거야?
B: 위원회는 수요일 오전에 열릴거야.

cast
던지다, 투표하다, 출연배역, 깁스

영화에서는 출연배역을 의학물에서는 부러진 팔이나 다리에 하는 깁스를 말한다.

A: Do you think I should ask the doctor to take the cast off of my leg today?
B: It doesn't hurt to ask.
A: 오늘 의사 선생님한테 내 다리에서 깁스를 풀어달라고 부탁해야 할까?
B: 물어봐서 나쁠거 없죠.

gear
기어, …에 기어를 넣다, 준비를 갖추다, 장비, 특수 목적의 의류

좀 어렵지만 어떤 목적을 위한 옷을 포함한 장비 일체를 뜻한다.

A: I have several meetings on the schedule.
B: You'd better gear up for a busy day.
A: 일정에 여러 회의가 잡혀 있어.
B: 바쁜 하루를 위해 준비를 해야지.

land
(직업·계약 따위를) 손에 넣다, 땅, 토지, 착륙하다

동사로 직업이나 계약 등을 어렵게 손에 넣는 것을 말한다.

A: Lucy is going to the party alone?
B: She hopes to land a new boyfriend.
A: 루시는 파티에 혼자 간대?
B: 걘 새로운 남친을 사귀기를 바라고 있어.

connection
관계, 연고, 거래처, 단골

보통명사로 거래처 혹은 단골이라는 의미로도 쓰인다.

A: Do you have any connection to Korea University?
B: Yes, I taught there for many years.
A: 고려 대학교에 아는 사람 있어?
B: 그럼, 오랫동안 거기서 강의했는데.

prospect
가망, 전망, 유력 후보자, 단골 손님이 될 듯한 사람

일상생활에서는 단골 손님이 될 듯한 사람을 말한다.

A: The new baseball player has a lot of talent.
B: He's a great prospect for our team.
A: 신인 야구선수가 재능이 많아.
B: 우리 팀을 위해서는 아주 커다란 희망이야.

courtesy
예의바름, 호의, 무료

예의라는 의미뿐만 아니라 메인에 달린 무료서비스를 말한다. 호텔 숙박객에게 제공되는 팩스서비스 등이 이에 포함된다.

A: Why did he loan us his phone?
B: He gave it to us as a courtesy.
A: 걔가 왜 자기 폰을 우리에게 빌려준거야?
B: 무료로 우리에게 준거야.

high
높게, (술·마약 등에) 취하여

be high on marijuana는 마리화나에 취하다라는 뜻이다.

A: Chris was acting kind of strange.
B: He was high on marijuana.
A: 크리스가 좀 이상하게 행동했어.
B: 마리화나에 취해 있었어.

labor
노동, 분만

be in labor는 분만하다.

A: Why is Mindy in the hospital?
B: She's in labor. She's giving birth.
A: 왜 민디가 병원에 있는거야?
B: 분만실에서 애를 낳고 있어.

credit
신용거래, 학점, 크레디트(출판물·영화·TV 프로 등의 자료 제공자에 대한 치사)

학교에서는 학점, 영화 등에서는 끝에서 제작자, 출연자 등의 리스트가 올라오는 것을 말한다.

A: So you came up with that idea?
B: I never received credit for doing it.
A: 그래 네가 그 아이디어를 생각해낸거야?
B: 난 전혀 그에 대한 인정을 받지 못했어.

kick
자극, 흥분, 스릴

속어로 kick은 흥분, 스릴이란 뜻이 있어 get a kick out of~하면 …을 하면서 스릴을 느끼다라는 표현이 된다.

A: Your brother shouldn't drive so fast.
B: He gets a kick out of reckless driving.
  A: 네 형은 운전을 그렇게 빨리 하면 안돼.
  B: 그는 난폭운전으로 스릴을 느껴.

bug
도청하다, 괴롭히다, …광

다양한 의미로 쓰이는 단어. 먼저 괴롭히다, 혹은 …광이란 뜻으로 쓰인다. 그리고 범죄수사물이나 첩보물에서는 도청하다라는 동사로 사용된다.

A: How did they know he committed the crime?
B: The police bugged his bedroom.
  A: 그가 범죄를 저질렀다는 것을 그들이 어떻게 알았어?
  B: 경찰이 침실을 도청했어.

chemistry
화학, 궁합, 죽이 맞음

거의 우리말화 된 단어. 궁합 혹은 죽이 잘 맞음을 뜻한다.

A: So everything is good at his job?
B: The chemistry between him and his boss is good.
  A: 그래 걔 직장에서 만사 괜찮은거야?
  B: 걔하고 상사의 케미가 잘 맞아.

expect
기대하다, 출산예정이다

She's expecting하면 출산예정이다, 즉 임신중이다라는 말이다.

A: Karen is getting really fat.
B: She's not fat. She's expecting.
  A: 카렌은 정말이지 살이 쪘어.
  B: 살이 찐게 아니라, 임신중이야.

beat
때리다, (경찰) 순찰구역, …보다 앞서다

때리다는 기본이고 특히 …보다 앞서서 어려움을 피해가다(beat the traffic)라는 뜻으로 사용된다. 또한 범죄수사물에서는 경찰 등의 순찰구역을 말한다.

A: Where did the shooting happen?
B: The cop was shot on his beat.
A: 총격전이 어디서 벌어졌어?
B: 경찰이 자기 순찰구역에서 총을 맞았어.

loud
시끄러운, (옷) 야한, 조악한

옷 따위가 야하거나, 조악한 경우를 뜻한다.

A: What kind of clothing did Carl have on?
B: He was wearing a loud shirt.
A: 칼은 어떤 종류의 옷을 입었어?
B: 걘 조악한 셔츠를 입고 있었어.

stone
(술이나 마약 등에) 취하게 하다

속어로 She was stoned하면 취했다라는 말이 된다.

A: Kelly just stood there, giggling.
B: She was stoned.
A: 켈리는 낄낄거리면서 거기에 서 있었어.
B: 마약에 취했구만.

cover
취재하다, 엄호사격하다

언론 쪽에서는 취재하다, 범죄수사물에서는 엄호사격하다라는 뜻으로 사용된다.

A: The reporter covered the airplane crash.
B: It must have been horrible. Many people died.
A: 기자가 비행기 추락사건을 취재했어.
B: 끔찍했겠구만. 많은 사람들이 죽었잖아.

traffic
불법거래하다

특히 마약 등을 불법적으로 거래하다라는 동사로 사용된다.

A: He was finally arrested for his crimes.
B: That politician has been trafficking drugs for years.
A: 그는 마침내 자기가 저지른 범죄로 체포됐어.
B: 그 정치가는 오랫동안 마약을 불법거래했어.

weather
날씨, 역경을 헤쳐나가다

이런저런 날씨를 겪다. 즉 어려움이나 역경을 헤쳐나가다라는 동사로 쓰인다.

A: You look really sick this morning.
B: Well, I am feeling under the weather.
A: 너 오늘 아침 정말 안좋아 보여.
B: 어, 몸이 안좋아.

post
우편, 지위, 직책, 게시하다, (온라인상) 글을 올리다

인터넷과 SNS의 발달과 더불어 새롭게 각광받는 단어이다. 인터넷에 글을 올리다라는 동사로 쓰인다.

A: Could you put these photos on Facebook?
B: Alright, I'll post them online.
A: 이 사진들 페이스북에 올려 줄래?
B: 그래, 온라인으로 올릴게.

word
소식, 말다툼, 명령, 약속

소식, 기별, 약속 등 다양하게 쓰이며 복수로 words가 되면 말다툼이라는 뜻이 된다.

A: Why are you so upset today?
B: I had words with my wife.
A: 너 왜 오늘 뿔이 나있어?
B: 아내와 다투었어.

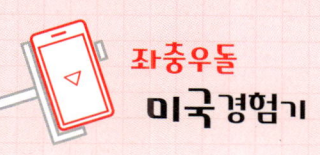

좌충우돌 미국경험기

미국의 식당예절

한국 사람들은 빨리 빨리를 좋아한다. 이러한 한국인들의 특성을 우리는 식당에서 많이 찾아볼 수 있다. 예를 들어 식탁 위에 있는 종업원을 부르는 벨이 있다. 주문을 하거나 무언가 부족하다고 느낄 때 우리는 주저 없이 벨을 눌러 댄다. 또한 종업원이 바로 오지 않으면 벨을 계속 눌러 대고 크게 소리쳐 부르기도 한다. 하지만 미국에서는 이러한 광경을 거의 볼 수가 없다. 벨이 없을뿐더러 종업원을 소리 내서 부르는 경우도 거의 없다. 대부분 종업원이 올 때까지 가만히 기다리거나 정 급하면 손을 든다. 큰 소리로 종업원을 부르면 실례다. 내가 미국에 처음 갔을 때는 이러한 문화가 적응이 되지 않아서 한국 식당처럼 벨이 있었으면 더 편리할텐데라고 답답해하기도 했다. 하지만 점차 적응을 하자 큰 불편함은 없었다. 무엇보다 tip 문화가 있는 미국에는 종업원들이 손님들이 더 필요한 것이 있는지 중간 중간에 물으러 자주 온다.

물론 요즘에는 아메리칸 스타일의 식당들이 많이 들어섰지만 막상 미국에 가보면 이러한 식당들에서도 다른 점들을 소소하게 발견한다. 예를 들어 우리 나라에서도 흔히 볼 수 있는 T.G.I Friday, Outback 같은 family restaurant도 파는 음식은 미국과 같지만 분위기가 약간 다르다. 미국에서도 가족들과 자주 가는 식당이지만 대부분 식당 한 켠에는 술을 파는 bar가 있다. 사람들은 그 곳에서 술을 시켜놓고 텔레비전에서 방영하는 미식축구나 농구 같은 스포츠를 보면서 즐긴다.

또한 계산도 우리나라에서도 그런데가 있지만 미국에서는 종업원이 식사를 마쳤을 때쯤 찾아와 카드나 현금을 받아, 먹은 테이블에서 바로 계산을 한다. 나가기 전에는 tip을 남겨야 하는데 종업원의 서비스나 태도에 따라 달라지긴 하지만 보통 15% 내외로 준다. 카드로 계산을 했다면 나중에 영수증을 받았을 때 서명을 하면서 카드 계산에 tip을 붙여도 된다. 그외에는 현금을 테이블에 남기고 나오기도 한다.

미국에서는 남은 음식은 대부분 싸서 집에 가져 간다. 우리는 주로 family restaurant에서 먹은 피자나 빵 정도를 집에 가져 간다면 미국에서는 자기가 먹다 남은 음식은 아무거나 가져간다. 식당마다 남은 음식(leftover)을 위한 상자를 달라고 하면 종업원들이 가져다 준다. 서비스가 좋은 고급 레스토랑에서는 종업원이 직접 포장까지 해서 준다. 이때 포장해주는 봉투를 doggie bag이라고 한다. 음식의 양이 많은 미국에서는 버리기 보다는 이렇게 집에 가져가서 먹는 것이 환경도 지키고 보기 좋은 모습인 것 같다.

09
진짜미드표현들 33

마지막으로 일상 영어회화에서는 접하기 힘든, 오직 미드에서만 만날 수 있는 문장 33개를 정리해보았다. 어디 이것으로 미드영어세계를 구경했다고 할 수 있을까…. 그냥 좀 미드영어 세계의 문앞에서 시식을 해보는 정도로 생각하면 좋을 것이다. 다 아는 단어들로만 되어 있는데도 해석이 안되는 것을 보고서 자신의 영어실력을 되새겨 보고 이 33개를 기반으로 미드영어에 나오는 난이도 높은 문장들을 차근차근 맘속에 담기로 한다.

I can't get through to her
난 걔를 이해시킬 수가 없어

get through to sb는 「…에게 이해시키다」, 「…와 말이 통하다」, 「전화가 통하다」, 그리고 get through on~은 「…을 이해시키다」라는 의미.

A: You need to change her mind.
B: I can't get through to her.
A: 넌 걔의 맘을 바꾸어야 해.
B: 난 걔를 이해시킬 수가 없어.

I wouldn't be caught dead at that show
난 절대로 그 쇼에 가지 않을거야

I wouldn't be caught dead는 "죽어도 …을 하지 않겠다," "절대로 …하지 않겠다"라는 강한 거부를 나타내는 표현이 된다. 보통 뒤에는 장소명사나, 옷에 관한 문구 혹은 ~ing가 이어져 온다.

A: The punk rock show is in town.
B: I wouldn't be caught dead at that show.
A: 펑크락쇼가 마을에 왔어.
B: 난 절대로 그 쇼에 가지 않을거야.

I'm not getting into this right now
지금 그 얘기를 하고 싶지 않아

get into는 「어떤 상태에 빠지다」, 「…에 관련되다」, 「…에 대해 이야기하다」라는 의미로 쓰인다. 그래서 get into that[this] (right) now의 형태로 쓰이면 "지금은 그 얘기를 하고 싶지 않다"라는 문구로 화자가 단순히 바빴던지, 혹은 자신이 불리하거나 불쾌한 얘기를 하고 싶지 않다는 이야기.

A: I think you should change jobs.
B: I'm not getting into this right now.
A: 넌 직장을 바꾸어야 한다고 생각해.
B: 지금 그 얘기를 하고 싶지 않아.

What have you got going on?
무슨 일이야?

What have you got going on?은 지금 현재 하고 있거나 관련된 일을 의미하는 것으로 우리말로 하자면 「무슨 일이야?」라는 의미가 된다.

A: What have you got going on?

B: I have to travel to Busan this afternoon.

A: 무슨 일이야?
B: 오늘 오후에 부산으로 가야 돼.

That's what they all say
다들 그렇게 말하지

위 문장은 사람들이 다들 그렇게 말한다. 즉 "다들 그렇게 말해"라는 의미이다. 즉 이 문장을 말하는 사람은 대다수 많은 사람들이 어떤 문제에 대해 비슷한 생각을 갖고 있다는 것을 나타내고 싶을 때 사용한다. 또는 문맥상 개인적으로 그 생각이 맞다라고 말할 때 쓰기도 한다.

A: She wouldn't go on a date because she is busy.

B: That's what they all say.

A: 걔는 바빠서 데이트를 하지 않으려 할거야.
B: 다들 그렇게 말하지.

What do we have here?
이게 무슨 일인가?, 무슨 상황이야?, 어떻게 돼가?

한마디로 해서 무슨 일이냐고 묻는 것으로 어떤 상황에 이르렀는데 그 상황이 잘 이해가 안되어서 다른 사람에게 설명을 요구하는 내용의 문장이다. 주로 이 문장을 사용하는 경우는 일반적인 상황보다는 윗사람이 아랫사람에게 정보를 보고하라고 할 때 사용된다.

A: What do we have here?

B: I'm just trying to organize my stuff.

A: 무슨 일이야?
B: 난 그냥 내 물건들 정리하려고 하고 있어.

You can't go wrong with a garden
정원이 있으면 괜찮잖아요

go wrong with는 「…가 잘못되다」, 「그릇되다」라는 뜻으로 You can't go wrong with~하게 되면 「…가 잘못될 수가 없다」, 「잘못되는 법이 없다」, 확 바꿔서 의역해보면 「…는 항상 괜찮다」, 「만족스럽다」, 「…는 전혀 문제가 없다」라는 뜻으로 이해할 수 있다.

A: I'm planning to grow some flowers.

B: You can't go wrong with a garden.

A: 꽃을 좀 재배할 생각이야.
B: 정원이 있으면 항상 만족스럽지.

Don't go there
그 얘기 하지마, 그 얘긴 꺼내지마

go라는 단어는 물리적으로 '가다' 외에 추상적으로 '가다'라는 의미로도 많이 쓰여, 「선택하다」 등 다양하게 쓰이는 동사이다. 여기서 말하는 Don't go there는 사람들과 대화를 하다가 혹은 토론을 하다가 대화나 토론의 내용이 자기가 말하고 싶지 않은 방향으로 갈 때 사용하는 문장이다.

A: I want her to lose some weight.

B: Don't go there. She'll get upset.

A: 난 걔가 살을 좀 뺐으면 해.
B: 그 얘긴 꺼내지마. 걔가 화낼거야.

I see where this is going
무슨 말을 하려는지 알겠어, 어떻게 돌아가는지 알겠어

'this is'는 상대방이 이야기하는 것이나 아니면 돌아가는 상황을 말하는 것으로 전체적으로 "무슨 말을 하려는지 알겠어," "어떻게 돌아가는지 알겠어"라는 의미. 충분히 그리고 명확하게 이해를 해서 그 요지(main point)를 이해했기 때문에 더 이상의 정보는 필요없다는 뉘앙스가 배어 있다

A: We like you, but want you to look for another job.

B: I see where this is going.

A: 우리는 자네를 좋아하지만, 다른 직장을 알아보기를 바래.
B: 무슨 말하려는지 알겠어요.

Where did that come from?
그게 무슨 말이야?, 어째서 그런 말을 하는거야?

Where did that come from?처럼 과거형으로 쓰면 출신이나 원산지를 물어볼 수도 있지만 비유적으로 상대방이나 다른 사람의 말이나 행동에 놀라거나 혼란스러울 때 받아치는 문장으로 "그게 무슨 말이야?," "어째서 그런 말을 하는거야?"라는 뜻이 된다.

A: You are not allowed to be here.

B: Where did that come from?

A: 넌 여기 들어오면 안돼.
B: 그게 무슨 말이야?

Is that what I think it is?
이게 내가 생각하는게 맞아?

뭔가 예상못하고 놀랄만한 일이 벌어지는 장면에서 지금 상황에 대해서 자기가 생각하는게 맞는

지 물어보거나 자문하고, 지금 상황이 보이는 것처럼 진짜 그런 상황인지를 물어보는 것이다. 너무 놀라서 말하는 상황이라면 꼭 대답을 필요로 하지 않을 때도 있다.

A: **Is that what I think it is?**
B: **Yeah. It's a brand new revolver.**
A: 이게 내가 생각하는게 맞아?
B: 어. 신형 리볼버야.

(It's) Never gonna happen
그런 일은 없을거야, 그렇게는 안될거야

의미는 두 가지인데, 먼저 어떤 일이 일어나거나 행해질 것 같지 않을 때 쓰인다. 남녀 사이에 서로 맺어질 수 없다고 말할 때, 다른 의미는 역시 같은 맥락으로 상대방이 제안하는거에 내키지 않거나 거절할 때 쓰이는 것으로 이때는 단순히 "No"라고 생각하면 쉽다.

A: **I may be promoted to vice president.**
B: **It's never gonna happen.**
A: 내가 부사장으로 승진할지도 몰라.
B: 그런 일은 없을거야.

I could do with a cold beer
시원한 맥주 마시고 싶어

could do with sth은 뭔가 정말 필요로 하고 그게 있으면 정말 기분 좋겠다라는 뉘앙스를 갖는 표현이다. 주로 배가 고프거나 목이 마를 때, 허기와 갈증이 해결되면 정말 좋겠다라고 하고 싶을 때 사용하면 된다. 간단히 말해서 뭔가 필요하거나 달라고 할 때 쓰면 되는 구어체 표현이다.

A: **I could do with a cold beer.**
B: **Me too. It's so hot today.**
A: 시원한 맥주 마시고 싶어.
B: 나도 그래. 오늘 정말 덥다.

You heard me
내가 말했잖아, 들었잖아

내가 이미 말을 했기 때문에 너는 이해했을거고 그렇기 때문에 나는 반복해서 말하지 않겠다라는 뜻. 일반적으로 상대방이 화자가 말한 내용에 놀라 "What?"이라고 말할 때 "You heard me(내가 말했잖아)"라고 말한다.

A: **Did Rick's wife really cheat on him?**
B: **You heard me. I saw her with another guy.**

A: 릭의 아내가 정말 바람을 폈어?
B: 내 말했잖아. 걔가 다른 남자와 있는 것을 봤어.

I'll see what I can do
내가 어떻게든 해볼게, 무슨 방법이 있나 알아볼게

상대방이 어떤 요청(request)을 하거나 직면한 문제를 듣고서 그 요청을 들어주거나 문제를 풀도록 노력을 하겠다고 대답할 때 쓰는 표현이다. 다시 말해서 상대방이 어떤 요청을 했지만 100% 자신이 없을 때 하지만 최대한 노력을 해보겠다고 말할 때 사용하면 된다.

A: **Can you get someone to clean this up?**
B: **No problem.** I'll see what I can do.
A: 다른 사람에게 이거 치우게 할 수 있어?
B: 그럼. 어떻게든 해볼게.

I get that a lot
그런 얘기 많이 들어

구어체 표현으로 종횡무진 활약하는 get의 역량을 확인할 수 있는 표현. 상대방의 말에 '나 그런 얘기 많이 들어'라고 맞장구 치는 말이다.

A: **You look like a movie actress.**
B: **I know.** I get that a lot.
A: 넌 여배우과 닮았어.
B: 알아. 그런 얘기 많이 들어.

I hate to break it to you,
네게 이런 소식 전하기 싫지만,

break는 뭔가 지속되던 것이 「멈춘다」는 개념을 갖고 있다. 그래서 뉴스관련에서도 속보라고 쓰면 평온한 상태를 깨는 따라서 (나쁜) 소식을 전하다라는 뜻으로도 쓰이는 팔방미인형 동사이다. 정리하자면 break sth to sb하게 되면 sb에게 sth에 대한 자세한 얘기를 말하다이다.

A: **I don't think Brad did anything wrong.**
B: I hate to break it to you, **but he's guilty.**
A: 브래드는 잘못된 짓을 했다고 생각하지 않아.
B: 이런 소식 전하기 싫지만, 걔 유죄야.

I wouldn't put it past you
너는 그러고도 남을 놈이야

put it[sth] past sb는 sb가 뭔가 「불법적이고 나쁜 짓을 한 것에 놀라다」라는 뜻이다. 그리고 I wouldn't는 가정법으로 I wouldn't put it past you하게 되면 "난 네가 그짓을 한다고 해도 놀라지 않을거다"라는 의미로 'you'가 아주 기본적으로 못된 놈이라고 강조하는 문장이 된다.

A: I may just steal one of those computers.
B: I wouldn't put it past you to do that.
A: 내가 저 컴퓨터들 중 하나를 훔칠지도 몰라.
B: 너는 그러고도 남을 놈이야.

I've had my share of threats
나도 협박 받을 만큼 받아봤어

have (got) one's share of~하게 되면 「합당한 만큼 …을 해보다」, 「받아야 할 만큼의 …을 겪다」라는 뜻이 된다. 이 공식을 적용하면 위 문장은 내 몫의 협박을 받아왔다, 즉 "나도 받을 만큼의 협박들을 받아봤다"라는 표현이 된다.

A: Has anyone threatened to harm you?
B: I've had my share of threats.
A: 너를 해꼬지하겠다고 협박를 받은 적이 있어?
B: 받을 만큼 받아봤어.

It's not all it's cracked up to be
사람들이 생각하는 것 만큼 좋지 않아, 생각보다 그리 좋지 않아

not all it's cracked up to be는 뭔가 사람들이 생각하는 것 만큼 좋지 않다는 것을 말하는 표현. 따라서 실망감이 배어져 있는 문장으로, 좀 좋을 거라고 생각했지만 실제로는 그렇지 않은 일이나 경험을 한 사람이 쓸 수 있는 표현이다.

A: It must be great to work as a boss.
B: It's not all that it's cracked up to be.
A: 사장으로 일하는 것은 아주 대단할거야.
B: 생각만큼 좋지 않아.

That leaves us with one choice
그럼 결과적으로 선택은 하나뿐이네

That은 앞서 「발생한 뭔가」(something that happened)를 말하는 것이고 leaves는 여기서 어

떤 결과(result)나 기록(tally)이 「남다」라는 뜻으로, 이 둘을 합쳐서 That leaves~하게 되면 앞에서 이러이러하니 최종적으로 혹은 「결과적으로 …가 남게 되다」라는 의미가 된다.

A: We weren't able to get hotel reservations.

B: That leaves us with only one choice.

A: 우리는 호텔 예약을 할 수가 없었어.
B: 그럼 선택은 하나밖에 없네.

Show me what you got
네 능력을 보여줘 봐

네가 가진 것을 보여달라. 즉 「너의 능력이나 재주를 보여달라」는 뜻이다. 아무 때나 말하는 것은 아니고, 상대방이 자기가 능력이 있고 잘한다고 내세울 때 이 문장을 쓰는데 이때는 상대방이 정말 능력이 있는 건지 혹은 과장떨고 허풍치는지 알고 싶어 당돌하게 되받아치는 경우이다

A: I'm here to fix your broken computer.

B: Okay, go ahead and show me what you've got.

A: 네 컴퓨터 고쳐주러 왔어.
B: 그래, 어서 네 실력을 보여줘봐.

That's what you always do
넌 맨날 그런 식이야

그게 바로 네가 항상 그러는 것이다. 좀 부드럽게 해보자면, "네가 하는 일은 늘 그런 식이다," "넌 맨날 그런 식이야"라는 의미가 된다. 말투에서 느끼듯이 상대방이 기대치에 못미치는 실망스런 행동을 했을 때 불쾌감을 표시하면서 비아냥거릴 때 사용된다.

A: I decided to ignore her calls.

B: That's what you always do.

A: 걔 전화를 무시하기로 했어.
B: 넌 맨날 그런 식이야.

We're done here
끝났어, 얘기 끝났어

직역하면 여기서의 일, 지금 하고 있는 일을 끝냈다고 말하는 것. 자기네가 할 수 있는 일을 다 했거나 일을 다 마쳐서 다른 일을 하거나 혹은 일어나 집에 가야겠다고 할 때 사용하는 표현. 또한 비유적인 의미로 협상을 하다가 토론이나 얘기를 하다 "We're done here"이라고 하는 경우를 많이 볼 수 있는데 이때는 상대방과 더 이상 얘기가 통하지 않으니 혹은 더 이상 할 말이 없으니 "대화는 더 이상 할 필요가 없다"라고 좀 험한 분위기 속에서 사용되는 것이다.

A: Is there anything else we need to talk about?

B: We're done here. I'm leaving.

A: 우리가 얘기나누어야 할게 뭐 더 있어?
B: 얘기는 끝났어. 나 간다.

What have you got?
무슨 일이야?, 어떻게 나왔어?, 뭐 갖고 있어?

CSI나 Law & Order 등의 범죄수사물에 무척 많이 듣는 표현이다. Grissom이나 Horatio 반장이 현장에 도착에서 요원들에게 어떤 사건인지, 어떤 증거들이 있는지라고 물어볼 때 혹은 연구실에서 결과가 어떻게 나왔는지 물어볼 때 쓰는 표현이다.

A: What have you got?

B: I found some additional evidence.

A: 무슨 일이야?
B: 추가 증거를 발견했어.

We'll see about that
어디 그렇게 되는지 두고보자, 어디 그런가 보자

이는 경쟁관계 등의 문맥에서 "어디 그렇게 되는지 두고보자," 더 나아가면 "상대방이 그렇게 하도록 놔두지 않을거야"라는 결연한 의지를 표현하는 문장이 된다. 어떤 사람이 하는 행동이나 일이 맘에 안들어, 그대로 있지 못하고 나름대로 자기도 계획을 세워 상대방이 그렇게 하지 못하게 하겠다는 뜻이다.

A: He plans to get elected this year.

B: We'll see about that.

A: 그는 금년에 선거에서 승리할 계획이야.
B: 어디 그렇게 되는지 두고보자.

I won't hear of it
그렇게는 안돼

not hear of it으로 이는 뭔가 「제안이나 제의를 받아들이지 않다」라는 의미이다. 따라서 I won't hear of it하면 뭔가 강하게 거부하거나 반대하거나 혹은 「…하지 말 것을 금지한다」는 뉘앙스를 내포하고 있다.

A: I could stay at a hotel tonight.

B: No way. I won't hear of it.

A: 난 오늘밤 호텔에서 지낼 수 있어.
B: 말도 안돼. 그렇게는 안돼.

I couldn't have said it better
바로 그 말이야

could have+pp는 실제로는 그렇게 되지 않았지만 「과거에 그럴 수도 있었다」라는 뜻. 따라서 couldn't have said it better는 could have said에 부정(couldn't)과 비교(better)의 최상급 용법이 결합된 것이다. could have said it은 그것을 말할 수도 있었다, couldn't have said it better는 그것을 더 이상 잘 말할 수 없었을 것이다, 즉 우리말이 되도록 바꾸면 "그 이상 더 좋게 말할 수가 없을거야." "더 이상 어떻게 말을 하겠어." "바로 그 말이야"가 된다. .

A: We have serious problems that have to be fixed.

B: I couldn't have said it better.

A: 우리는 고쳐야 할 심각한 문제들이 있어.
B: 바로 그 말이야.

I'll take you up on that
그렇게 하자

take sb up on sth를 토대로 하는 이 표현은 상대방이 한 초대나 제안을 받아들일 때 사용하면 된다. 다시 말해서, 상대방이 뭔가 하자고 제안을 했을 때, 자기는 그게 좋은 생각이라고 하는 표현으로 "그 제안을 받아들일게." "그렇게 하자." "그럴게" 등으로 이해하면 된다.

A: I can offer you a ride to Boston.

B: I'll take you up on that.

A: 보스톤까지 차로 태워다줄까?
B: 그렇게 하자.

You've got another thing coming
큰 코 다칠 수 있어, 다시 생각해보는게 좋을거야

여기서 another thing은 예상치 못한 일이 일어날 것이다라는 의미. 좀 상상력을 발휘해본다면 "상대방의 생각이 틀렸다"라고 말하는 셈이다. 우리말로 하자면 "다시 생각해보는게 좋을거야," "큰 코 다칠 수 있어"라는 문장.

A: I'm sure he will solve all of the problems.

B: If you believe that, you've got another thing coming.

A: 난 걔가 문제들 모두를 해결할거라 확신해.
B: 그렇게 생각한다면 다시 생각해보는게 좋을거야.

If I had a nickel for every time he did that, I'd be rich
걔는 지겨울 정도로 그랬어

If I have a nickel for every time S+V는 「정말 수없이 …했다」, 「지겨울 정도로 수도 없이 …했다」라는 표현으로 풀어쓰면 …할 때마다 5센트를 모았다면 엄청 부자가 되었을거야라는 의미이다.

A: Michael is flirting with girls again.
B: If I had a nickel for every time he did that, I'd be rich.
A: 마이클이 다시 여자들에게 수작을 걸어.
B: 걔는 지겨울 정도로 그랬어.

I got an old score to settle
난 되갚아줘야 할게 있어

settle a score하면 과거에 자기에게 상처나 피해를 본 사람에게 아직도 분이 풀리지 않아 피해를 되갚아줘서 청산하고 복수를 하는 것을 말한다. 「보복하다」, 「앙갚음을 하다」라는 뜻. 과거에 당한 것을 되갚아주는 것이기 때문에 get an old score to settle이라고도 쓴다.

A: I got an old score to settle with Jack.
B: Jack has pissed off a lot of people.
A: 난 잭에게 되갚아줘야 할게 있어.
B: 잭은 많은 사람들을 열받게 했어.

What's the worst that could happen?
무슨 나쁜 일이 있겠어?, 별일 없을거야

이는 반어법이 사용된 표현으로 「무슨 나쁜 일이 생기겠냐」, 즉 「만사가 다 잘될 것이다」라고 상대방에게 충고하고 격려할 때 사용하는 문장이다. 즉 상대방이 뭔가 할까 말까 망설이고 고민 중일 때, 언능하라고, 결과가 좋을거라고 용기를 북돋아주는 표현이다.

A: I'm going to give him a call.
B: Go ahead. What's the worst that could happen?
A: 걔에게 전화를 할거야.
B: 그렇게 해. 무슨 나쁜 일이 생기겠어?

미·드·로·영·어·공·부·하·기

SECTION 03

아! 이게 진짜 미드구나!

01. 아, 실전에서는 이렇게 쓰는구나
02. 와, 이렇게도 쓰이는구나
03. 앗, 이런 의미가 있는 줄 정말 몰랐다

01
아, 실전에서는 이렇게 쓰는구나

이제부터는 미드영어를 공부하면서 앗 이렇게도 쓰이는구나라는 말이 나올 정도의 표현들을 학습해본다. 제일 먼저 기존에 알고 있던 품사의 틀에서 벗어나 마구 맘대로 돌아다니는 단어들의 세계를 시작으로 배워도 배워도 어려운 부정의문문에 대한 답하기, 그리고 either를 왜 /아이더/로 읽는지 그리고 인사하는 장면도 아닌데 갑자기 대화 도중에 How are you? 나 How're you doing?을 쓰는지 등을 하나하나 친절하게 설명할 것이다.

01 마구 넘나드는 품사의 방탕함 - 품사의 고정관념에서 벗어나야

명사가 동사로(1) :
border/ book/ number/ ground/ party

극단적으로 말하면 거의 모든 명사는 동사로 쓰인다고 할 정도로 많은 명사들이 그 갖고 있는 의미의 동사로 쓰인다. 언어가 편리함을 추구하는 현상의 하나이다. 예를 들어 party는 파티를 하다라는 뜻으로 파티할 준비됐어?라고 하려면 뭐 어렵게 생각할 필요없이 Are you ready to party?라고 하면 된다.

A: Where did you go last night? Did you go out **partying**?
B: I wish. I had a performance at a night club and it lasted until 4:00 a.m.
  A: 어젯밤에 어디 갔었어? 파티에 갔어?
  B: 그랬으면 좋겠다. 한 나이트클럽에서 새벽 4시까지 공연이 있었어.

A: I **booked a seat** for New York.
B: You'll have a great time there.
  A: 뉴욕행 비행기 좌석을 예약했어.
  B: 거기서 재미있게 보낼거야.

명사가 동사로(2) :
text/ facebook/ google/friend

최근에 등장한 IT분야의 명사들도 편하게 명사들을 동사로도 사용하고 있다. 이메일을 보내다라는 뜻의 email, 문자를 보내다라는 text (message), 그리고 Google을 동사로 사용하면 구글검색을 하다가 되고 facebook을 동사로 페이스북을 하다라는 의미로 쓰이고 있다.

A: Rebecca was supposed to be here.
B: I'll **text** her to see where she is.
  A: 레베카는 여기 왔었어야 했는데.
  B: 문자보내서 어디에 있는지 알아 볼게.

A: How do you know what Britt is doing?
B: He **friended** me on Facebook.
  A: 브릿이 뭘 하고 있는지 어떻게 알아?
  B: 걔가 페이스북에서 나를 친구추가했거든.

명사(약어)가 동사로(3):
temp/ ID

단어의 약어가 동사로도 쓰이는데 대표적인 것으로는 identification의 약어인 ID가 동사로 신원확인을 하다라는 의미로 쓰인다. 그래서 우리는 아직 공식적으로 그 사람의 신원을 파악못했어는 We haven't formally IDed him yet이라고 하면 된다. 또한 temporary의 약어인 temp가 동사로 임시직으로 일하다라는 뜻으로 쓰여서 그들은 크리스가 우리 사무실에서 임시직으로 일할 때 만났어라고 하려면 They met when Chris temped in our office라고 한다.

A: I'm glad you finally found a job.
B: I'm going to temp at an office for a while.
A: 네가 마침내 일자리를 찾아서 다행이야.
B: 잠시동안 한 사무실에서 임시직으로 일할거야.

A: The police found a person who had been killed.
B: Could they ID the victim?
A: 경찰은 살해당한 사람을 발견했어.
B: 피살자의 신원을 확인할 수 있었대?

동사가 명사로:
bite/ get a say in/ on the go/ a good buy / do and don't

have, go, take, say 등의 단어들이 명사로 쓰이는 경우이다. have[get] a say하면 말할 권리가 있다, a good buy는 싸게 산 물건, 그리고 bank run은 예금인출사태를 뜻한다. 또한 take는 의견이라는 명사로 주로 What's your take on sth?의 형태로 상대방의 의견을 물어볼 때 자주 사용된다. 또한 on the go는 계속하여, 끊임없이, 그리고 do and don't는 지켜야할 사항, 규칙을 뜻한다.

A: If you purchase one, you get another for free.
B: It seems to be a very good buy.
A: 하나 구매하시면 하나는 공짜입니다.
B: 아주 싸게 사는 물건인 것처럼 보이네요.

A: I have to negotiate with angry people.
B: There are many dos and don'ts on a job like that.
A: 난 화난 사람들과 협상을 해야 돼.
B: 그런 일에는 지켜야 될 사항들이 많이 있어.

자동사가 타동사로:
walk

한편 walk의 경우 이미 동사로써 활약하고 있고 우리는 걷다라는 자동사로만 알고 있지만 실제

영어에서는 walk sb하면 …함께 어디까지 걸어가다라는 타동사로 쓰인다. 물론 sb 대신에 애완동물이 나온다면 산책시키다라는 의미. 그래서 여기까지 나를 바래다줄 필요는 없었는데라고 하려면 You didn't have to walk me all the way back up here라고 하면 된다.

dialogue

A: Erin wants to wash her face.
B: Could you walk her to the bathroom?
A: 에린은 세수를 하고 싶어해.
B: 화장실까지 같이 가줄래?

A: Mr. Kender walks his dog every morning.
B: I see him going up and down the road.
A: 켄더 씨는 매일 아침 개를 산책시켜.
B: 그가 길을 올라갔다 내려오는 것을 봐.

기타 품사의 변신:
up/ down/ forward/ brave/ shy/ better/ okay

먼저 up은 동사로 상승시키다, 인상하다라는 의미, 반대로 down은 굴복시키다, 쭉 들이키다, 그리고 수줍은이라는 의미의 shy는 shy away from의 형태로 …을 피하다라는 뜻이 된다. 또한 okay 역시 동사로 찬성하다, 동의하다라는 의미가 된다.

dialogue

A: I tried to buy it for fifty dollars.
B: Maybe you should up the offer.
A: 난 그걸 50 달러에 사려고 했어.
B: 가격 제시를 올려야 됐을지 몰라.

A: Something downed the drone I was flying.
B: Let's look and see if we can find it.
A: 내가 날리던 드론을 뭔가가 바닥에 떨어지게 했어.
B: 드론을 찾을 수 있는지 살펴보자고.

A: I submitted a request for vacation.
B: Hopefully they okay your request.
A: 난 휴가신청서를 제출했어.
B: 네 신청이 승인되었으면 해.

접속사가 명사로:
if/ but/ how/ why

심지어는 접속사로 쓰이는 if, but, how, why 등이 명사로도 쓰인다. ifs and buts는 조건과 이의, Not so many buts, please는 '그러나'라고 말하지 말게라는 뜻이고, the hows and the whys 는 방법과 이유를 뜻한다.

A: What did you think of my proposal?
B: There are some ifs and buts we need to discuss.
A: 내 제안 어떻게 생각해?
B: 우리가 토의해야 되는 많은 조건과 이의가 있어.

A: I don't understand how that happened.
B: No one understands the hows and whys.
A: 어떻게 그런 일이 벌어졌는지 이해가 안돼.
B: 아무도 어떻게 왜 그랬는지 이해를 못하고 있어.

02 다 아는 건 빼! – 주어와 조동사도 뻔하면 뺀다

주어의 생략

주어를 꼬박꼬박 챙겨주는 영어도 시대의 변화에는 어쩔 수 없는 모양. 의사소통에 지장이 없는 범위 내에서는 뻔한 주어를 과감하게 생략한다. 특히 SNS상에서는 거의 안쓰는 추세이다.

(It) Looks like ~ (…처럼 보이다)
(It) Won't be (없을거야)
(It's) So cool (끝내주는구만)
(It's) Raining today (오늘 비가 내린다)
(It's) Nice to meet you (만나서 반가워요)
(I'll) Be right back (곧 돌아올게)
(I) Can't complain (그럭저럭 잘 지내)
(I) Hope so (그러길 바래요)
(I) Gotta go now! (그만 가봐야겠어!)
(I) Couldn't be better (아주 좋아)
(Do you) Want some more? (더 먹을래?)
(Do you) Understand it? (알겠니?)
(You had) Better get used to it (거기에 익숙해지도록 해야 돼)

A: Looks like Tom is doing all right with her.
B: You really think so?
A: 탐이 그 여자와 잘 지내는 것 같아.
B: 정말 그렇게 생각해?

A: **Better** hurry up so we can go.
B: Okay, I will.
A: 같이 나가려면 서둘러.
B: 알았어, 그렇게.

동사의 생략

주어도 빼는 판국에 조동사를 가만둘 리 없다. 특히 다른 단어들과 섞여 값어치가 떨어진 조동사들이 주된 제거 대상으로, be 동사와 have 동사가 가장 대표적. How you doing?, You okay? 등에서 보듯 be 동사의 생략은 특히 의문문에서 두두러지고, have는 보통 've로 축약하지만 그마저 생략해버리기도 한다.

(Are) You okay? (괜찮아?)
(Are) You sure about that? (그거 확실해?)
(Are) You done? (끝냈어?)
(Is) There something ~ ? (…한 게 있어)
(Is) Anybody home[(in) there]? (누구 있어요?)

How have you been?
→ How've you been?
→ How you been? (어떻게 지냈어요?)

I have got to go
→ I've got to go
→ I got to go (가봐야겠어요)

You have been keeping busy
→ You've been keeping busy
→ You been keeping busy (그간 계속 바빴군요)

A: Why did you decide to call me after all this time?
B: **I got to** thinking about how I felt about you.
A: 이렇게 오랜 시간이 지난 후에 내게 전화하기로 한거야?
B: 내가 너에 대해 어떻게 생각하는지를 깊이 생각해봤어.

A: Wendy, **you okay?**
B: Yeah, I'm fine.
A: 웬디, 괜찮아?
B: 어, 괜찮아.

03 어렵게 의문문 만들 필요가 없어

평서문의 끝만 올려서 의문문 만들기

귀차니즘의 발현이랄까 실제 영어를 쓰는 무대에서는 주어+동사를 도치시켜서 의문문을 만드는 대신 그냥 평서문의 끝만 올려서 상대방에게 물어본다. 예로 Are you okay?라고 하기 보다는 You're okay?라고도 한다는 것이다. 여기서 발전하면 위에서처럼 are를 빼서 You okay?라고 한다.

Are you okay? ⇒ You're okay?

Are you coming to my party? ⇒ You're coming to my party?

A: You're sure you can't do it?
B: I can! I choose not to!
A: 못하는거 확실해?
B: 할 수는 있지만 안 하기로 한거야!

A: You're ready to start our trip?
B: I sure am. Let's hit the road.
A: 우리 여행 떠날 준비 됐어?
B: 물론. 출발하자고.

A: Tell me the truth. She's hotter than me?
B: No way. You're the hottest girl that I've ever seen.
A: 사실대로 말해. 걔가 나보다 더 섹시해?
B: 전혀. 너처럼 섹시한 여잔 못봤어.

04 부정의문문의 답 - 우리와 정반대??

Isn't he there? ⇒ Yes or No?

영어에서 부정의문문에 대답할 때는 우리말과 반대로 해야 한다는 사실을 알고 있을 것이다. 예를 들어 Isn't he there?(그 친구 거기 없어?)라는 물음에 No라고 하면 "응, 없어," Yes라고 하면 "아니, 여기 있어"란 뜻이 된다는 것 말이다.

A: Isn't she amazing? She passed the entrance exam.
B: I thought so. She's marvelous.
A: 걔 대단하지 않아. 입학시험에 붙었어.
B: 나도 그렇게 생각해. 대단한 아이야.

Do you mind (if)~? ⇒ Yes or No?

Do you mind ~?는 「…하는 게 싫으세요?」, 「…하면 당신에게 폐가 됩니까?」란 뜻이 되어 모양새와는 달리 부정의 의미를 포함하는 의문문이 된다. 그래서 No, Not at all, Of course not 등 부정으로 대답해야 「아니, 난 괜찮아」, 「알았어」(I do not mind if ~)라는 승낙의 뜻이 되는 것이다. 반대로 Yes, Of course 등 긍정의 대답은 「그래, 싫어. 그러니까 안돼」라는 얘기가 된다. 요령은 대답하려는 내용이 긍정이면 무조건 Yes를, 대답하려는 내용이 부정이면 무조건 No를 쓴다고 기억해두면 된다.

A: Do you mind if I use your bathroom?
B: **No,** go ahead.
A: 화장실 좀 써도 되겠어?
B: 그래, 그렇게 해.

A: Do you mind if I take a look around here?
B: **Not at all,** be my guest.
A: 내가 여기 좀 둘러봐도 괜찮겠니?
B: 그럼, 물론이지.

The meeting's at 4 o'clock, isn't it? ⇒ Yes or No?

부가의문문의 경우도 마찬가지. 이는 영어식 언어사고와 우리나라식 언어사고 사이에 근본적으로 차이가 있기 때문이다. 우리나라 말은 「질문」이 긍정문이냐 부정문이냐에 따라 「네 /아니오」의 대답이 달라지게 되어 있지만, 영어는 그 「대답」하는 내용에 초점을 맞추게 되어 있다. 즉 앞서 위에서 말했듯이 질문이 긍정문이냐 부정문이냐에 상관없이 대답하는 내용이 긍정이면 Yes, 부정이면 No가 되는 것이다.

A: You know how to ride a bike, don't you?
B: **Of course!**
A: 너 자전거 탈 줄 알지, 그렇지 않아?
B: 그렇고 말고!

05 강조의 동사 do, 강조의 주어

명령문의 주어 You가 문장 앞에서 오는 경우:
You do that 네가 해

상대방에게 명령을 하는 것으로 앞에 You가 있는 것이지만 누구에게 말하는지 명확하기에 불필요해서 뺀 것이다. 그래서 이 명령문을 강조하려면 이 생략된 주어를 찾아서 넣어주면 된다. Be careful보다는 You be careful이 더 강조하는 명령문이 된다. Do that보다는 You do that, Let me know보다는 You let me know 등이 바로 그런 경우들이다.

A: I'm going to tell her the truth.
B: **You do that.** We'll see what happens.
A: 난 걔한테 진실을 말할거야.
B: 그렇게 해. 어떻게 되는지 보자고.

A: I may be visiting the city you live in.
B: **You let me know** if you do.
A: 너 사는 도시에 갈지도 몰라.
B: 그렇게 되면 내게 연락해.

명령문의 주어 You가 동사 뒤에 오는 경우(1):
Believe you me

이번에는 강조하는 You가 명령문의 뒤에 위치하는 경우이다. 나를 믿으라는 Believe me를 강조하려면 Believe you me라고 하면 된다.

A: You said you don't like traveling overseas.
B: **Believe you me,** I didn't want to go.
A: 너 해외여행 싫어한다고 했지.
B: 정말이지, 난 가고 싶지 않았어.

명령문의 주어 You가 동사 뒤에 오는 경우(2):
Don't you get me wrong

Don't you get in the middle of us(우리들 사이에 끼어들지마), Don't you touch this(이거 만지지마), Don't you make any noise(아무런 소리도 내지마), Don't you dare~ (감히 …할 생각을 하지마), 그리고 Don't you talk back(말대꾸하지마) 등이 살아있는 증거이다. 이때 조심할 점은 Don't you+V?처럼 맨 뒤에 '?'가 붙으면 명령문이 아니라 단순한 부정의문문이 된다는 점이다.

A: So you and your boyfriend broke up?
B: **Don't you get me wrong,** I was happy about it.
A: 그래 너와 남친은 헤어진거야?
B: 오해하지마, 난 그래서 행복했거든.

A: I hate you and won't listen to you!
B: **Don't you talk back to me!**

A: 네가 정말 싫어 그리고 네 말은 듣지 않을거야!
B: 너 나한테 말대꾸하지마!

06 발음이 달라: either, neither, often

either와 neither

학창시절 either는 /이더/, neither는 /니이더/라고 배워왔다. 하지만 미드를 보다보면 either를 /아이더/, neither는 /나이더/라고 발음하는 것을 종종 들어봤을 것이다. 온갖 민족, 온갖 나라의 사람들이 사는 melting pot인 미국에서 획일적인 발음을 기대하는 것은 무리일 수도 있다. 지역이나 사람들에 따라 /아이더/, /나이더/라고 발음한다고 알고 있으면 된다.

A: I'm not sad that Sandra failed.
B: Me either. She had it coming.
A: 샌드라가 실패해서 슬프지 않아.
B: 나도 그래. 걔가 자초한건데.

A: I didn't do that.
B: Me neither.
A: 난 그것을 안했어.
B: 나도 안했어.

often와 singer, sword

또한 often 역시 /오픈/이 아니라 묶음을 살려내서 /오프튼/이라고 발음하기도 하고, 역시 묶음으로 /싱어/라고 알고 있던 singer를 일부 네이티브는 /싱거/라고 하기도 한다. 또 한가지 더, sword 역시 /서드/가 아니라 /스워드/라고 발음되기도 한다. 백인영어, 흑인영어, 호주영어, 영국영어, 히스패닉 영어, 그리고 아시아 영어 등 하도 많은 종류가 있다보니 획일화된 문법이나 발음보다는 실제 통용되는 문법이나 발음에도 귀와 눈을 열어놓고 받아들여야 한다.

A: Was that your dad on the phone?
B: He calls often to see how I am.
A: 아버지 전화였어?
B: 가끔 전화하셔서 내가 어떤지 확인하셔.

A: Is that a sword on your wall?
B: Yeah. It's a decoration I bought in Turkey.
A: 벽에 저거 검이니?
B: 어, 터키갔을 때 산 장식품이야.

07 have to/ must vs. should/ ought to

have to와 must

'강한 확신'(great confidence)을 가지고 「반드시 그래야 한다」(be forced to do)고 단정적으로 말할 때(strong or more definitely)는 must와 have to를 쓰는데 have to가 더 일반적으로 사용되며 must는 좀 더 formal한 인상을 주게 된다.

A: I guess we have to wait until he's back.

B: When do you think he'll get back?

A: 걔가 돌아올 때까지 기다려야 할 것 같아.
B: 언제쯤 돌아올 것 같아?

A: You must stop! You're a bad actor.

B: Please give me a break!

A: 그만해! 연기 정말 못하네.
B: 제발 한번 만 기회를 더 줘요!

should와 ought to

일반적으로 어떤 일을 하는 게 「좋겠다」 정도의 가벼운 뉘앙스일 때는 should나 ought to를 쓰는데, 아래 대화에서, A가 그냥 You should quit smoking이라고 말한 것에 반해, 의사는 직업적 확신을 가지고 You must quit smoking이라고 단정적으로 말하는 것을 통해 그 차이를 느껴보도록 한다.

A: You should quit smoking.

B: The doctor says I must quit.

A: Then you should take his advice.

A: 너 담배 좀 끊어야겠어.
B: 의사도 끊어야 된다고 하더라.
A: 그럼 의사가 하는 말 좀 들어.

A: This is the biggest decision of my life.

B: You ought to take some time to think about it.

A: 이건 내 인생의 최대의 결정이야.
B: 넌 좀 시간을 두고 생각을 해봐.

08 each other와 one another 등

each other와 one another

one another는 셋이상일 때, each other는 둘일 경우에 쓴다고 배웠지만 실제로는 구분없이 사용된다. You all know each other? What a small world(서로 아는 사이야? 세상 한번 좁군)에서 보듯이 주인공이 두 명이상 일 때도 each other를 쓴다.

A: Do you two know each other?
B: Actually, we've never formally been introduced.
A: 둘이 아는 사이니?
B: 실은 정식으로 통성명한 적은 없어.

A: I'm very close with my sister.
B: It seems like you protect her.
A: We take care of one another.
A: 난 여동생과 매우 가까워.
B: 네가 여동생을 보호하는 것 같구나.
A: 우리는 서로 돌보고 있어.

compare~ to~와 compare~ with~

또한 머리를 싸매며 compare~to~(비유하다)와 compare~with~(비교하다)도 전치사에 따라 의미가 미세하게 달라지는 것으로 배웠지만 실제 생활영어에서는 구분하지 않는다. 실제로는 with보다는 to를 더 쓰는 경향이 있다.

A: Which of these desserts tastes better?
B: Let's compare the first to the second.
A: 이 디저트들 중에서 어떤 것이 더 맛있어?
B: 첫번째와 두번째 것을 비교해보자.

A: Her sister is a lot smarter than she is.
B: Don't compare her with her sister.
A: 걔 여동생은 걔보다 훨씬 똑똑해.
B: 걔를 여동생과 비교하지마.

be fine with~와 be fine by~

be fine with로만 배웠던 것이 be fine by~의 형태로도 많이 쓰이며 be busy ~ing[with+N]로 알고 있었지만 be busy with ~ing의 형태로도 자유롭게 쓰고 있다.

A: Do you think this apartment is big enough?
B: We'll be fine with it for now.
A: 이 아파트 공간이 충분하다고 생각해?
B: 지금으로는 괜찮을거야.

A: Would you like to go out for some food?
B: Of course, that's fine by me.
A: 나가서 뭐 좀 먹을래?
B: 좋지, 난 좋아.

some day와 one day

some day는 「미래의 언젠가」(at some time in the future)라는 의미로 「과거의 어느 날」(on a day in the past)을 의미한다는 one day의 반대표현으로 익혀왔던 표현이다. 하지만 실제 구어체에서는 one day 역시 과거의 어느 날을 의미할뿐만 아니라 some day처럼 미래의 어느 날을 뜻한다는 것에 주의해야 한다.

A: One day I hope we will meet again.
B: How about friending him on Facebook?
A: 언젠가는 우리가 다시 만나게 되길 바래.
B: 페이스북으로 걔와 친구맺기를 하면 어때?

A: Oh, well maybe you'll have another chance some day!
B: Not if I stop believing.
A: 어, 언젠가 또다른 기회를 누릴 수 있을지도 몰라!
B: 내가 계속 믿음을 갖는다면 그렇지.

09 not bad

Not bad (at all)

bad는 나쁜, 안좋은이라는 뜻의 형용사로, 앞에 부정어 Not을 붙여 Not bad하게 되면 나쁘지 않은, 그저그런이란 의미로 받아들이기 쉽다. 하지만 실제 Not bad의 의미는 상당히 좋은, 예상보다 훨씬 좋은이라는 뜻으로 쓰인다. 강조하려면 Not bad at all이라고 하면 된다.

A: How was the movie last night?
B: Not bad, but it was a little too long.
A: 어젯밤에 영화는 어땠어?
B: 괜찮았는데, 좀 너무 길었어.

A: Do you eat at the school's cafeteria?
B: Sure, the food is not bad.
A: 학교 구내식당에서 밥먹니?
B: 그럼, 음식도 꽤 좋아.

⑩ You can~ : 허락과 금지의 can

You can~

You can+동사~ 형태를 쓰면 상대방에게 뭔가 허가하거나 허락할 때 쓰는 것으로 …해도 된다라는 의미.

A: What's your first name?
B: It's Rebecca, but you can call me Becky.
A: 이름이 뭐예요.
B: 레베카인데 부를 땐 벡키라고 하세요.

A: Please get it done right away.
B: Don't worry, you can count on me.
A: 지금 당장 이것 좀 해줘.
B: 걱정마. 나만 믿어.

You can't~

반대로 You can't+동사~는 금지의 뜻으로 …하지 마라, …하면 안 된다라는 뜻이다.

A: Sorry, I'm seeing a guy.
B: What! You can't do this to me!
A: 미안해, 다른 애 만나고 있어.
B: 뭐라고! 내게 이러면 안되지!

A: You're the dumbest woman I ever met.
B: You can't talk to me like that!
A: 너같이 멍청한 여자는 처음야.
B: 내게 그런 식으로 말하지마!

⑪ 사역동사

I had my hair cut(난 머리를 깎았어)는 세월이 변해도 변함없이 사역동사의 예문으로 각광받는 아주 유명한 문장이다.

have + 목적어 + 동사원형/~ing

'have+목적어' 다음에 동사원형이나 ~ing가 오면 목적어가 능동적으로 뭔가를 하게끔 주어가 시키는 것이고 반대로 'have+목적어' 다음에 pp가 오면 제 3자가 목적어를 pp하였다라는 말이 된다. I had my hair cut은 제 3자에 의해 내 머리가 깎임을 당하였다, 즉 머리를 깎았다라는 말이 되는 것이다. 그럼 간단히 I cut my hair라고 하지 왜 이렇게 어렵게 말할까? 우리는 영리해서 "나 머리깎았어"하면 집에서 가위로 깎은 게 아니라 미장원에서 깎았구나라는 걸 깨닫지만(?) 미국인들은 고지식한 건지 분명한 걸 좋아하는지 자기가 깎은 게 아니라 다른 사람이 깎았다는 것을 굳이 말하려고 한다. 그러다보니 학창시절 어렵게만 느껴졌던 사역동사가 문법책에서 현실세계로 튀어나와 여전히 우리를 괴롭히게 되는 것이다.

A: I'll **have her call** you back as soon as she gets in.
B: Thank you.
A: 걔가 들어오는 대로 전화하라고 할게.
B: 고마워요.

A: Brett got his ass kicked in a fight.
B: What an idiot. He **had it coming.**
A: 브렛은 싸움에서 완패했어.
B: 바보같으니. 걔가 자초한거야.

have[get]+목적어+pp

컴퓨터 수리기사를 통해서 내 컴퓨터를 업그레이드했을 때는 I had my computer upgraded, 그리고 차를 세차장에서 세차했을 경우에는 I got my car washed라고 하면 된다.

A: How can I help you?
B: Can I **have these delivered** to this address?
A: 어떻게 도와드릴까요?
B: 이 주소로 이것들을 배달시킬 수 있나요?

A: Lisa needs to finish this report.
B: I'll work on her to **get it done.**
A: 리사는 이 보고서를 끝내야 돼.
B: 빨리 끝내라고 설득할게.

get+목적어+to+V

get의 경우에는 have와는 달리 원형부정사가 아니라 동사 앞에 to가 나와 get+사람+to+V의 형태가 된다는 것을 유의해야 한다.

A: I'll **get him to** apologize to you.
B: You don't have to do that.
A: 걔가 너에게 사과하도록 할게.
B: 그럴 필요 없는데.

A: What did you do to **get her to** laugh?
B: Nothing special.
A: 어떻게 해서 쟤를 웃게 한거야?
B: 별로 한 게 없는데.

⓬ 대화 도중에 쓰이는 How are you?와 How're you doing?

How are you?
안녕?, 괜찮아?

How are you?나 How are you doing? 등은 만났을 때 인사로만 알고 있는 경우가 많다. 하지만 미드를 보다 보면 계속 대화를 하는 도중에도 How are you?나 How are you doing?이 쓰인다는 점이다. 이때는 인사가 아니라 상대방이 괜찮은지, 어디 아프지 않은지 등을 물어보는 문장이 된다.

A: **How are you?** You look kind of pale.
B: I think I'm coming down with the flu.
A: 괜찮아? 너 좀 창백해보여?
B: 독감에 걸린 것 같아.

A: You've had a difficult time. **How are you?**
B: To be honest, I feel kind of depressed.
A: 어려운 시기를 보냈는데, 괜찮아?
B: 솔직히 말해서, 좀 우울해.

How are you doing?
안녕?, 괜찮아?

예를 하나 들어보자면, 상대방에게 좀 놀란 소식을 전하고 상대방 표정이 달라지자, So, how

are you doing?(그래, 괜찮아?)라고 물어보는 것이고 상대방은 I'm fine, just a little tired라고 말할 수 있다.

A: Your husband died recently. How're you doing?
B: I miss him every day.
A: 남편이 최근에 사망했지. 괜찮아?
B: 매일매일 그립지.

A: How're you doing after your cancer surgery?
B: I feel okay, but I take a lot of medicine.
A: 암수술 후에 어때?
B: 괜찮은데 약을 아주 많이 먹어.

⓭ at the end of the week

at the end of the day
퇴근무렵

day를 교과서에서 배웠던 「하루」나 「낮」으로만 암기했기 때문에 the end of the day를 하루가 끝날 때 즈음, 즉 「오후 늦게」로 해석하기가 쉽다. 직장에서 나누는 대화 중에서 나오는 day는 「하루의 근무 시간」(a period of work within a 24-hour period)을 의미하므로 the end of the day는 「퇴근 무렵」이라고 해야 올바른 번역이다.

A: She was embarrassed about falling down.
B: At the end of the day, no one really cares.
A: 걘 넘어져서 창피해했어.
B: 저녁 무렵이라서 아무도 신경안써.

A: In a few minutes we'll be free to leave.
B: It's nice to go home at the end of the day.
A: 조금 이따 우린 퇴근해도 돼.
B: 퇴근 무렵에 집에 가는게 좋아.

at the end of the week
금요일에

the end of the week도 그 정확한 의미를 함께 구분해서 써야 한다. 여기서 week은 우리가 영어 햇병아리 시절 외워 둔 「주」나 「1주일」이 아니라 「1주일 중에서 근무하는 날들」(the working days or working portion of the seven-day period), 즉 토·일요일은 대개 휴무인 직장이 많으니 금요일까지를 말한다. 따라서, the end of the week의 가장 정확한 우리말 번역은 「금요일」이다.

A: My plan is to arrive on Friday.
B: We'll see you at the end of the week.
A: 내 계획은 금요일에 도착하는거야.
B: 그럼 금요일에 보자.

A: At the end of the week we'll have a chance to rest.
B: Good. We have been working nonstop.
A: 금요일이 되면 우린 쉴 수 있을거야.
B: 좋아. 우리는 쉬지 않고 일해왔잖아.

⑭ 동사구의 의미를 무조건 적용해서 안돼

run over
달려가다, 차에 치이다

그러다보니 동사가 기본적인 의미로 쓰인 경우인데도 불구하고 암기한 동사+전치사[부사]의 형태로 의미를 받아들이는 촌극이 가끔 벌어진다. run over를 '차에 치이다'라고만 알고 있는 사람들은 They all ran over to the window(걔네들은 모두 창문으로 달려갔다), I'm gonna have to run over there and beg him to love me(그곳으로 달려가서 날 사랑해달라고 해야겠어)라는 아주 기초적인 문장의 해석에 어려움을 겪을 수도 있다.

A: Where was Alice hit by the car?
B: She was run over near the bus stop.
A: 앨리스는 어디서 차에 치인거야?
B: 버스 정거장 근처에서 차에 치였어.

A: There is a store across the street.
B: Run over and grab us some snacks.
A: 길 건너편에 가게가 있다.
B: 뛰어가서 과자 좀 사와.

turn over
몸을 돌리다, 돌아서다 양도하다, 건네하다

turn over는 양도하다, 건네다라고만 알고 있으면 We turned over and faced each other(우리는 돌아서서 서로를 쳐다봤어)의 문장을 제대로 해석을 못할 지도 모른다.

A: What happens when the lawyer arrives?

B: You'll have to turn over the documents.

A: 변호사가 도착하면 어떻게 되는거야?

B: 넌 서류들을 건네줘야 될거야.

A: Turn over so I can see your back.

B: Okay. Do you see any bruises?

A: 네 등 좀 보게 뒤돌아봐.

B: 그래. 어디 멍든데 있어?

go over
…쪽으로 가다, 검토하다

검토하다(examine)로만 알고 있으면 Why did you go over there?(넌 왜 거기에 갔었어?)라는 문장을 해석하기 어려울 수도 있다.

A: I brought the file on the murder.

B: Let's go over the details of the case.

A: 살인자의 파일을 가져왔어.

B: 사건의 자세한 내용을 검토해보자.

A: Sheila is waiting in the library.

B: Go over and see what she's doing.

A: 쉴라가 도서관에서 기다리고 있어.

B: 가서 걔가 뭐하고 있는지 봐봐.

work on
…에 일하다, …의 일을 하다

work on을 기계적으로 …의 일을 하다라고만 알고 있으면 Sam arrived to work on time(샘이 제시간에 출근했네)이나 I do a little work on the side(난 부업으로 일을 조금 해)의 해석에 애로가 있을 것이다.

A: What has kept you so busy?

B: I'm working on my resume.

A: 뭐 때문에 넌 그렇게 바쁜거야?

B: 이력서를 쓰느라고.

A: Are you going to work on Sunday?

B: No, our office is closed on weekends.

A: 일요일에 출근할거야?
B: 아니, 주말에는 사무실 문닫아.

call for
부르다, 요구하다

call for의 경우 call for = demand라고 공식으로 알고 있으면 call for an ambulance(구급차를 부르다)나, call for security(경비를 부르다)의 해석에 역시 난처해질 수 있다.

A: **Is Mr. Terry aware of what is happening?**
B: **He's calling for a review of the problems.**
A: 테리 씨는 무슨 일인지 알고 있어?
B: 그는 문제들의 보고서를 요구하고 있어.

A: **Someone is fighting outside.**
B: **You'd better call for some police.**
A: 어떤 사람들이 밖에서 싸우고 있어.
B: 경찰을 불러.

look up
올려다보다, 찾아보다

look up은 1차적으로 올려다보다라는 의미이다. look up이 무조건 (정보를) 찾아보다라는 의미만 있는 것으로 알면 안된다.

A: **This could save us a lot of money.**
B: **Could you look up the details on the Internet?**
A: 이것으로 우리는 많은 돈이 절약될 수 있을거야.
B: 인터넷에서 세부사항을 찾아볼래?

A: **Did you know there was an eclipse today?**
B: **I didn't look up to see it.**
A: 오늘 일식이 있는지 알았어?
B: 하늘을 올려다 보지 않았어.

put out
내놓다, (화재) 끄다

역시 put out은 화재를 끄다로 알려져 있지만 1차적으로는 …을 꺼내놓다라는 의미가 된다. 결론적으로 말해서 동사구의 의미를 철저히 암기하는 것도 중요하지만 동사의 기본의미에 충실한

1차적 의미의 동사구 의미도 놓치면 안된다는 것이다.

A: I see the firemen showed up.
B: They put out the fire after they arrived.
A: 소방관들이 왔네.
B: 그들은 도착한 후에 불을 껐어.

A: Is your mom here right now?
B: She put out the snacks on the table.
A: 지금 너희 엄마 여기 계셔?
B: 엄마는 테이블에 과자를 꺼내놓고 계셔.

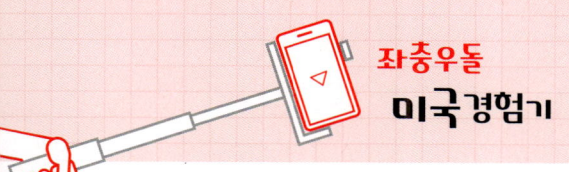

좌충우돌 미국경험기

'Sorry', 'Thank you', 'Excuse me'를 입에 달고 달아야

내가 미국에 살면서 아마도 가장 많이 내 입에서 나온 말이자 가장 많이 들은 말이 'Sorry,' 'Thank you' 아니면 'Excuse me'일 것이다. 그만큼 미국사람들은 이 세 문장을 입에 달고 다닌다. 길을 가다가 별로 부딪치지도 않았는데 'Sorry,' 길을 지나가는데 'Excuse me,' 뒤에 오는 사람을 위해 문을 잡아주면 'Thank you' 등 사사건건 모든 것에 미안함과 고마움을 직접 표현한다.

미국에 가면 무조건 하루에 100번 이상 'Thank You'라는 말을 하라고 들었다. 사소한 것에도 '고맙다'고 말하고 '미안하다'고 말하라고 배웠다. 그래서 나는 미국에 가자마자 영어는 잘 하지 못했지만 'Sorry'와 'Thank you'는 수만 번 셀 수 없이 많이 했다. 그러나 처음에는 말해야 하는 그 단어들이 '해야지 해야지'하면서도 입에서 잘 나오지 않은 적도 많았다. 한참 지난 뒤에야 아, 내가 그때 '미안하다,' '고맙다'라는 말을 했어야 했는데 왜 못했을까라고 후회할 때도 있었다. 몸에 배지 않아서인지 쉽게 되지 않았다. 하지만 시간이 흐르고 미국 생활에 적응이 되면서 어느 순간 입에서 'Sorry,' 'Excuse me,' 'Thank you'가 저절로 나왔다. 마치 자동기계처럼 나도 그들과 같이 입에 달고 다니기 시작했다.

그렇게 살다가 여름방학에 한국에 왔을 때 자동적으로 'Sorry,' 'Excuse me,' 'Thank you'가 나오는 내 입 때문에 무안한 적이 한 두 번이 아니었다. 분명히 나는 미국이 아닌 한국에 있음에도 자동화된 내 입에서 그러한 상황마다 그 단어들이 저절로 입에서 튀어나왔기 때문이다. 영화관에서 팝콘을 살려고 줄 서다가 'Excuse me,' 잘못해서 길가다가 누구랑 부딪쳐서 'Sorry,' 엘리베이터에서 누가 문을 열어줘서 'Thank you'를 나도 모르게 앵무새처럼 내뱉곤 했다. 한동안은 누가 나한테 심하게 부딪쳐도 미안하다고 하지 않아 혼자 열 받았던 기억도 있고, 문을 잡아주지 않아서 미국이었으면 당연히 배려해줬을 텐데 하면서 혼자 속을 끓인 기억도 많다. 하지만 그것도 잠시 한국에서 머무는 시간이 길어지다 보면 어느 순간 미국 가기 전의 나로 다시 돌아와 있었다. 뭐 굳이 사람들에게 강요하는 것은 아니지만 너무 무뚝뚝한 것 보다는 모르는 사람과도 유연하게 웃으면서 '고맙다,' '미안하다'라고 자주 말할 수 있다면 더 재미난 사회가 되지 않을까?

02 와, 이렇게도 쓰이는구나

역시 계속해서 아예 모르고 아는 척하면서 지나갔던 미드의 속살을 핀셋으로 집어서 하나하나 알아보기로 한다. You don't want to~가 상대방이 "…하는 것을 원하지 않는구나"라고 확인하는 문장으로 쓰일 수도 있으나 주로 "…하지 마라"라는 의미로 쓰인다는 점을 약간은 놀라면서 익힌다. 그리고 trip이나 travel은 여행이라는 의미로만 쓰이는게 아니라 한 지점에서 다른 지점으로 이동하는 것을 뜻하기도 한다는 점 그리고 보어자리에는 to+V가 와야 되는데 그리고 come to get인데 다들 왜 to를 빼고 쓰는지 등을 함께 알아보기로 한다.

01 Will[Would] you~ ?가 명령문??

Will you~ ?
…좀 해라, …하지 않을래?

Will you~?로 의문문 형태가 되면 위 예문처럼 상대방에게 무엇을 제안하거나, …을 해달라고 요청을 하는 말이 된다. 그러나 경우에 따라서는 Will you calm down?처럼 억양을 내려서 명령조로 말하면 …좀 해라, …하지 않을래?라는 의미가 된다. 아예 ?를 없애고 !를 써서 Will you stop!(그만 하지 않을래!)라고 쓰기도 한다.

A: I don't want any more excuses.
B: **Will you just** wait and listen?
A: 더 이상의 변명은 듣고 싶지 않아.
B: 좀 기다리면서 들어볼래.

A: Why don't you ever listen to me?
B: **Will you just** shut up for a while?
A: 왜 넌 내 말을 들으려 하지 않는거야?
B: 잠시 좀 입 좀 다물어라.

Would you~ ?
좀 ..해라, …하지 않을래?

Will you~가 되는데 Would you~가 안될 이유는 없다. 마찬가지로 억양을 내려서 말하고 명령조로 말하면 된다. 다들 별일 아닌 것 같은데 법석을 떨 때, 다들 진정좀 해라, 뭐 큰 일도 아니잖아라고 하려면 Would you all relax? It's not that big a deal이라고 하면 된다.

A: Let's tell each other jokes.
B: **Would you** stop acting so silly?
A: 서로에게 농담을 얘기하자.
B: 그만 좀 바보같이 굴어라.

A: My credit card bills are huge.
B: **Would you** stop wasting money?
A: 내 신용카드대금이 아주 많이 나왔어.
B: 돈 좀 그만 좀 낭비해라.

02 Why don't you~ ?는 무늬만 의문문

Why don't you~ ?
[제안] …해라

그래서 심지어 Why don't you~ 문장 뒤에 '?'를 붙이지 않기도 하는 경우도 있다. 이 표현은 I want you to+동사원형~과 의미가 비슷하고 또한 변형된 Why don't I ~ ?는 Let me~와, Why don't we~ ?는 Let's~와 각각 같은 뜻의 표현이 된다.

A: How can I find out where to buy a suit?
B: **Why don't you** check the Internet?
A: 정장을 어디서 사야 할지 내가 어떻게 알아?
B: 인터넷 뒤져봐.

A: I don't know if I'd enjoy taking the subway.
B: **Why don't you** try it for a while?
A: 내가 지하철타는 것을 즐겨할지 모르겠어.
B: 한동안 지하철을 타봐.

Why don't' you~?
[이유] 왜 …하지 않는거야?

공식은 뭐든 편리하게 하지만 언어의 다양성 앞에서는 무력해지는 법이다. Why don't you+V?를 기계적으로 제안의 표현으로만 알고 있으면 안된다. Why~의 원래 의미가 살아나 "왜 …하지 않는거야?"라는 이유를 물어보는 문장으로 많이 쓰이기도 하기 때문이다. Why don't you~나왔다고 무조건 '제안'이라고 생각하면 안된다는 것이다.

A: Sara, **why don't you** ever talk to me anymore?
B: Because you're a loser. I don't like you.
A: 새라야, 왜 더 이상 나랑 얘기안하는거야?
B: 넌 머저리이니까. 네가 싫다고.

A: I told that guy to shut up and leave.
B: **Why don't you** treat people nicely?
A: 난 개보고 입닥치고 꺼지라고 했어.
B: 넌 왜 사람들에게 착하게 대하지 않는거야?

03 You don't want to~ 가 명령문??

You don't want to~
넌 …하는 것을 원치 않아

상대방의 의지를 확인할 때, 넌 …하는 것을 원치 않지(?)라는 의미로 쓰인다. 그래서 너 나랑 데 이트하기 싫지, 맞지라고 하려면 You don't want to date me, right?, 너 나랑 더 이상 놀고 싶지 않은거야?라고 하려면 You don't want to hang out with me anymore?라고 해주면 된다.

A: I don't want to take that job.

B: **You don't want to** make more money?

A: 난 그 일자리를 받아들이기 싫어.
B: 돈을 더 버는 것을 싫어한다고?

A: I'm not going to the beach with them.

B: **You don't want to** have fun?

A: 난 걔들과 해변에 가지 않을거야.
B: 재미있게 놀기 싫다고?

You don't want to~
…하지 마라

I'm a dangerous woman. You don't want to mess with me(나 위험한 여자야. 건드리지 말라고)에서 보듯 You don't want to+V는 상대방에게 충고나 조언을 할 때도 쓰인다. 따라서 이는 You should not+V(…하지 않는게 낫겠어)로 생각하면 된다.

A: Is Jill really a jerk?

B: **You don't want to** make her angry.

A: 질이 정말 멍충이야?
B: 걔 화나게 하지 마라.

A: I'm just going to sit here while they work.

B: **You don't want to** appear lazy.

A: 난 걔들이 일하는 동안 여기에 앉아 있으려고.
B: 게으르게 보이지 않도록 해.

You want to+V
…하는게 낫다

물론 긍정으로 You want to+V도 이에 해당하는데 이때는 …을 하는게 낫다(You should~)와

같다고 생각하면 된다.

A: I'm wearing my best clothes for this interview.
B: You want to make a good impression.
  A: 이번 면접 때 최고의 복장을 갖춰 입을거야.
  B: 좋은 인상을 보여주는게 좋지.

You may[might] want to~
…하는게 좋을거야

want 앞에 may나 might가 오는 경우이다. 그래서 "그걸 하는게 좋을거야"는 You might want to do that이라고 하면 된다.

A: I just don't have enough money.
B: You may want to pay your bills on time.
  A: 난 돈이 충분하지가 않아.
  B: 넌 청구서를 제 때에 내는게 좋을거야.

You may[might] not want to~
…하지 않는게 좋겠어

또한 don't 대신에 may not을 써서 You may not want to+V로 하면 …하지 않는게 좋겠어라는 '의미를 갖는다. 역시 상대방에게 충고를 하는 것으로 may 대신 might를 써도 된다. 그래서 너무 늦게 자지 않는게 좋겠어는 You may not want to stay up late라 한다.

A: Can I set my bills down here?
B: You may not want to leave money on the table.
  A: 여기에다 지폐를 놔두어도 될까?
  B: 테이블에 돈을 두지 않도록 해.

④ to가 있어야 할 자리에 없어 : go/come+V, is+V

What you have to do is+V
네가 해야 되는 일을 …하는 거야

그래서 What you have to do is go away on short weekend trips(네가 할 일은 짧게 주말여행을 다녀오는거야)라는 문장을 봤을 때 몹시 불편해한다. 하지만 일반적으로 주절의 동사에 do가 있을 때에 be 동사 다음에 원형동사가 바로 이어진다.

A: Uh, my head really is hurting.

B: What you have to do is take some aspirin.

A: 어, 머리가 정말 아파.
B: 네가 해야 되는 일은 아스피린을 좀 먹는거야.

A: How were you able to lose so much weight?

B: What you have to do is walk a mile a day.

A: 넌 어떻게 그렇게 살을 뺄 수 있었던거야?
B: 넌 하루에 1마일을 걷기만 하면 돼.

All we can do is+V
우리가 할 수 있는 거라곤 …하는 것뿐이야

마찬가지로 All we can do is~ 다음에 동사가 이어질 때는 to없이 바로 동사원형이 이어진다.

 A: Ed's accident was very serious.

B: All we can do is hope he will be okay.

A: 에드의 사고는 정말 심각했어.
B: 우리가 할 수 있는거라고는 걔가 괜찮기를 바라는거야.

go+V …하러 가다 :
go get~ , go have~, go take~ go do~

go+V, come+V의 형태는 아주 구어적인 것으로 원래 go and+V 혹은 go to+V, 그리고 come의 경우 역시 come and+V, come to+V에서 and나 to를 생략한 것이다. 먼저 go 다음에는 주로 get, have, take, 그리고 do 동사가 많이 온다. 가서 목욕 좀 할거야는 I'm going to go take a bath, 가서 한잔 할래?는 Do you want to go get a drink?, 이제 가서 최선을 다해라는 Now you go do your best라고 하면 된다.

 A: How about we go get you a drink?

B: OK, that's so nice.

A: 술 한잔 사줄까?
B: 좋지, 고마워.

A: I'm going off on my blind date now.

B: Go have fun. I'll see you tomorrow.

A: 난 지금 소개팅하러 갈거야.
B: 가서 재밌게 보내. 내일 아침에 보자.

come+V …하러 오다 :
come see~ come take~, come get~

come의 경우에는 뒤에 see, take 그리고 get 등이 이어진다. 우리랑 같이 식사할래?는 Do you want to come see a movie with us?, 원한다면 와서 봐봐는 Come take a look, if you like it이라고 하면 된다. 끝으로 친구들이 취해서 난 걔보고 와서 날 데려가달라고 전화했어는 My friends got smashed, so I called her to come get me라고 하면 된다. 참고로 try, be sure, wait 등도 and가 to를 대신할 수 있는 동사이지만, 이 동사들의 경우에는 come과 go처럼 to나 and를 생략할 수 없다는 차이가 있다.

A: Oh my God, I am starving!
B: **Come take** a few of these hamburgers.
A: 맙소사, 배고파 죽겠네!
B: 와서 이 햄버거 좀 먹어.

A: That was a delicious dessert.
B: **Come get** an extra serving of pie.
A: 저건 정말 맛난 후식였어.
B: 와서 여분으로 파이를 더 가져가.

05 to의 위치도 달라: ~not to+V or ~to not+V?

not to+V

「to 부정사의 부정은 to 앞에 not을 붙인다」라는 규칙은 누구나 배우게 되는 기본 사항. 따라서 She tries not to smile이 문법에 충실한 맞는 문장이기는 하다.

A: I spoke to Tom about his cheating wife.
B: **I told you not to** go there. Now he's mad.
A: 탐에게 아내가 바람피고 있다고 말했어.
B: 그 얘기 하지 말라고 했잖아. 이제 걔 엄청 화나잖아.

A: Please **try not to** be so late.
B: Sorry, I got hung up at the office.
A: 너무 늦지 않도록 해.
B: 미안, 사무실에서 늦어졌어.

to not+V

하지만 실제 대화로 들어가 보면 ~not to+동사가 아니라 ~to not+동사형태로 쓰곤 한다. 난 정말 지금 네가 옆에 없어도 돼는 I just really need to not be with you right now, 나의 결심은 내 친구들을 놀리지 않는거야 My resolution is to not make fun of my friends라고 하면 된다.

A: My boss is always upset about something.
B: What set him off this morning?
A: I don't know. I tried to not make him angry.

A: 우리 사장은 늘상 뭔가에 대해 화를 내.
B: 오늘 아침에는 무슨 일로 폭발한거야?
A: 몰라. 사장이 화내지 않도록 했어.

A: What changes did she make in her eating habits?
B: She tried to not eat fast food.
A: That's a good idea, that stuff is bad for you.

A: 걔는 식습관을 어떻게 바꾼거야?
B: 패스트푸드를 먹지 않으려 했어.
A: 좋은 생각이야, 그런 것은 몸에 안좋아.

06 You'd better~는 다이어트 왕!

You had better+V
…해라

어떤 때는 'You'd better'라고 되어 있고, 또 바로 밑에는 'You better'라고 되어 있는데, 우리말 해석부분을 보면 별다른 게 없는 것 같고… 그냥 뭔가 차이가 있나보다 하고 넘어가기 일쑤이다. 결론부터 말하자면, You'd better~라고 말하는 것이 옳다.

A: You'd better not go outside. It's too cold.
B: You're right, but I want to see the game.

A: 나가지 마. 밖은 너무 추워.
B: 그렇긴 하지만, 그 경기를 보고 싶단 말야.

You better+V
…해라

이것은 You had better~의 축약형으로 had는 빨리 발음해 버릴 경우 안 들리기가 쉽다. 따라서 발음나는대로 그대로 표기해버리는 경향이 있는 영화나 만화 또는 회화책에는 그냥 들리는 대로 써놓은 경우가 적지 않다.

A: Andrew, you better call the cops.

B: Consider it done. They'll be here soon.
A: 앤드류, 경찰에 전화해.
B: 그렇게 할게. 곧 도착할거야.

Better+V
…해라

심지어는 You까지 생략하여 Better+V라고 쓰기도 한다. 결론적으로 말해서 You had better+V~나, You better+V~, Better+V, 이 세가지 뜻은 동일하며 또 셋 다 자주 쓰이는 표현이라는 점이다.

A: Want to go visit your brother?
B: **Better check** to see if he's home.
A: 네 형을 방문하기를 원해?
B: 형이 집에 있는지 확인해봐.

07 trip & travel

trip
여행, 한 곳에서 다른 곳으로의 이동

네이티브가 "나 화장실 다녀왔어"라는 의미로 I made a trip to the restroom이라고 할 때 "나 화장실에 여행갔었어"라는 말로 해석하면 혼란스런 상태에 빠질 수도 있을 것이다. 여기서 꼭 알아두어야 할 것은 trip은 우리가 일반적으로 알고 있는 것처럼 여행(가다)라는 의미로 많이 쓰이지만, 특정한 목적으로 한 장소에서 다른 장소로 이동하는(While travel or a trip often refer to a vacation, they can also mean a person is simply going from one location to a different location, without being on vacation) 것을 뜻하기도 한다는 점이다.

A: Have you got plans for tomorrow?
B: We're going to **take a trip to** the mountains.
A: 내일 계획있어?
B: 산행할거야.

A: **Are you going on a trip** this weekend?
B: No, I think I'll just stay in my apartment.
A: 이번 주말에 어디 갈거야?
B: 아니, 아파트 집에 그냥 있을거야.

travel
여행, 한 곳에서 다른 곳으로의 이동

travel도 마찬가지여서 우리는 할머니 집에 갈거야는 "We'll travel to Grandma's house"로 할 수 있다는 것이다.

A: The doctor won't allow you to go places?
B: I have to stay home. I can't travel anywhere.
A: 의사가 돌아다니지 말라고 하는거야?
B: 난 집에 있어야 돼. 어디도 나가지 못해.

A: I heard your aunt lives in Australia.
B: We travel to see her sometimes.
A: 네 숙모가 호주에 산다며.
B: 우리는 가끔 숙모보러 가.

08 I thought S+V의 두가지 의미

I thought S+V
…라고 생각했어

I thought 주어+동사 형태로 쓰면 …라고 생각했다라는 의미로 예를 들어 I thought last night was great라고 하면 "지난밤은 정말 좋았다고 생각해"라는 말이 된다.

A: Brandy's dress was not very stylish.
B: I thought she looked beautiful.
A: 브랜디의 드레스는 아주 스타일리쉬하지 않았어.
B: 난 걔가 아름다웠다고 생각했어.

A: They were not polite to us.
B: I thought they would be nicer.
A: 걔네들은 우리에게 무례했어.
B: 난 걔네들이 덜 무례할 수도 있다고 생각했어.

I thought S+V
…인 줄 알았는데 실은 아니다

하지만 그렇게 생각했지만 실제는 그렇지 않은 경우에도 많이 사용된다. 그래서 I thought you were a good kisser는 네가 키스를 잘 하는 줄 알았는데 실제로는 그렇지 않다라는 뉘앙스를

갖는다.

A: Have you seen Jason this morning?
B: I thought he was studying for an exam.
A: 오늘 아침에 제이슨 봤어?
B: 시험 준비하고 있는 것으로 생각했는데.

A: Lucinda seems ready for a divorce.
B: I thought she and her husband were happy.
A: 루신다는 이혼할 준비가 된 것 같이 보여.
B: 걔네 부부 행복한 걸로 생각했는데.

09 1+1=2가 아닌 표현들

fat chance
희박한 가능성

fat이 있다고 가능성이 많다고 생각해서는 오산.

A: Some day you and I are going to get married.
B: Fat chance. That's never going to happen.
A: 언젠가, 너와 나는 결혼하게 될거야.
B: 꿈깨. 그럴 일은 없을거야.

get lucky
여자와 자다

운이 좋다라는 뜻으로도 쓰이지만 젊은이들 사이에서는 데이트나간 여자와 자다라는 의미로 쓰인다.

A: Why is Ted hanging around with Melinda?
B: He hopes he will get lucky.
A: 왜 테드는 멜린다 주위에서 얼쩡거리는거야?
B: 걘 멜린다와 자기를 바래.

eye-opener
놀랄만할 일, 대단한 미인

눈을 크게 뜨게 만든 것으로 어떤 놀라운 일이나 대단한 미인을 뜻한다.

A: People in those slums were so poor.
B: Seeing that poverty was eye opening.
A: 저 슬럼가의 사람들은 무척 가난해.
B: 저런 가난을 보는 것은 놀라운 일이야.

best man
신랑들러리

최선의 남자가 아니라 결혼식 때의 신랑 들러리를 말한다.

A: You and Andy are very close.
B: He'll serve as the best man at my wedding.
A: 너와 앤디는 매우 가깝더라.
B: 걘 내 결혼식의 들러리를 할거야.

hard truth
받아들이기 힘든 사실

많이 나오는 단어로 어려운 진실이 아니라 사실임을 알지만 받아들이기 어려운 사실을 말한다.

A: I can't believe Maurice dumped me.
B: You've got to accept the hard truth.
A: 모리스가 날 차버리다니 믿을 수가 없어.
B: 힘들겠지만 사실을 받아들여야지.

hit man
살인 청부업자

때리는 사람이 아니라 살인청부업자를 말한다.

A: Who killed the businessman?
B: The cops arrested a mob hit man.
A: 그 사업가를 누가 죽인거야?
B: 경찰은 마피아 살인청부업자를 체포했어.

tall order
무리한 주문, 실현되기 어려운 일

큰 주문이 아니라 감당하기 어려운 무리한 주문이라는 말씀.

A: If my report is good, the boss may promote me.
B: It might work, but that's a tall order.
A: 내 보고서가 괜찮다면, 사장은 날 승진시킬거야.
B: 그럴 수도 있겠지만, 그렇게 되기 쉽지 않을거야.

nose job
코 수술

성형수술은 plastic surgery라고 한다.

A: Kara has always believed she needs a nose job.
B: You're kidding! She looks fine to me.
A: 케이라는 항상 자기는 코수술을 해야 한다고 생각했어.
B: 말도 안돼! 걔 내게는 멋지던데.

personal effects
개인소지품

아는 단어들이기 때문에 잘못 이해하고 지나치기 쉬운 표현.

A: She died while traveling in Europe.
B: Her personal effects will be sent to her family.
A: 걔는 유럽을 여행하다가 사망했어.
B: 걔의 개인소지품은 가족에게 보내질거야.

cold call
세일즈 전화

모르는 사람에게 막무가내로 전화하는 세일즈 전화를 말한다.

A: It must be hard to sell things to strangers.
B: Salesmen are expected to make cold calls.
A: 낯선 사람에게 물건을 판다는건 어려울거야.
B: 영업자라면 세일즈 전화를 해야 돼.

private parts
음부

생식기를 말하는 것으로 그냥 privates라고 해도 된다.

A: She opened the door when you were showering?
B: I'm pretty sure she saw my private parts.
A: 걔가 샤워하는데 걔가 문을 열었어?
B: 걔가 내 중요부위를 본게 확실해.

better half
배우자

우스운 표현은 배우자를 ball and chain으로 표현하기도 한다는 것이다. better 대신에 other를 쓰기도 한다.

A: I'd like to introduce my better half.
B: Ah, your wife is very beautiful.
A: 내 배우자를 소개할게.
B: 아, 네 아내는 정말 아름다워.

skin deep
피상적인

deep만 보고 깊다고 생각하면 안된다. skin 정도의 깊이라는 뜻으로 아주 피상적인이라는 뜻.

A: Many men find her attractive.
B: Her beauty is only skin deep.
A: 많은 남자들이 걔를 매력적이라고 생각해.
B: 그녀의 아름다움은 단지 피상적인 것에 불과해.

03
앗, 이런 의미가 있는 줄 정말 몰랐다

where와 이동의 동사 go, come이 만나면 물리적 이동거리를 말할 뿐만 아니라, 추상적으로 쓰여 전혀 예상하지 못한 문장이 되기도 하고, You're ~ing이나 You're not~ing가 명령문처럼 쓰인다는 점도 기억해둔다. 그밖에 동사구가 하이픈도 없이 그렇다고 붙여 쓰지도 않고 동사형태 그대로 명사로 사용된다는 사실과 시니컬한 반어적 표현들을 정리해본다. 끝으로 미드를 쉽게 이해하려면 꼭 알아두어야 하는 ~thing, slash, could use, like, Talk about~ 등을 학습하면서 미드영어의 궁금한 점 몰랐던 점을 구석구석 파헤쳐보기로 한다.

01 Where와 동사 go, come의 만남

Where이 come과 어울릴 때

Where~ sb ~ come from?의 경우에 「고향이 어디냐」, 「출신이 어디냐」라는 왕기초 영어표현이 되고 또한 Where does sth come from?하게 되면 문맥에 따라, 「원산지가 어디인지」(origin of something) 혹은 「이게 어디서 난 것인지」를 물어보는 표현이 된다. 그런데 Where did that come from?처럼 과거형으로 쓰면 상대방이나 다른 사람의 말이나 행동에 놀라거나 혼란스러울 때 받아치는 문장으로 "그게 무슨 말이야?", "어째서 그런 말을 하는거야?"라는 뜻이 된다. 또한 Where's this coming from?은 무슨 얘기야?라는 의미이다.

A: **Where does coffee come from?**
B: **Most of it is grown in Africa and South America.**
A: 커피의 원산지는 어디야?
B: 대부분 아프리카와 남미에서 재배 돼.

A: I don't feel happy with my life.
B: **Where did that come from?**
A: 난 내 인생이 행복하지 않아.
B: 왜 그런 말을 하는거야?

A: I believe we need to make some big changes.
B: **Where's this coming from?**
A: 우리는 좀 큰 변화가 필요하다고 생각해.
B: 어째서 그런 말을 하는거야?

Where이 go와 어울릴 때

이번에는 where이 go와 어울려 I see where this is going하게 되면 무슨 말하려는지 알겠어라는 비유적인 뜻이 된다. 좀 응용해서 Do you really not know where I'm going with this? 하면 "내가 말하려는 것을 정말 이해못하는거야?"라는 뜻이고, Do you see where I'm going with this, kids?라고 하면 "내가 말하는 것을 이해했어?"라고 물어보는 문장이 된다.

A: **Do you understand what I mean?**
B: **Sure, I see where this is going.**
A: 내가 무슨 말하는지 이해했어?
B: 그럼, 무슨 말 하려는건지 알겠어.

A: I don't know why you're worried about my health.
B: **Do you really not know where I'm going with this?**

A: 왜 네가 내 건강을 걱정하는지 모르겠어.
B: 정말 내가 말하려는 것을 이해못하는거야?

A: You keep saying I need a girlfriend.
B: Do you see where I'm going with this?
A: 넌 계속 내게 여친이 필요하다고 말하네.
B: 내가 말하는 것을 이해했어?

02 You're ~ing & You're not ~ing~

You're ~ing
…해라

기본적으로 "넌 …하게 될거야"라는 의미로 쓰이기도 하지만 2차적으로 You're ~ing하게 되면 상대방에게 …해라라는 뜻이 된다.

A: I failed my first exam in that class.
B: You're passing the next exam.
A: 난 그 수업 첫 시험에서 떨어졌어.
B: 다음 시험에는 통과해라.

A: It may not be good to call Mary.
B: You're calling her tonight.
A: 메리에게 전화하는 것은 바람직하지 않을거야.
B: 네가 오늘 저녁에 전화해라.

You're not ~ing
…하지 마라

역시 마찬가지로 You're not ~ing하면 기본적으로 "넌 …하지 않을거야"라는 의미이지만, 2차적으로는 상대방에게 "…하지 마라"라는 뜻으로 사용된다. 그래서 Clearly you're not getting the point하게 되면 넌 분명히 무슨 말인지 모르고 있어가 되고, You're not going anywhere near our girls하게 되면 넌 우리 여자애들 근처에는 오지마라라는 뜻이 된다.

A: I should tell her that she is an idiot.
B: You're not going to do that, are you?
A: 난 그녀에게 멍충이라고 말해야겠어.
B: 너 그러지마라, 알았지?

A: Look at this used car that's for sale.
B: You're not buying that old junker!
A: 매물로 나온 저 중고차 좀 봐.
B: 저 고물자동차는 사지마라!

03 하이픈: 복합명사

wannabe
추종자

「추종자」라는 뜻으로 친숙한 wannabe도 사실은 want to be라는 동사구에서 나온 것이다.

A: Eric hopes to be a top executive.
B: He's a wannabe, and he'll never make it.
A: 에릭은 고위간부가 되고 싶어해.
B: 그렇게 되고 싶어하는거지. 그렇게는 안될거야.

mother-to-be
예비 엄마

father-to-be(예비 아빠)와 같이 「명사 + to부정사」를 연결한 명사구도 자주 쓰인다.

A: So what does your wife do?
B: She's a doctor for mothers-to-be.
A: 그래 네 아내 직업이 뭐야?
B: 예비엄마가 되는 의사야.

once-in-a-while event
일생 일대의 사건

once in a while같은 부사구도 하이픈을 넣으면 「일생 일대의」라는 뜻의 형용사가 된다.

A: Your family reunion was fun.
B: It doesn't happen often, it's a once-in-a-while event.
A: 너희 가족 모임은 재미있었어.
B: 자주 그러지 않아. 오래간만에 갖는 이벤트야.

all-you-can-eat restaurant
뷔페 식당

「뷔페 식당」을 가리킬 때 널리 쓰는 all-you-can-eat은 if-you-want-to처럼 절에서 나온 경우이다.

A: I'm taking you to an all-you-can-eat restaurant.
B: Great! I like to have a variety of foods to choose from
A: 뷔페 식당에 데려갈게.
B: 신난다! 여러 다양한 음식들에서 골라 먹는 것을 좋아해.

thank-you note
감사노트

thank-you가 형용사처럼 사용되었다.

A: We got so many wedding gifts.
B: We have some thank-you notes to send.
A: 정말 많은 결혼선물이네.
B: 우리는 감사노트를 좀 보내야 돼.

would-be actor
배우 지망자

would는 가정법 동사로 아직 이루어지지 않은 상태를 말한다.

A: Your friend lived in Hollywood for a while?
B: He was a would-be actor, but not successful.
A: 네 친구가 잠시 할리우드에 살았다고?
B: 걘 배우 지망생였지만 성공하지 못했어.

cry-for-help
도와달라고 애원하는

자주 쓰이는 것은 아니지만 이렇게도 쓸 수 있다는 것을 확인해본다. cry-for-help department 하면 도와달라고 애원하는 부서라는 의미.

A: And this from the cry-for-help department. Are you wearing makeup?
B: Yes, I am.

A: (상대가 화장을 한 것을 보고)이건 도와달라고 하는 애원하는 부서에서 오는거구나. 너 화장한거니?
B: 어, 그래.

04 동사구가 명사[형용사]로 쓰일 때 하이픈은 어디에…

동사구에 하이픈을 넣어서 명사[형용사]로 쓰이는 경우:

turn on은 흥분[매료]시키다이지만, turn-on하게 되면 매력이라는 명사로 쓰인다.

A: I like women who well groomed.
B: Sure, someone who is clean and smells nice is a turn-on.
A: 난 치장을 잘 한 여자들을 좋아해.
B: 그럼, 단정하고 좋은 냄새가 나는 사람을 보면 매료가 돼.

A: How did you meet your current girlfriend?
B: She was a pick-up, someone I met at a bar.
A: 지금 여친은 어떻게 만나게 된거야?
B: 걘 내가 유혹한 여자야, 내가 바에서 만난 사람이지.

동사구에 하이픈을 넣지 않고 그대로 명사[형용사]로 쓰이는 경우 :

오직 편한걸 추구장장 추구하는 언어는 turn-on에서 하이픈(-)을 생략하고 turn on의 형태로 명사로 사용하는 경향이 있다. show off, hold up, back up, make up, take out, rip off, break out 등이 있다.

A: Dwight made us watch his antics.
B: He's a show off, always looking for attention.
A: 드와이트는 자기의 골동품을 구경시켜줬어.
B: 걘 자랑쟁이야, 항상 관종이지.

A: You applied to the University of Austin?
B: That school is a back up if I don't get my first choice.
A: 오스틴 대학에 지원했어?
B: 그 학교는 내가 첫번째 선택한 학교에 떨어질 경우 대비한 백업이야.

A: Kim looks gorgeous whenever I see her.
B: She takes hours putting on her make up.
A: 킴은 내가 볼 때마다 너무 멋져.
B: 걘 화장을 하는데 많은 시간이 걸려.

A: They say it is a good investment.
B: It's a rip off, you won't get anything for your money.
A: 그건 좋은 투자라고 그러던데.
B: 바가지 쓴거야. 넌 아무런 이득도 내지 못할거야.

동사구를 붙여서 명사[형용사]로 쓰이는 경우

아예 workout처럼 하이픈없이 두 단어를 붙여 써서 합성어를 만드는 경우가 종종 있다. breakup, takeoff, getaway, handout 등이 있다.

A: You were depressed when your marriage ended.
B: It was a breakup that I don't like to think about.
A: 네 결혼이 파국을 맞았을 때 넌 우울했어.
B: 내가 생각하기도 싫은 이별이었어.

A: Did Steve and Cindy go somewhere?
B: Their getaway was a trip to London.
A: 스티브와 신디가 어디 갔어?
B: 그들의 휴가지는 런던으로 가는 것이었어.

A: Do you have a list of the candidates?
B: It's in the handouts on the desk.
A: 후보자 명단 받았어?
B: 책상 위의 전단지들 안에 있어.

05 미드어 : thing, slash, could use, phase, like, though, Talk about~

~thing
…일, …하는거

아이 생일파티를 며칠 앞두고 있는 부부가 나누는 대화이다. 남편은 아내에게 애 생일파티 일은 어떻게 돼가냐고 물어본다. 여기서 '생일파티 일'은 생일파티 음식을 준비하고 친구들을 초대하는 등 관련된 부수적이고 세부적인 일 전부를 포함한다. 서로 알고 있는데 굳이 하나하나 언급할 필요가 없을 때 이렇게 우리말에서는 ~일, ~하는거, ~건 등으로 말하는데 영어에서도 똑같은 경우에 동일한 단어인 thing을 써서 간단히 표현한다. 다시 요약하자면 이미 상대방이 알고 있거나 혹은 바로 앞에서 언급한 내용을 다시 반복하지 않기 위해서 간단히 대표단어+thing을 쓴다. (this is a way to express an "event" or "occasion." The speaker is trying to say something in a short and simple way, without using a lot of words to describe something)

A: You have something going on tonight?

B: It's a dinner thing, and we'll be there a while.

A: 너 오늘 저녁에 무슨 일 있어?
B: 저녁 식사 먹는거지, 우리는 잠시후에 거기에 갈거야.

A: Why are you going to be busy tonight?

B: It's a church thing, and I have to go.

A: 넌 왜 오늘밤 바쁜거야?
B: 교회 일이야, 나 가야 돼.

slash
…이기도, … 겸

보통 A/B라고 하면 「A이기도 하고 B이기도 하다」는 의미

A: I thought you worked as a salesman.

B: Well, I'm a designer slash salesman.

A: 너 영업일 하는 줄 알았는데.
B: 저기, 디자이너 겸 영업직원이야.

could use
…가 있으면 좋겠다

can과 use 모두 생기본 단어이다. 하지만 어떡하나? 생기초단어들로만 되어있는 I could use a friend가 해석이 안되니 말이다. 'can use+명사' 혹은 'could use+명사' 형태로 쓰이는 이 표현은 의외로 「…이 필요하다」, 「…가 있으면 좋겠다」라는 뜻이다. 예로 들어 I can use a Coke하면 콜라를 이용할 수 있어라는 말이 아니고 「나 콜라 좀 마셔야겠어」라는 뜻이 되는 것이다. 또한 could(can) use 뒤에는 Coke와 같은 물질 뿐만이 아니라 추상적인 개념도 올 수 있어, 예를 들어 "I could use a break"하게 되면 "좀 쉬었으면 좋겠어"라는 말이 된다 다시 말해서 「…을 얻을 수 있으면 좋겠다」, 「…가 필요하다」라는 need의 뜻으로 자주 쓰이는데, 이런 건 can, use 등의 의미만 알고 있다고 해서 유추할 수 있는 게 아니기 때문에 따로 정리해서 암기해두어야 한다.

A: That old man looks very poor.

B: He could use a little help.

A: 저 노인 무척 없어 보인다.
B: 노인에게 좀 도움이 있으면 좋겠어.

A: This job is so stressful.

B: I could use some time off.

A: 이 일은 너무 스트레스가 많아.
B: 난 좀 쉬었으면 좋겠어.

Section 03 아! 이게 진짜 미드구나! **437**

phase
단계, 국면

「단계, 국면」하면 얼핏 stage라는 단어가 떠오른다. 그러나 미구어에서는 phase라는 단어를 즐겨 쓰는데, 일련의 과정 속 「단계」 및 「행동 양식」을 의미한다.

A: I'm worried that my son plays too many computer games.
B: It's just a phase. He'll get interested in other things soon.
A: 아들이 컴퓨터 게임을 너무 많이 해서 걱정야.
B: 한때 그러는 거지. 곧 다른 거에 관심을 갖을거야.

,like,
그 뭐랄까

우리말에서도 중간중간에 "에~, 그~, 뭐랄까~" 등을 특별한 의미없이 문장 중간 중간에 삽입하듯이, like는 특히 젊은 사람들이 별다른 의미가 없이 말하는 중간 중간에 사용하는 단어이다. 종종 강조하고 싶은 말 앞에 의도적으로 집어넣기도 한다.

A: How did you enjoy skydiving?
B: It was, like, the best thing I've ever done.
A: 스카이다이빙 어떻게 즐겼어?
B: 그건 저기, 지금까지 해본 일 중에서 최고였어.

, though
그래도

흔히 though는 「…이긴 하지만」이라는 뜻의 접속사로 주어와 동사 앞에 쓰이지만, 미드를 보다보면 말을 하다 말고 문장 중간에 혹은 할말 다 해놓고 문장 끝에다 though를 살짝 덧붙이는 걸 자주 들을 수 있다. 이렇게 문장 끝에 붙은 though는 「그래도」, 「그러나」의 의미.

A: You were paid a lot of money for the job.
B: It wasn't worth it, though.
A: 넌 그 일하면서 급여를 많이 받았잖아.
B: 그래도, 내가 한 일에 비하면 적었어.

Talk about~
정말 …하네

정말 오역하기 쉬운 표현이다. Talk about~!의 형태로 쓰이면 about 이하의 것이 중요하고 주목할 만하다고 강조하는(a way of emphasizing something) 표현으로 달리 쓰면 That's really~!에 해당한다. Talk about 다음에는 형용사, 명사나 ~ing가 올 수 있다. 우리말로는 "정말 …하네!." "…에는 따라올 사람이 없어!"에 해당되어, Talk about selfish!하면 "야, 정말 이기적이네!." Talk about snow!는 "눈 정말 되게 많이 내리네!"라고 이해하면 된다.

A: He dropped his new cell phone in the toilet.

B: Talk about a stupid thing to do.

A: 걔 변기에 핸드폰을 떨어트렸어.
B: 정말 어리석은 짓을 했네.

06 Get me Chris vs. Give me Chris

Get me Chris
전화 바꿔주세요, 혹은 찾아와라

Give me sb? 혹은 Get me sb?라는 표현들은 앞에 Can you~를 붙여 Can you give me sb?, Can you get me sb?라고도 할 수 있다. 모두 "다 …바꿔주세요"라는 의미로 잘 알아두었다가 써먹을 수 있도록 한다. 그러나 왕성한 식욕의 get 동사를 쓴 Get me sb는 전화영어에서 …을 바꿔달라고 쓸 뿐만 아니라, 직접 얼굴보고 "얘기할테니 …을 찾아와라"(it could be used on the phone, or in person when the speaker wants someone to locate John, presumably so they can speak)라는 경우에도 쓰인다는 점을 잘 알아두어야 한다.

A: Are you okay? Are you hurt?

B: Get me a doctor quickly!

A: 괜찮아? 다쳤어?
B: 빨리 의사를 불러다줘!

A: How can I direct your call?

B: Get me Gerald Hincky, please.

A: 어디 바꿔드릴까요?
B: 제럴드 힌키 좀 바꿔주세요.

Give me Chris
(전화상에서만) 크리스를 바꿔주세요

다만 Give me sb는 "Let me speak to sb"라는 말로 전화영어에서만 쓰인다.

A: Hello, what can I do for you?

B: Can you give me Sharon?

A: 안녕하세요, 무얼 도와드릴까요?
B: 새론 좀 바꿔주세요.

07 반어적 표현들

Nice try!
시도는 좋았어!

"시도는 좋았다" 하지만 "결과는 실패다"라는 의미를 내포하고 있는 표현이다. 문맥에 따라 비꼴 수도 있는 등 뉘앙스가 조금씩 다를 수는 있지만, 일반적으로 목표 달성에는 실패했지만 노력은 아주 잘했다(to make a good effort to do something), 그러니 성공하려는 노력을 포기하면 안된다고 격려(an encouragement not to give up trying to succeed)하는 문장으로 생각하면 된다.

A: You won a lot of money in the lottery.
B: Nice try, but you can't fool me!
    A: 넌 로또에서 많은 돈에 당첨됐어.
    B: 시도는 좋았어. 하지만 넌 날 속이지 못해!

Nice going!
잘했어!, 잘한다!(비꼼)

Nice going!은 상대방에게 칭찬하는 말로 참 잘했다!, 잘한다!라는 의미로 Good job에 해당되는 표현이다. 하지만 영화 American Beauty에서 아버지가 딸의 친구에게 집적대는 것을 본 딸이 하는 말이 Nice going!이다. 영어도 마찬가지이다. 동일한 문장이 상황과 억양에 따라 칭찬의 말이 될 수도 있고 비난과 질책의 표현이 될 수도 있는 것이다. 이때는 아버지에게 비아냥거리는 말로 "자~알 한다!"가 되는 것이다.

A: The computer stopped working after I used it.
B: Nice going! You really screwed that up.
    A: 내가 사용한 후에 컴퓨터가 작동을 멈췄어.
    B: 잘한다! 너 정말 컴퓨터를 망쳐놨네.

That's great!
잘했어!, 자~알한다!

That's great도 마찬가지이다. 우리말로도 잘했다라고 칭찬할 수도 있지만, 상대방의 어처구니 없는 실수 등을 보고서는 "자~알 했다!"라고 비난할 수 있듯이 That's great 역시 문맥에 따라 뉘앙스가 달라진다. 영어라는 언어는 우리와 많은 부분 다르지만 사람들이 쓰는 언어라는 기본에 의해 비슷할 수밖에 없다는 점을 이해해야 한다.

A: The boss said he needs this finished.
B: That's great! Now we have to stay late.

A: 사장은 이것을 끝내야 한다고 했어.
B: 아주 좋구만! 이제 우리는 야근해야 되네.

I'll bet!
어련하시겠어!

UFO를 봤다고 하는 지인에게 You saw a UFO hovering over your house last night?라고 되묻고 Yeah, I'll bet이라고 하면 이는 어련하시겠어라는 비꼬는 말이 된다.

A: I was in the office all night.
B: **I'll bet.** You must have slept the whole time.
 A: 난 밤새 사무실에 있었어.
 B: 어련하시겠어. 밤새 잤음에 틀림없어.

Just my luck!
내가 그렇지 뭐!

팔자가 안좋은 사람에게 안좋은 일이 또 생겼을 때 던질 수 있는 표현.

A: The repair will be really expensive.
B: **Just my luck.** This always happens.
 A: 수리비가 정말 많이 나올거야.
 B: 내가 그렇지 뭐. 늘상 그러더라.

Great[Good] job!
아주 자~알 했다!

상대방을 칭찬할 때 쓰이는 대표문장이지만 문맥에 따라서는 비아냥거릴 수 있다. That's perfect도 마찬가지이다.

A: I pulled out all of the files.
B: **Good job.** Now fix the mess.
 A: 난 모든 파일들을 꺼내 놨어.
 B: 자~알 했다. 이제 어지럽힌 거 치우도록 해.

A: Sorry, but you have to report to the manager.
B: **That's perfect.** Just what I needed.
 A: 미안하지만 넌 부장에게 보고 해야 돼.
 B: 끝내주는구만. 내게 필요했던거네.

08 Could be better[worse]

(It, Things) Could be worse
그나마 다행이야, 그럭저럭 지내

Could be worse는 직역하자면 더 나쁠 수도 있는데 현실은 그렇지 않다. 다시 말해서 안 좋은 상황임에도 불구하고 그나마 다행이다, 괜찮다, 좋다라는 의미이다.

A: I was hurt in the traffic accident.
B: Could be worse. You could be dead.
A: 교통사고로 다쳤어.
B: 그나마 다행이야. 넌 죽을 수도 있었어.

(It, Things) Could be better
별로야, 그냥 그래

반대로 Could be better하게 되면 더 좋을 수도 있는데 현실은 그렇지 않다. 다시 말해서 괜찮기는 하지만 그렇게 썩 좋은 상황은 아니다, 별로다, 그냥 그래라는 뜻이 된다. 두 문장 모두 앞에 주어 It이나 Things가 생략된 경우이다.

A: How is your leg feeling?
B: Could be better. It still hurts.
A: 네 다리는 어때?
B: 그저 그래. 아직 아파.

I've had better
별로야

비슷한 맥락에서 I've had better가 있는데 이는 난 이거보다 더 좋은 경험(음식이나 사람 등)을 해본 적이 있다, 즉 이건 별로다라는 뜻이 된다.

A: So she cooked a meal for you?
B: It was okay, but I've had better.
A: 걔가 너에게 식사를 준비해줬어?
B: 괜찮았는데 그저 그랬어.

09 might, could, should, would는 다 과거야??

might [추측]
…일 것이다

먼저 might은 may보다 추측의 정도가 약할 때 쓰인다.

 A: Where did I put my phone?

B: It might be here on the shelf.

A: 내가 핸드폰을 어디에 뒀지?
B: 여기 선반에 있을지 몰라.

could [가능성]
…일 수도 있다

could는 가능성을 말할 때 …일 수도 있다라는 의미로 특히 의문문 Could you~?에서는 can보다 좀 더 정중한 표현을 만들어낸다.

 A: Can I borrow something to wear?

B: I could have some extra clothes.

A: 뭐 좀 입을거 빌릴 수 있을까?
B: 내가 좀 여분의 옷들이 있을 수도 있어.

should [약한 의무]
…하는게 좋아, [추측] …일거야

should는 거의 별도 단어화된 것으로 약한 의무, 또는 should have+pp의 형태로 과거의 후회를 의미한다.

 A: We want to come visit you.

B: I should be home any time.

A: 우리는 너를 방문하고 싶어.
B: 난 계속 집에 있을거야.

would [가정]
…할 것이다

또한 would는 역시 시제일치를 제외하면 앞으로 그렇게 된다면 …할 것이다라고 아직 실현되지 않은 상상의 이야기를 전달할 때 사용한다.

A: What would you like to drink?
B: I would prefer some coffee.
A: 뭐 마시고 싶어?
B: 커피면 좋겠는데.

맥도날드가 뭐여?!

우리나라에는 다양한 외래어들이 있다. 우리가 매일 쓰는 컴퓨터, 핸드폰, 텔레비전, 라디오, 노트북 등 모두 외래어이다. 하지만 외래어가 무작정 영어라고 생각하고 영어를 쓸 때 외래어랑 혼합해서 쓰는 경우가 종종 있다. 더 나아가 영어로 말할 때도 그대로 외래어를 쓰기도 한다. 하지만 이러한 외래어는 우리나라 사람들이면 알아듣겠지만 영어권 사람들은 도저히 알아듣지 못한다.

네이티브와 대화 중에 "맥도날드를 별로 좋아하지 않는다"고 말했던 적이 있다. 하지만 그들은 "맥도날드가 뭐냐"고 나한테 다시 물었다. 순간 나는 너무 당황하였다. 미국인들이 맥도날드를 모르다니…. 그러나 나중에 알고 보니 그것은 내 발음의 문제였다. 미국인들은 절대로 '맥도날드'를 '맥도날드'라고 하지 않는다.

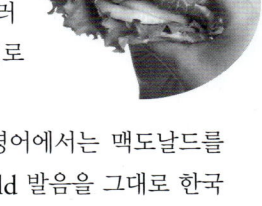

우리나라에서는 맥도날드지만 일본에서는 '맥그도나르도'하듯이 영어에서는 맥도날드를 비슷하게 한국어로 옮겨보자면 '메엑다날드'이다. 영어의 McDonald 발음을 그대로 한국어로 옮기기는 어렵다. 영어에는 강세도 매우 중요하기 때문이다. 또한 지역에 따라 우리나라 방언처럼 다르게 발음하기 때문에 어렵다. 그래서 한참 동안 맥도날드를 영어로 잘 발음하기 위해 애썼던 기억이 있다. 네이티브들은 한국에서는 맥도날드, 일본에서는 맥그도나라도라고 발음한다고 하니까 '너무 웃기다'고 한바탕 웃었었다.

그 외에도 나는 당연히 영어인줄 알고 썼던 단어들이 너무나 어이없게 달랐던 적이 많다. 흔히 우리가 먹는 바나나도 나는 제대로 발음하지 못해 미국인들이 못 알아 들었던 적이 있다. 언젠가 바나나가 너무 맛있게 널려 있어서 "바나나 하나 먹어도 되느냐"고 물어봤는데 그만 못 알아 듣고 한참이나 설명을 했었다. 영어에서는 바나나도 그냥 바나나가 아니다. 대충 비슷하게 한글로 옮기자면 '버네나'이다. 따라서 우리는 영어를 많이 읽어보기도 해야 하지만 많이 들어봐야 한다. 그래야 작아 보이지만 큰 차이를 몸소 느낄 수 있으며 또한 나아가 미국이나 영어권 나라에 가서 이런 것들을 잘못 사용하는 바람에 얼굴이 빨개지는 일이 없을 것이다.